前 言

QIAN YAN

正确、科学地使用教师口语是学校教师、师范专业学生以及其他相关从业人员必备的职业能力。由于学前教育类专业学生将来所面对教育对象的特殊性，他们需要具备更高水平的教师口语能力。为推动幼教事业的发展，提高幼教师资队伍正确使用职业语言的水平，我们尝试编写本教材，以满足各院校学前教育类专业以及幼儿教师继续教育机构对口语教学的需求。

本教材深入贯彻党的二十大精神，遵循"弘扬革命文化，传承中华优秀传统文化"的要求，以立德树人、文化铸魂为目标，深入挖掘红色经典文学作品、我国古典文学名作作为口语学习的文本，引导学生在学习课程内容的同时，增强文化自信，深化爱国主义情怀；坚持理论联系实际、讲练结合、突出技能训练的原则，针对托幼机构教育教学实际，根据学前教育类专业学生的认知规律和学习习惯来选择教学内容，设置了口语基础、一般交际口语和幼儿教师口语三大模块；秉持"岗课赛证"融通综合育人理念，将普通话考试所测试的语音、语法、朗读、说话等项目有机融入教学内容；以理论知识够用为度，以技能训练为主线，由易到难，由一般到专业，循序渐进，以达到帮助学生提高口语表达能力，提升幼儿教师职业素养的目的，为胜任日后托幼机构的各项教育教学工作打好基础。

本教材在每节内容的最开始部分均设置了与本节内容相关的"课前五分钟"栏目，这一栏目在提高学生学习积极性的同时，也起到了集中学生注意力，提高课堂教学效果的作用。"案例导航"栏目通过或通俗易懂、或幽默风趣、或生动活泼的小案例，让学生对本节的内容主旨有所认识，与"课前五分钟"栏目相互配合，以达到"热身"的目的。"学海泛舟"栏目是本节的核心内容，这一栏目包含了"必需""够用"的基础知识，内容丰富、分析透彻的"小示例"，以及结合知识点设置的"练一练"环节，讲练结合，以练为主，在知识与练习的交融中，让学生轻松地掌握知识,提高相关能力。"知识岛"栏目主要是为学生呈现与本节所讲知识相关的拓展性内容,以拓宽学生的视野和知识面。在编写本教材的过程中,无论是理论的阐释,还是练习材料的选择,我们都尽可能从学前教育类专业学生的职业特点、认知规律等因素考虑,力求将本教材的内容能够结合托幼机构的教育教学实际,突出专业性与实践性。

本教材由宋玮提出总体构想,确定章节纲目,编写部分章节,统稿、定稿;李哲参与了本教材一部分章节的编写。具体编写分工为:宋玮撰写前言、第一章至第五章;李哲撰写第六章至第八章。

本教材在编写过程中参阅了有关专家、学者的研究成果,在此谨向相关作者表示诚挚的谢意!虽多方努力,教材中仍难免有瑕疵之处,敬请广大读者提出宝贵意见和建议,以便修订时加以完善。

编　者

目　录

MU LU

"新标准"学前教育专业系列教材

i教育 · 融合创新一体化教材

幼儿教师口语

（第二版） 畅听版

编著 宋玮 李哲

华东师范大学出版社
·上海·

图书在版编目(CIP)数据

幼儿教师口语/宋玮，李哲编著. —2 版. —上海：华东师范大学出版社，2023

ISBN 978-7-5760-3234-5

Ⅰ.①幼… Ⅱ.①宋… ②李… Ⅲ.①幼教人员-汉语-口语 Ⅳ.①H193.2

中国国家版本馆 CIP 数据核字(2023)第 144654 号

幼儿教师口语(第二版)

编　　著　宋　玮　李　哲
责任编辑　罗　彦
责任校对　时东明
插　　画　王延强
装帧设计　庄玉侠

出版发行　**华东师范大学出版社**
社　　址　上海市中山北路 3663 号　邮编 200062
网　　址　www.ecnupress.com.cn
电　　话　021-60821666　行政传真 021-62572105
客服电话　021-62865537　门市(邮购)电话 021-62869887
地　　址　上海市中山北路 3663 号华东师范大学校内先锋路口
网　　店　http://hdsdcbs.tmall.com

印 刷 者　上海昌鑫龙印务有限公司
开　　本　787 毫米×1092 毫米　1/16
印　　张　14.5
字　　数　350 千字
版　　次　2023 年 12 月第 2 版
印　　次　2024 年 12 月第 3 次
书　　号　ISBN 978-7-5760-3234-5
定　　价　39.00 元

出 版 人　王　焰

　　本教材从口语基础、一般交际口语、幼儿教师口语三大模块，由一般到专业，循序渐进地帮助学生提高口语表达、口语交际能力。教材内容丰富、体例新颖、版式活泼，实用性和可读性强，不同于传统幼师口语教材。教材中包含了大量的案例和图片，使学生能更直观地理解所学知识，做到职业口语表达规范、科学、生动。

　　本教材的每节内容都由以下四大栏目组成：

　　课前五分钟：与本节主旨有关的小活动，通过活动导入教学，激发学生的学习兴趣，活跃课堂教学氛围。

　　案例导航：以通俗易懂的小案例引入正文内容，提升学生的学习积极性。

　　学海泛舟：本节的核心知识点，辅以"小示例""练一练"两个子栏目，讲练结合。

　　知识岛：帮助学生拓展相关知识面，为学生的课外学习提供素材。

　　本教材相关教学资源请至 have. ecnupress. com. cn 中的"资源下载"栏目，搜索关键词"口语"进行下载。

华东师范大学出版社

上编 | 口语基础

- 第一章　普通话训练
- 第二章　与口语相关的基础训练

第一章　普通话训练

第一节　认识普通话

课前五分钟

范读

你读对了吗?

唱片 piàn	惩罚 chéng	号召 zhào	氛围 fēn
潜力 qián	档次 dàng	脊梁 jǐ	矩形 jǔ
模具 mú	尽管 jǐn	洗漱 shù	教室 shì
骨髓 suǐ	暂时 zàn	一会儿 huìr	如火如荼 tú

案例导航

案例一

　　一日,柚柚妈妈带着出生不久的柚柚回家乡,邻居问:"孩子叫什么?"妈妈说:"叫柚柚。"邻居纳闷,孩子不胖,怎么起个"肉肉"的小名儿。清新的小名儿被叫得"油腻腻"的。

图 1-1　肉肉和柚柚

图 1-2　我爷和我爹

案例二

　　一次,来自淮北农村的小王和同事小李到某地办事,小王对小李说:"当我爷还小的时候,我爹抱着他来过这里。"小李不解:是爷爷抱着爸爸,还是爸爸抱着爷爷?

案例三

江西贵溪县一头默默耕地的母牛,最近因勇斗野猪救了主人而被广为流传。(《人民日报》1993 年 6 月 11 日)

分析:案例一中的误会是因为语音方面的问题而产生的,当地方言"肉"音"yòu";案例二中的误会是因为词汇方面的问题而产生的,当地的"爷"就是我们普通话中的"爸爸","爹"就是"爷爷";案例三中的这句话被简化句子成分后,就是"母牛被流传",属于语法错误。语音、词汇和语法是构成语言的基本要素,任何一个要素出现错误,都可能造成交流障碍。

图 1-3 母牛被流传

学海泛舟

一、 为什么要学习普通话

汉语是世界上使用人数最多的语言,是联合国使用的工作语言之一,也是世界上最美的语言之一,它表达准确,具有极其丰富的表现力。我们学习普通话的目的主要有以下几点:

(一) 更好地交流

我们国家有 56 个民族,是一个多民族、多语言、多方言、多文字的国家。大力推广、积极普及全国通用的普通话,有利于克服语言隔阂,更好地交流,促进社会交往。比如,有人在向外地客人介绍家乡旅游业的变化时说:"我们那嘎达宾馆 zéi 多。"(zéi,方言发音,意为"很,非常")"宾馆贼多,谁还敢住啊!"客人满脸惊诧。又如,我们想称赞一个小朋友聪明,粤语方言为:"捏埞醒目啊!"或"嚓嚓叻仔啊!"用普通话说是:"你好聪明啊!"其他地区的人可能就会听不懂。

(二) 更好地使用现代化设备

计算机、手机的普及给我们的生活带来了巨大的便利,而在我国,这些现代化设备的录入依据都是普通话。如果使用语音或拼音录入,那么对于使用者的普通话水平就有了一定的要求。此外,智能产品在我们生活中的逐渐普及,也对语言的标准程度提出了要求。因此,学习普通话也是为了更好地使用这些现代化的设备。

(三) 普通话是幼儿教师的职业语言

教师在课堂上向学生传授知识,主要依靠的就是语言。语言是交际的工具和信息的载体。教师的教学语言是否规范,直接关系到传授的知识是否准确,关系到教育教学的质量。对于幼

图 1-4 普通话是幼儿教师的职业语言

儿教师更是如此,因为幼儿教师面对的是不会认字和写字的幼儿,施教的主要工具是口头语言。语言的准确性会直接影响幼儿领会教师所要传达的意思。

幼儿教师的语言对于幼儿语言发展也有着重要影响。幼儿的语言大部分是通过自然观察和模仿习得的,幼儿教师的语言无疑是幼儿模仿的对象和学习的典范。幼儿教师的语言客观上具有很强的示范性,只有良好的语言示范才能对幼儿语言的发展、良好语言习惯的形成起到积极的促进作用。

二、 什么是普通话

普通话是全国通用的语言。普通话是以北京语音为标准音、以北方话为基础方言、以典范的现代白话文著作为语法规范的现代汉民族共同语。

(一)"以北京语音为标准音"是普通话的语音标准

"北京语音"指的是北京的语音系统,即北京话的声、韵、调系统,但不包括北京话中带有地方色彩的语音。比如北京话中"逮"(小偷)被读作"dēi","学"(太极拳)被读作"xiáo","论"(斤卖)被读作"lìn"。

(二)"以北方话为基础方言"是普通话的词汇标准

这里的"北方"不是地理意义上的"北方",而是方言分区意义上的"北方",大致包括我国的东北地区、华北地区、西北地区、西南地区和江淮地区。这里的"北方话"一般指以北方话中比较通行的词语为标准,舍弃北方话中过于土俗的词语。之所以把北方话作为基础方言,一是因为使用北方话的人口占汉族总人口的 3/4,二是因为北方话的词汇系统在各地的差异相对较小。

图 1-5 摒弃不规范的用语

(三)"以典范的现代白话文著作为语法规范"是普通话的语法标准

语法规范必须是具有广泛代表性的现代白话文著作、作品中的一般用例。"白话"与"文言"相对,用白话写成的文章跟人们日常交际所使用的口语基本一致,但语法规范程度更高。"典范"就摒弃了一些现在虽然流行但不规范的用语,比如网络语言和一些时髦语,如"雷人""菜鸟""巨多""超搞笑""扎心""老铁"等。

三、 如何说好普通话

(一)说好普通话的主要障碍

1. 方音土语

一个人方音土语的形成和他生活的语言环境是分不开的。如果父母教他的和周围人使用的是方音土语,那么他学会的和使用的自然也是方音土语。如果幼儿教师在教学时使用的是方言,那么幼儿学习、使用普通话就几乎不可能了。

2. 生理缺陷

有些人发音不标准可能和发音器官的生理疾病和生理缺陷有关。患有过重的鼻炎、鼻窦炎、鼻息肉的人是需要到医院进行治疗的,否则可能会严重影响其发音的准确性。舌头过宽、过窄、过长或是舌尖畸形、舌系带过短等病症也会造成发音不准确。我们常说的"大舌头"就是因为舌系带过短造成的。

3. 不良的发音习惯

有些人发音不准确不是生理上的问题,而是习惯或喜好上的问题。比如,有些人说话习惯捏着嗓子说、压低嗓子说、咧着嘴角说或嘟着嘴唇说,还有些人喜欢模仿我国港台地区的发音方式,这些都会造成发音的不准确。

此外,有的人发音不准确是因为嘴懒。比如,"团圆"的准确发音是"tuányuán",因为嘴懒,他可能会读成"tányán"。"喜欢"的准确发音是"xǐhuan",嘴懒的人可能读成"xǐhan"。

(二)如何说好普通话

1. 要过"面子关"

有些人在学习说普通话时,往往会由不自然、走调、出错等原因而引起他人的评论乃至嘲笑,自己会因此感到难为情,从而不肯在公共场所说普通话。若从小使用的不是普通话,我们在学习时都会有一段从方言到普通话的过渡期,此时的发音既不是方言,也不是标准普通话。如果迈不过"面子"这个门槛,就进不了普通话这个门。

2. 要讲究学习的方法

成人学习普通话不能像婴幼儿那样仅靠模仿来学习,而是需要掌握一定的语音知识。比如,需要知道发音部位、唇形、舌位等基础的语音知识,有意识地去控制自己的唇舌来达到准确发音的目的。在掌握语音知识的基础上,还要多听、多想、多练。

(1)多听。多听播音员,尤其是中央电视台新闻联播播音员的发音,听听他们的发音和自己的发音有哪些不同,记住这些发音不同的词,然后有针对性地进行改正。

(2)多想。想怎么才能够把唇舌控制在标准的位置,想哪些词是方言词,语法有哪些问题。

(3)多练。普通话的学习不是听听就能学好的,一定要通过持之以恒的练习才能说好普通话。

此外,学习普通话还要掌握练习的方法,做到事半功倍。练习普通话的常用方法有以下五种:

(1)跟读。跟着教授普通话的老师、标准的普通话录音或新闻播音员读,并且一定要在听准之后读。

(2)对比练习。通过跟读找到自己的发音与标准普通话发音的不同之处,并进行归类。把分辨不清的音放在一起,有针对性地进行对比练习。

(3)先找准位置再发音。在进行对比练习的时候,不要急于发音,要先根据所学的基础知识,把唇舌固定在正确的发音位置上,然后再发出声音。比如,有的人分不清 z、c、s 和 zh、ch、sh(也就是平翘不分),这些人在练习发音的时候要先找准发音部位并进行有针对性的练习,即:z、c、s 是舌尖前音,发音的时候舌尖要抵住上齿背;zh、ch、sh 是舌尖后音,发音的时候舌尖要接近硬腭前部,这样舌头是向上翘起的,但注意不要发成卷舌音。

(4)心不急躁,唇舌放松。发音的时候,发音器官的各个部位不能太紧张,要做到心平气和,唇舌放松,动作轻松自如。

(5)用手势带动发声。练习时,如遇到发音不准的语音或声调,可以借助手势来带动发音。比如,在练习声调时,可以用手势画出调型来带动声音的高低变化。

此外,语言的学习是一个积累、运用、体会、实践的过程,只有长期坚持说普通话,反复磨炼,加强运用,才能说出一口流利的、字正腔圆的普通话。

3. 要区分方言和普通话

我们在说普通话时,要有意识地去区分方言词汇、方言语法与普通话的差异,这样才能说得准确。

练 一 练 1-1

请试着用普通话朗读下面的小短文。

范读

深呼吸,在这梧桐飘香时

不知从什么时候开始喜欢上了梧桐树的花。

梧桐是浪漫的树。在众多的树种中,梧桐实在是极普通的。婉约不如垂柳,伟岸不比松柏,挺拔不比白杨,但却和传说中神奇吉祥的凤凰结了缘。宋代邹博的《见闻录》说:"梧桐百鸟不敢栖,止避凤凰也。"在中国神话传说中,凤凰是神鸟,能引来凤凰的梧桐,自然是神异的植物。

梧桐是吉祥的树,祥瑞的梧桐常在图案中与喜鹊合构,谐音"同喜",寓意吉祥。

我喜欢梧桐花不只为这优美的传说和吉祥的寓意,也为那淡淡的紫色和甜甜的花香。紫色是浪漫的颜色,而淡淡的紫色给人的感觉是朦胧的、略带羞涩的浪漫。

图1-6 梧桐飘香

甜甜的梧桐花香更是我的最爱。有人说,那种甜甜的味道似乎太腻了,而我却不以为然。每当这个时节,闻到梧桐花香的时候,我会不由自主地转头找寻。风中的花香是淡淡的、若有若无的,渐渐走近,香味渐浓,喜欢的人会忍不住地深呼吸。

即便在花落的时候,也别有一番味道。无论是空中飘零的姿态,还是落满一地的朵儿,都是一幅极美的画面。花儿落后渐绿的枝头带给人的不也是一种欣喜吗?

深呼吸,在这梧桐飘香的时候!

知识岛

普通话和华语

　　"普通话"是法定名称。国家语言文字工作委员会规定,将"普通话"作为全国语言文字工作的规范。华语,又称华文、汉文等,是美国、澳大利亚、新西兰、加拿大等国家及东南亚地区的海外华人对汉语族语言,包括自己的家乡话的一种习惯性称谓。在加拿大,华语是第三大语言。

推广普通话不等于消灭方言

　　《中华人民共和国宪法》规定:"国家推广全国通用的普通话。"这是一个很重要的语言政策。但推广普通话并不是要消灭方言,而是要在会说方言的基础上,还要会说民族共同语。推广普通话的总体要求是在正式的场合和公众交际的场合讲普通话。国家推广全国通用的普通话是有重点、有步骤地进行的。以学校为例,首先要求语文课用普通话,然后提出各科教学都使用普通话,使普通话成为教学语言,继而再要求普通话成为校园语言。但是,师生若在校外的非正式场合,依然可以讲方言。

　　另外,我们对方言也要有正确的认识。虽然方言是处于从属地位的一方之言,但它并不是低级的、落后的语言。语言没有优劣之分,有些人把方言看成"县级以下地区的人才说的"低级的、落后的语言,这是错误的。方言为一个地区的人们服务,能够很好地发挥日常交际的功能。

第二节　声母发音训练

课前五分钟

🎧 范读

你读对了吗?

允诺 yǔn	酝酿 niàng	贮藏 zhù	刹那 chà
单于 chán	傍晚 bàng	同胞 bāo	巷道 hàng
纤维 xiān	解数 xiè	雪茄 jiā	膝盖 xī
庇护 bì	蝙蝠 biān	破绽 zhàn	乜斜 miē
痤疮 cuó	外踝 huái	信札 zhá	龋齿 qǔ

案例导航

n 和 l 的误解

小林是一名刚入学不久的学前教育专业学生。在一次学校组织的幼儿园实践活动中,小林被安排陪小班小朋友玩娃娃家的游戏。宸宸小朋友在厨房"烧菜",小林见宸宸只顾着翻炒锅内的菜,调味架上的调料都没用上,于是对他说:"宸宸,炒菜的时候也要放点尿(料),这样味道才好!"宸宸小朋友一脸疑惑地看着小林。

分析: 标准普通话涉及声母、韵母、声调等多个部分,案例中的小林在声母的发音上,混淆了 n 和 l,造成了小朋友的误解。

图 1-7　n 和 l 的误解

发错音被罚

一人准备把车停到路边去办事,就问旁边一小区的保安:"车停到这里会不会被划(罚)?"保安心想,这儿挺安全的,就说:"不会被划。"于是此人便放心地走了。待办完事回来,一看到车上贴着的罚单,便生气地去找保安:"我问你车停在这儿会不会被划(罚),你说不会,这划(罚)单怎么回事儿?"

分析: 案例中的停车人把"罚"发成了"划"音,声母"f"发成了"h"音,韵母"a"发成了"ua"音,故而被保安错误理解。

学海泛舟

普通话语音系统主要包括声母、韵母、声调和音变等。音节是人们听觉上最容易分辨、最自然的语音单位。一般来说,一个汉字对应一个音节,比如"希望"就包含了 2 个音节。但儿化音除外,比如"鲜花儿"就是 2 个音节代表了 3 个字。

一、普通话声母的分类

声母是汉语音节中开头的辅音部分。普通话共有 22 个声母,其中 21 个由辅音充当,还有一个为零声母。

(一)辅音

普通话的辅音声母可以按发音部位进行分类。发音部位是指发辅音时,发音器官形成阻碍的部位。

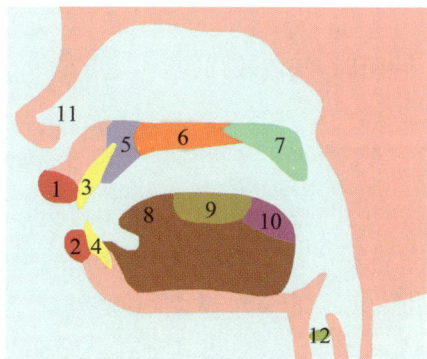

1	上唇	7	软腭
2	下唇	8	舌尖
3	上齿	9	舌面
4	下齿	10	舌根
5	齿龈	11	鼻孔
6	硬腭	12	声带

图 1-8　发音器官

根据发音部位的不同,普通话的辅音声母可分为三大类、七小类。

1. 唇音

唇音指以下唇为主动器官的发音,唇音又细分为两类。

(1) 双唇音:上唇和下唇闭合构成阻碍。普通话中属于双唇音的声母有 3 个:b、p、m。

(2) 唇齿音:下唇和上齿靠拢构成阻碍。普通话中属于唇齿音的声母只有 1 个:f。

2. 舌尖音

舌尖音指以舌尖为主动器官的发音,舌尖音又细分为三类。

(1) 舌尖前音(也称平舌音):舌尖和上齿背形成阻碍。普通话中属于舌尖前音的声母有 3 个:z、c、s。

(2) 舌尖中音:舌尖和上齿龈形成阻碍。普通话中属于舌尖中音的声母有 4 个:d、t、n、l。

(3) 舌尖后音(也称翘舌音):舌尖和硬腭前部形成阻碍。普通话中属于舌尖后音的声母有 4 个:zh、ch、sh、r。

3. 舌面音

舌面音指以舌面为主动器官的发音,舌面音又细分为两类。

(1) 舌面前音:舌面前部和硬腭形成阻碍。普通话中属于舌面前音的声母有 3 个:j、q、x。

(2) 舌面后音(也称舌根音):舌根和软腭形成阻碍。普通话中属于舌面后音的声母有 3 个:g、k、h。

(二) 零声母

普通话中还有一种特殊的声母——零声母。零声母音节没有前置辅音,以元音开头,声音较响亮,如哀怨 āiyuàn、委婉 wěiwǎn、昂扬 ángyáng。另外,在书写零声母的时候,根据《汉语拼音方案》的规定,要在 i、u、ü 和以 i、u、ü 开头的音节前面加上 y 或 w,如移 yí、五 wǔ、遇 yù。在书写其他独立成音节的韵母时,如与前一个音节连写,要用隔音符号分隔,如超额 chāo'é。

二、普通话声母的发音分析及训练

(一) 双唇音发音分析

(1) b:发音时,双唇闭合,同时软腭上升堵塞鼻腔通路,气流到达双唇后蓄气,突然打开双唇成声。

(2) p:成阻和持阻阶段与 b 相同。除阻时,气流较强。

练 一 练 1-2

1. 词语练习:

颁布 bānbù	包办 bāobàn	褒贬 bāobiǎn
冰雹 bīngbáo	辨别 biànbié	奔波 bēnbō
批评 pīpíng	偏旁 piānpáng	乒乓 pīngpāng
匹配 pǐpèi	瓢泼 piáopō	偏僻 piānpì

范读

2. 绕口令练习:

(1) 八百标兵奔北坡,炮兵并排北面跑。炮兵怕把标兵碰,标兵怕碰炮兵炮。

(2) 爸爸抱宝宝,跑到布铺买布做长袍,宝宝穿了长袍不会跑。布长袍破了还要用布补,再跑到布铺买布补长袍。

(3) m:发音时,双唇闭合,软腭下降,打开鼻腔通路,气流从鼻腔透出成声。

练 一 练 1-3

1. 词语练习:

麻木 mámù	麦苗 màimiáo	梦寐 mèngmèi
渺茫 miǎománg	磨灭 mómiè	密谋 mìmóu

范读

2. 绕口令练习:

妈妈骑马,马慢妈妈骂马。牧童磨墨,墨抹牧童一身墨。小猫摸煤,煤飞小猫一毛煤。

(二)唇齿音发音分析

f:发音时,上齿接近下唇,形成窄缝,软腭上升堵塞鼻腔通路,气流从齿唇形成的窄缝挤出。

练 一 练 1-4

1. 词语练习:

奋发 fènfā	反复 fǎnfù	仿佛 fǎngfú
佛法 fófǎ	芬芳 fēnfāng	夫妇 fūfù

范读

2. 绕口令练习:

粉红墙上画凤凰,凤凰画在粉红墙。红凤凰,粉凤凰,红粉凤凰,花凤凰。

（三）舌尖前音发音分析

（1）z：发音时，舌尖抵住上齿背形成阻塞，在阻塞的部位后积蓄气流，软腭上升堵塞鼻腔通路，然后舌尖微微离开上齿背，形成一个窄缝，气流从窄缝中挤出，摩擦成声。

（2）c：成阻阶段与 z 相同。与 z 不同的是在突然解除阻塞时，气流较强。

（3）s：发音时，舌尖接近上门齿背，形成一个窄缝，同时软腭上升堵塞鼻腔通路，气流从窄缝中摩擦通过成声。

练一练 1-5

1. 词语练习：

栽赃 zāizāng	自尊 zìzūn	总则 zǒngzé
祖宗 zǔzong	罪责 zuìzé	猜测 cāicè
残存 cáncún	仓促 cāngcù	参差 cēncī
从此 cóngcǐ	洒扫 sǎsǎo	色素 sèsù
思索 sīsuǒ	速算 sùsuàn	琐碎 suǒsuì

范读

2. 绕口令练习：

(1) 早晨早早起，早起做早操，人人做早操，做操身体好。

(2) 三山撑四水，四水绕三山，三山四水春常在，四水三山四时春。

（四）舌尖中音发音分析

（1）d：发音时，舌尖抵住上齿龈，软腭上升堵塞鼻腔通路，气流到达口腔后蓄气，然后舌尖离开上齿龈，突然解除阻碍成声。

（2）t：成阻、持阻阶段与 d 相同，除阻阶段气流较强。

练一练 1-6

1. 词语练习：

搭档 dādàng	道德 dàodé	等待 děngdài
地带 dìdài	抖动 dǒudòng	督导 dūdǎo
抬头 táitóu	探讨 tàntǎo	疼痛 téngtòng
体贴 tǐtiē	团体 tuántǐ	推脱 tuītuō

范读

2. 绕口令练习：

(1) 调到敌岛打特盗，特盗太习投短刀。挡推顶打短刀掉，踏盗得刀盗打倒。

(2) 大兔子，大肚子，大肚子的大兔子，要咬大兔子的大肚子。

（3）n：发音时，舌尖抵住上齿龈，封闭气流的口腔通路，软腭下垂，打开鼻腔通路，气流从鼻腔透出成声。

（4）l：发音时，舌尖抵住上齿龈，阻塞气流的口腔通路，软腭上升堵塞鼻腔通路，气流从舌头与两颊内侧形成的空隙通过成声。

练一练 1-7

1. 词语练习:

奶牛 nǎiniú	男女 nánnǚ	能耐 néngnai
泥泞 nínìng	袅娜 niǎonuó	农奴 nóngnú
拉力 lālì	流利 liúlì	笼络 lǒngluò
履历 lǚlì	罗列 luóliè	轮流 lúnliú

范读

2. 绕口令练习:

(1) 老龙恼怒闹老农,老农恼怒闹老龙。农怒龙恼农更怒,龙恼农怒龙怕农。

(2) 南南种兰花,兰兰种南瓜。南南要用兰花换兰兰的南瓜,兰兰不愿用南瓜换南南的兰花。

(五) 舌尖后音发音分析

(1) zh:发音时,舌尖抵住硬腭前端,同时软腭上升堵塞鼻腔通路,然后舌尖微微离开硬腭,形成一个窄缝,气流从间隙挤出成声。

(2) ch:成阻阶段与 zh 相同,与 zh 不同的是在突然解除阻塞时,气流较强。

(3) sh:发音时,舌尖接近硬腭前端,形成一个窄缝,同时软腭上升堵塞鼻腔通路,气流从窄缝中摩擦成声。

(4) r:发音情况与 sh 基本相同,只是发音时声带振动。

练一练 1-8

1. 词语练习:

战争 zhànzhēng	债主 zhàizhǔ	褶皱 zhězhòu
执照 zhízhào	周转 zhōuzhuǎn	注重 zhùzhòng
拆穿 chāichuān	成虫 chéngchóng	驰骋 chíchěng
抽查 chōuchá	充斥 chōngchì	橱窗 chúchuāng
赏识 shǎngshí	少数 shǎoshù	设施 shèshī
神圣 shénshèng	事实 shìshí	舒适 shūshì
忍让 rěnràng	仍然 réngrán	荣辱 róngrǔ
柔韧 róurèn	如若 rúruò	软弱 ruǎnruò

范读

2. 绕口令练习:

(1) 四是四,十是十,十四是十四,四十是四十。谁说十四是四十,就罚谁十四,谁说四十是十四,就罚谁四十。

(2) 夏日无日日亦热,冬日有日日亦寒。春日日出天渐暖,晒衣晒被晒褥单。秋日天高复云淡,遥看红日迫西山。

（六）舌面前音发音分析

（1）j：发音时，舌面前部贴紧硬腭前部，软腭上升堵塞鼻腔通路，然后舌面微微离开硬腭，形成一个窄缝，气流从窄缝中挤出，摩擦成声。

（2）q：成阻阶段与j相同，除阻时气流较强。

（3）x：发音时，舌面前部接近硬腭前部，形成一个窄缝，软腭上升堵塞鼻腔通路，气流从窄缝挤出，摩擦成声。

练一练 1-9

1. 词语练习：

积极 jījí	艰巨 jiānjù	皎洁 jiǎojié
接近 jiējìn	拒绝 jùjué	军舰 jūnjiàn
气球 qìqiú	恰巧 qiàqiǎo	前期 qiánqī
亲切 qīnqiè	请求 qǐngqiú	全勤 quánqín
细心 xìxīn	限行 xiànxíng	小学 xiǎoxué
凶险 xiōngxiǎn	选项 xuǎnxiàng	血型 xuèxíng

范读

2. 绕口令练习：

七巷一个漆匠，西巷一个锡匠，七巷漆匠偷了西巷锡匠的锡，西巷锡匠拿了七巷漆匠的漆，七巷漆匠气西巷锡匠用了漆，西巷锡匠讥七巷漆匠拿了锡。

（七）舌面后音发音分析

（1）g：发音时，舌面后部隆起抵住硬腭和软腭的交界处，软腭后部上升堵塞鼻腔通路，然后舌根离开软腭，解除阻塞爆破成声。

（2）k：成阻、持阻阶段与g相同，除阻阶段气流较强。

（3）h：发音时，舌面后部隆起接近硬腭和软腭的交界处，形成一个窄缝，软腭上升堵塞鼻腔通路，气流通过窄缝摩擦成声。

练一练 1-10

1. 词语练习：

改革 gǎigé	尴尬 gāngà	更改 gēnggǎi
巩固 gǒnggù	观光 guānguāng	过关 guòguān
开口 kāikǒu	坎坷 kǎnkě	可靠 kěkào
空旷 kōngkuàng	宽阔 kuānkuò	困苦 kùnkǔ
航海 hánghǎi	荷花 héhuā	洪荒 hónghuāng
呼唤 hūhuàn	花卉 huāhuì	悔恨 huǐhèn

范读

2. 绕口令练习:

(1) 哥挎瓜筐过宽沟,赶快过沟看怪狗。光看怪狗瓜筐扣,瓜滚筐空哥怪狗。

(2) 多多和哥哥,坐下分果果。哥哥让多多,多多让哥哥。都说要小个,外婆乐呵呵。

(八) 零声母发音分析

在发零声母音节时,只要按照韵母的发音规则准确发音即可。常见的发音问题主要是在某些方言中,将零声母音节读成了声母音节,如在读以 a、o、e 开头的零声母时,常在前面加鼻音 n 或 ng,即将"安"读成"nan"或"ngan",将"欧"读成"nou"或"ngou"。在纠正此类发音问题时,只要去掉舌根鼻音 ng,直接发元音即可。有的方言会将以隔音字母 w 开头的字,如万、闻、物、尾、问等,读成以 v(唇齿浊擦音)开头。在纠正此类发音问题时,只要注意把双唇拢圆,不要让下唇和上齿接触即可。

练一练 1-11

词语练习:

额外 éwài	恩爱 ēn'ài	偶尔 ǒu'ěr	万物 wànwù
忘我 wàngwǒ	威望 wēiwàng	谣言 yáoyán	医药 yīyào
洋溢 yángyì	永远 yǒngyuǎn	原因 yuányīn	孕育 yùnyù

范读

知识岛

声母歌

1. 读一读由 21 个声母的代表字组成的声母歌

采桑

春日起每早,采桑惊啼鸟,风过扑鼻香,花开落,知多少!

ch r q m z c s j t n f g p b x h k l zh d sh

2. 读一读由 21 个声母加上零声母 y、w 的代表字组成的儿歌

小朋友,挽着手,进花园,慢步走。

x p y ch zh sh j h y m b z

随飞鸟,绕翠柳,赶蜻蜓,喂蝌蚪。

s f n r c l g q t w k d

(由语言学家周有光先生创编)

普通话声母的两套读音

1. 本音

本音即声母的本来音质,是根据声母的发音部位、发音方法发出的音。本音是用来拼音的。

2. 呼读音

呼读音是为了便于呼读和教学,在辅音的本音后面拼上一个相应的元音所构成的音,如 bo、po、mo、fo、de、te、ne、le、ge、ke、he、ji、qi、xi、zhi、chi、shi、ri、zi、ci、si。

第三节　韵母发音训练

范读

课前五分钟

你读对了吗?

飞跃 yuè	揣度 duó	确凿 záo	称职 chèn
模样 mú	猝死 cù	劲敌 jìng	呜咽 yè
锲而不舍 qiè	山坳 ào	狭隘 ài	掐算 qiā
哈达 hǎ	推诿 wěi	谙达 ān	伺候 cì
稽首 qǐ	编纂 zuǎn	沼气 zhǎo	逮捕 dài

案例导航

ui 和 iu

多多在学习拼音的时候,总是分不清 ui 和 iu。王老师在发现这个问题后给他讲了这样一个故事:胖胖的 u 和圆脑袋的 i 是好朋友,它们一起到公园玩。u 跑到了前面,i 跟在后面大声喊:"喂,喂,喂,等等我呀!喂,喂,喂,等等我呀!"于是多多知道了,当 u 跑到前面时,就是 ui(喂)。

分析: 王老师通过生动形象的小故事,并借助谐音,帮多多分清楚了韵母中易混淆的 ui 和 iu。

图 1-9　ui 和 iu

学海泛舟

韵母是声母后面的部分,它是汉语音节中不可或缺的组成部分,如"pǔtōnghuà"(普通话)三个音节中的"u、ong、ua"都是韵母。普通话中的韵母可以是一个元音,也可以是两个或三个元音的组合,还可以是元音和辅音的组合。韵母可以分为韵头、韵腹和韵尾三个部分。韵腹是主要元音,相对而言发音时开口度大,声音较响亮(如 ian 中的 a);韵腹前面的元音叫韵头,一般由 i、u、ü 充当(如 ian 中的 i);韵腹后面的音素叫韵尾,充当韵尾的有 i、u 和 n、ng(如 ian 中的 n)。需要注意的是,并非所有的韵母都包含这三个部分,只有其中的韵腹是不可缺少的部分。

一、 普通话韵母的分类

普通话共有 39 个韵母,按照结构可以分为单韵母、复韵母、鼻韵母三大类。

(1)单韵母共有 10 个,分别为:a、o、e、ê、i、u、ü、er、-i(前)、-i(后)。

(2)复韵母共有 13 个,分别为:ai、ei、ao、ou、ia、ie、ua、uo、üe、iao、iou、uai、uei。

(3)鼻韵母共有 16 个,分别为:an、en、in、ün、ian、uan、üan、uen、ang、eng、ing、ong、iang、uang、ueng、iong。

二、 普通话韵母的发音分析

(一) 单韵母(单元音)的发音

(1)a:发音时,口大开,舌尖微离下齿背,舌面中部微微隆起和硬腭后部相对,声带振动,软腭上升,关闭鼻腔通路。

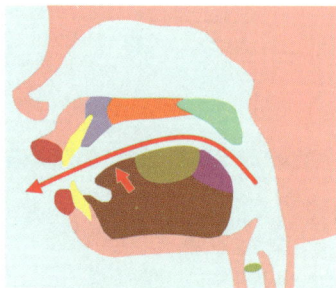

图 1-10 a发音示意图

> **练一练** 1-12
>
> **1. 词语练习:**
>
> 爸妈 bàmā   大厦 dàshà   发达 fādá
> 喇叭 lǎba   哪怕 nǎpà   沙发 shāfā
>
> 🎧 范读
>
> **2. 绕口令练习:**
>
> (1)门前有八匹大伊犁马,你爱拉哪匹马拉哪匹马。
> (2)一个胖娃娃,抓了三个大花活蛤蟆,三个胖娃娃,抓了一个大花活蛤蟆。

(2)o:发音时,上下唇自然拢圆,舌身后缩,舌面后部隆起和软腭相对,舌位介于半高半低之间,声带振动,软腭上升,关闭鼻腔通路。

> **练一练** 1-13
>
> **1. 词语练习:**
>
> 伯伯 bóbo   薄弱 bóruò   婆娑 pósuō
> 默默 mòmò   泼墨 pōmò   婆婆 pópo
>
> 🎧 范读
>
> **2. 绕口令练习:**
>
> (1)老伯伯卖墨,老婆婆卖馍,老婆婆卖馍买墨,老伯伯卖墨买馍。墨换馍老伯伯有馍,馍换墨老婆婆有墨。
> (2)马大伯家老婆婆,今年年末八十多,背不驼,腿不跛,为晒太阳爬山坡,爱吃菠菜、菠萝、胡萝卜。

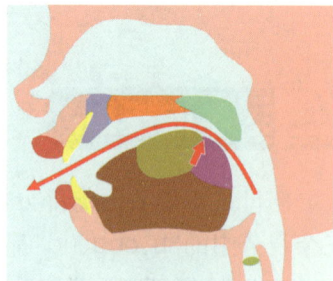

图 1-11 o发音示意图

（3）e：发音时，口半闭，展唇，舌身后缩，舌面后部稍隆起和软腭相对，声带振动，软腭上升，关闭鼻腔通路。

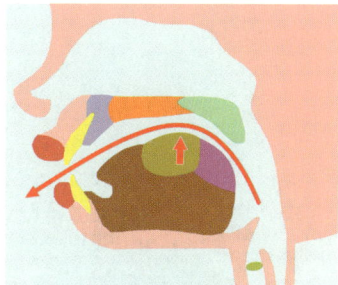
图 1-12　e 发音示意图

练一练 1-14

1. 词语练习：

隔阂 géhé　合格 hégé　客车 kèchē
塞责 sèzé　特色 tèsè　折射 zhéshè

范读

2. 绕口令练习：

坡上立着一只鹅，坡下就是一条河。
宽宽的河，肥肥的鹅，鹅要过河，河要渡鹅，
不知是鹅过河，还是河渡鹅？

（4）ê：发音时，口自然打开，展唇，舌尖抵住下齿背，使舌面前部隆起和硬腭相对，声带振动，软腭上升，关闭鼻腔通路。（韵母 ê 除了用在语气词"欸"外，单用的机会不多，一般出现在复韵母 ie、üe 中）

练一练 1-15

1. 词语练习：

解决 jiějué　　趔趄 lièqie　　灭绝 mièjué
雀跃 quèyuè　　铁血 tiěxuè　　学姐 xuéjiě

范读

2. 绕口令练习：

（1）真绝，真绝，真叫绝，皓月当空下雪，麻雀游泳不飞跃，鹊巢鸠占鹊喜悦。
（2）打南边来了个瘸子，左手拿个碟子，右手拿个茄子。
　　地上有个橛子，绊倒了瘸子，打碎了碟子，摔烂了茄子。
　　瘸子踢倒橛子，捡起了碟子，拾起了茄子。

（5）i：发音时，口微开，两唇呈扁平形，上下齿相对（齐齿），舌尖接触下齿背，使舌面前部隆起和硬腭前部相对，声带振动，软腭上升，关闭鼻腔通路。

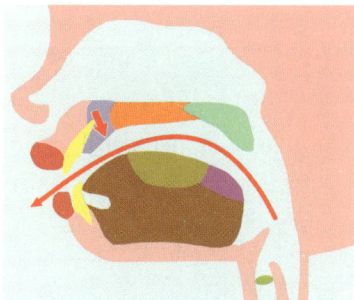
图 1-13　i 发音示意图

练一练 1-16

1. 词语练习：

笔记 bǐjì　　地基 dìjī　　记忆 jìyì
匹敌 pǐdí　　习题 xítí　　自立 zìlì

范读

2. 绕口令练习：

丽丽、琪琪和依依，指着星星说稀奇，星星一起眨着眼，
星光熠熠真美丽。

(6) u:发音时,两唇收缩成圆形,略向前突出,舌后缩,舌面后部高度隆起和软腭相对,声带振动,软腭上升,关闭鼻腔通路。

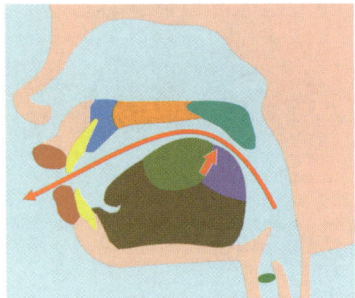

图 1-14　u 发音示意图

练一练 1-17

1. 词语练习:

补助 bǔzhù　　读物 dúwù　　辜负 gūfù

徒步 túbù　　入伍 rùwǔ　　疏忽 shūhu

2. 绕口令练习:

(1) 有个小孩叫小杜,上街打醋又买布。买了布,打了醋,回头看见鹰抓兔。放下布,搁下醋,上前去追鹰和兔。飞了鹰,跑了兔,洒了醋,湿了布。

(2) 山上五棵树,架上五壶醋,林中五只鹿,箱里五条裤。伐了山上树,搬下架上醋,射死林中鹿,取出箱中裤。

(7) ü:发音时,两唇拢圆,略向前突,舌尖抵住下齿背,使舌面前部隆起和硬腭前部相对,声带振动,软腭上升,关闭鼻腔通路。

练一练 1-18

1. 词语练习:

聚居 jùjū　　区域 qūyù　　屈居 qūjū

须臾 xūyú　　序曲 xùqǔ　　语序 yǔxù

2. 绕口令练习:

村里新开一条渠,弯弯曲曲上山去,

河水雨水流满渠,满山庄稼一片绿。

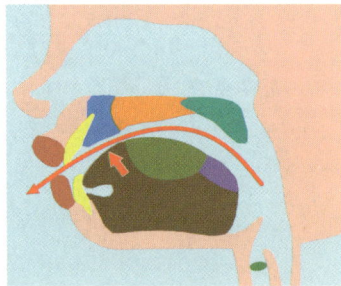

图 1-15　ü 发音示意图

(8) er:发音时,口自然打开,舌位不前不后、不高不低,舌前、中部上抬,舌尖向后卷,与硬腭前端相对,声带振动,软腭上升,关闭鼻腔通路。

练一练 1-19

1. 词语练习:

而且 érqiě　　　儿子 érzi　　　耳朵 ěrduo

二胡 èrhú　　　儿女 érnǚ　　　儿歌 érgē

2. 读准下面的句子：

(1) 请到二环边上买二百二十二斤木耳。

(2) 李老二的儿女都喜欢拉二胡。

(3) 儿子正在说一个关于耳朵的儿歌。

（9）-i(前)：发音时，口略开，展唇，舌尖和上齿背相对，保持适当距离，声带振动，软腭上升，关闭鼻腔通路。这个韵母在普通话里只出现在 z、c、s 声母的后面。

练一练 1—20

1. 词语练习：

私自 sīzì	此次 cǐcì	次子 cìzǐ
字词 zìcí	刺字 cìzì	自私 zìsī

🎧 范读

2. 绕口令练习：

试将四十四束极细的紫丝线，织四十四只极细的紫狮子，细紫丝线试织细紫狮子，织细紫狮子用细紫丝线。

（10）-i(后)：发音时，口略开，展唇，舌前端抬起和前硬腭相对，声带振动，软腭上升，关闭鼻腔通路。这个韵母在普通话里只出现在 zh、ch、sh、r 声母的后面。

练一练 1—21

1. 词语练习：

实施 shíshī	支持 zhīchí	知识 zhīshi
制止 zhìzhǐ	值日 zhírì	试制 shìzhì

🎧 范读

2. 绕口令练习：

知之为知之，不知为不知，不以不知为知之，不以知之为不知，唯此才能求真知。

（二）复韵母（复合元音）的发音

复韵母中的各个元音是处在一个发音过程中的，即从一个元音到另一个元音是逐渐过渡的，且各个元音发音的响亮程度不同，通常只有其中一个元音的发音比较清晰、响亮。根据这个发音响亮的元音的位置，可以将复韵母分为前响复合元音、后响复合元音和中响复合元音。

1. 前响复合元音

普通话中的前响复合元音共有 4 个：ai、ei、ao、ou，它们发音的共同点是元音舌位由低向高滑动。开头的元音音素响亮、清晰，收尾的元音音素轻短、模糊，因此收尾的字母（或音标）只表示舌位移动的方向。

练一练 1-22

1. 词语练习:

爱戴 àidài	采摘 cǎizhāi	海带 hǎidài
肥美 féiměi	妹妹 mèimei	配备 pèibèi
懊恼 àonǎo	操劳 cāoláo	高潮 gāocháo
丑陋 chǒulòu	兜售 dōushòu	口头 kǒutóu

范读

2. 绕口令练习:

铜勺舀热油,铁勺舀凉油。铜勺舀了热油舀凉油,铁勺舀了凉油舀热油。

2. 后响复合元音

普通话中的后响复合元音共有 5 个:ia、ie、ua、uo、üe,它们发音的共同点是舌位由高向低滑动。收尾的元音音素响亮、清晰,在韵母中处在韵腹地位,因此舌位移动的终点是确定的。开头的元音音素都是高元音 i、u、ü,它们处于韵母的韵头位置,发音不太响亮,比较短促。这些韵头在音节里,特别是在零声母音节里常伴有轻微摩擦。

练一练 1-23

1. 词语练习:

假牙 jiǎyá	恰恰 qiàqià	压价 yājià
结业 jiéyè	贴切 tiēqiè	铁屑 tiěxiè
挂花 guàhuā	耍滑 shuǎhuá	娃娃 wáwa
错落 cuòluò	硕果 shuòguǒ	脱落 tuōluò
雀跃 quèyuè	约略 yuēlüè	雪月 xuěyuè

范读

2. 绕口令练习:

天空飘着一片霞,水上游来一群鸭。霞是五彩霞,鸭是麻花鸭,麻花鸭游进五彩霞,五彩霞网住麻花鸭。乐坏了鸭,拍碎了霞,分不清是鸭还是霞。

3. 朗读练习:

结果是短暂的,伴随我们时间更长的则是过程。生活的乐趣也隐藏在过程里面,结果只不过是一段长长的过程之后的一秒钟的高潮。懂得享受过程,你就不会在旅行中因为要赶往另外一个目的地而错过沿途美丽的风景;懂得享受过程,你就不会在比赛中为拿不到第一而苦恼无穷;懂得享受过程,你才会明白生命也只是一个过程,结果是死亡,过程却可以充满快乐!春有百花秋有月,夏有凉风冬有雪,懂得享受过程,就懂得了幸福!

3. 中响复合元音

普通话中的中响复合元音共有 4 个:iao、iou、uai、uei,这些韵母发音的共同点是舌位由高向低滑动,再从低向高滑动。开头的元音音素不响亮且较短促,在音节里,特别是在零声母音节里常伴有轻微的摩擦。中间的元音音素响亮、清晰,收尾的元音音素轻短、模糊。当 iou、uei 前面有声母的时候,要写成 iu、ui。

练一练 1-24

1. 词语练习:

吊销 diàoxiāo	疗效 liáoxiào	巧妙 qiǎomiào
优秀 yōuxiù	悠久 yōujiǔ	牛油 niúyóu
外快 wàikuài	怀揣 huáichuāi	乖乖 guāiguāi
垂危 chuíwēi	归队 guīduì	悔罪 huǐzuì

范读

2. 绕口令练习:

咱村有六十六条沟,沟沟都是大丰收。东山果园像彩楼,西山棉田似锦绣,北山有条红旗渠,滚滚清泉绕山走。过去瞅见这六十六条沟,心里就难受;今天瞅见这六十六条彩楼、锦绣、万宝沟,瞅也瞅不够!

(三) 鼻韵母(复合鼻尾音)的发音

鼻韵母是以 n、ng 作韵尾的韵母。普通话中鼻韵母共有 16 个,分两种。一种是前鼻韵母,带舌尖鼻音 n,共有 8 个:an、en、in、ün、ian、uan、üan、uen;另一种是后鼻韵母,带舌根鼻音 ng,共有 8 个:ang、eng、ing、ong、iang、uang、ueng、iong。

练一练 1-25

1. 词语练习:

参战 cānzhàn	反感 fǎngǎn	烂漫 lànmàn
根本 gēnběn	门诊 ménzhěn	人参 rénshēn
近邻 jìnlín	拼音 pīnyīn	信心 xìnxīn
军训 jūnxùn	均匀 jūnyún	芸芸 yúnyún
艰险 jiānxiǎn	简便 jiǎnbiàn	连篇 liánpiān
贯穿 guànchuān	软缎 ruǎnduàn	酸软 suānruǎn
源泉 yuánquán	轩辕 xuānyuán	涓涓 juānjuān
昆仑 kūnlún	温存 wēncún	论文 lùnwén
帮忙 bāngmáng	苍茫 cāngmáng	当场 dāngchǎng
萌生 méngshēng	声称 shēngchēng	冷风 lěngfēng
评定 píngdìng	清静 qīngjìng	姓名 xìngmíng
两样 liǎngyàng	洋相 yángxiàng	响亮 xiǎngliàng
狂妄 kuángwàng	双簧 shuānghuáng	状况 zhuàngkuàng

范读

翁郁 wěngyù　　　　　水瓮 shuǐwèng　　　　　主人翁 zhǔrénwēng

炯炯 jiǒngjiǒng　　　　汹涌 xiōngyǒng

2. 绕口令练习:

东洞庭,西洞庭,洞庭山上一根藤,青青藤条挂金铃。

风起藤动金铃响,风定藤定铃不鸣。

🌴 知识岛

复韵母儿歌

复韵母,真有趣,
多是单韵母在一起。
口型变化要注意,
合成一个音要牢记。

鼻韵母儿歌

鼻韵母,真是巧,
口里气往鼻子里跑。
要想读准鼻韵母,
前后鼻音分清楚。
前鼻韵母舌前伸,
后鼻韵母抬舌根。

第四节　声调和语流音变

⏰ 课前五分钟

范读

你读对了吗?

未遂 suì	爱憎 zēng	召开 zhào	蛋挞 tà
笨拙 zhuō	参与 yù	成绩 jì	处理 chǔ
创伤 chuāng	抄袭 xí	下载 zài	荫凉 yìn
侮辱 wǔ	匕首 bǐ	肖像 xiào	卑鄙 bǐ
挫折 cuò	友谊 yì	压轴 zhòu	亚洲 yà

案例导航

"孙子"兵法

爷爷正在读《孙子兵法》，被正在上幼儿园大班的孙子小豆看到了。因为小豆的妈妈曾教过他"孙子"两个字，所以当小豆看到爷爷的书上有这两个字时可得意了，问了爷爷后面两个字的读音就跑去上幼儿园了。到了幼儿园，小豆迫不及待地向小朋友们炫耀："你们知道吗？我爷爷有一本专门给我写的书，叫《孙子兵法》，我是爷爷的孙子嘛！"

图 1-16　"孙子"兵法

分析： "孙子"有两个读音：读作"sūnzi"，指的是儿子的儿子；读作"sūnzǐ"，则是对我国古代著名的军事家孙武的敬称。《孙子兵法》是世界上最为著名的三大兵书之一，是孙武的兵法理论著作。案例中的小豆因将《孙子兵法》中的"孙子"误读为"sūnzi"而产生了错误的理解。

学海泛舟

一、普通话的声调

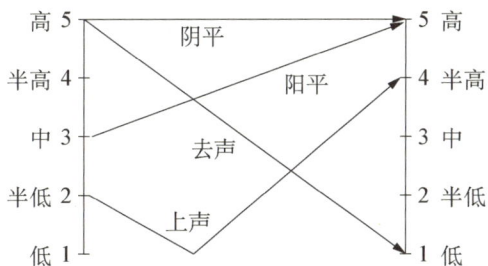

图 1-17　五度标记法

声调是具有区别意义作用的音节高低曲直方面的变化，它是学习普通话的一个重要部分。不同的声调可以改变音节所表示的意义，比如，"失业、实业、事业"三个词语的声母和韵母相同，如果没有声调，就无法区别它们所表达的意义。

普通话一共有四个声调，分别是阴平、阳平、上声和去声，简称四声。四个声调的特点可以简单概括为一平二升三曲四降。普通话的调值（音节高低升降的变化形式，也就是声调的实际读法）一般采用赵元任创制的"五度标记法"来标记。

（一）阴平（第一声）

发音时，音高而平，即由 5 度到 5 度，且基本没有升降的变化，调值为 55。因此，阴平调又叫高平调或 55 调，如天、安、单、双等。

（二）阳平（第二声）

由中音升到高音，即由 3 度升到 5 度，是个升高的调子，调值为 35。因此，阳平调又叫中升调或 35 调，如人、王、常、祥等。

（三）上声（第三声）

由半低音先降到低音后再升到半高音，即由 2 度降到 1 度再升到 4 度，是先降后升的曲折调，调值为 214。因此，上声调又叫曲折调、降升调或 214 调，如古、老、里、好等。

（四）去声（第四声）

由最高音降到最低音，即由 5 度降到 1 度，是个高降的调子，调值为 51。因此，去声调又叫高降调、全降调或 51 调，如月、会、庆、话等。

把声调的调值、调类和调号结合起来分析，可以制成下面的普通话声调表：

表 1-1　普通话声调表

调类	调形	调值	调号	调值描写	举例
阴平	高平	55	–	起音高高一路平	春天
阳平	中升	35	ˊ	由中到高往上升	来临
上声	降升	214	ˇ	先降后升曲折起	展览
去声	高降	51	ˋ	高起猛降到底层	胜利

练一练 1-26

1. 按照普通话四声的调值念以下音节：

yī	yí	yǐ	yì		huī	huí	huǐ	huì
一	姨	乙	艺		辉	回	毁	惠

fēi	féi	fěi	fèi		tōng	tóng	tǒng	tòng
飞	肥	匪	费		通	同	桶	痛

fēng	féng	fěng	fèng		yū	yú	yǔ	yù
风	冯	讽	奉		迂	于	雨	遇

范读

2. 异字同调词语练习：

忧心忡忡　yōu xīn chōng chōng　　　　声东击西　shēng dōng jī xī

名存实亡　míng cún shí wáng　　　　　涸泽而渔　hé zé ér yú

有板有眼　yǒu bǎn yǒu yǎn　　　　　　岂有此理　qǐ yǒu cǐ lǐ

变幻莫测　biàn huàn mò cè　　　　　　浴血奋战　yù xuè fèn zhàn

3. 按阴阳上去的顺序念词语：

花红柳绿　huā hóng liǔ lǜ　　　　　　千锤百炼　qiān chuí bǎi liàn

光明磊落	guāng míng lěi luò	山明水秀	shān míng shuǐ xiù
风调雨顺	fēng tiáo yǔ shùn	深谋远虑	shēn móu yuǎn lǜ
因循守旧	yīn xún shǒu jiù	酸甜苦辣	suān tián kǔ là

4. 按去上阳阴的顺序念词语：

破釜沉舟	pò fǔ chén zhōu	妙手回春	miào shǒu huí chūn
调虎离山	diào hǔ lí shān	弄巧成拙	nòng qiǎo chéng zhuō
刻骨铭心	kè gǔ míng xīn	覆水难收	fù shuǐ nán shōu
信以为真	xìn yǐ wéi zhēn	异口同声	yì kǒu tóng shēng

5. 绕口令练习：

(1) 妈妈骑马，马慢，妈妈骂马。妞妞轰牛，牛拧，妞妞拧牛。

(2) 提锡壶游西湖，锡壶落西湖，惜乎锡壶；登矮寨携爱恖，爱恖坠矮寨，哀哉爱恖。

二、语流音变

我们说话时，不是一个字一个字地往外说，而是把一些词、句子和一段话组织起来，形成连续的语流。在语流中，一个音由于受到前后音的影响，或者受到话音的高低、快慢等因素的影响会发生一些变化，这种现象叫作音变。比如，当我们说"一人一个苹果"时，前后两个"一"的声调不同，这就是因为"一"发生了音变。

普通话的音变主要有变调、轻声、儿化以及语气词"啊"的音变等类型。

（一）变调

在语流中，有些音节的声调起了一定的变化，与单读时调值不同，这种变化叫作变调。普通话中主要有上声变调和"一""不"变调。

1. 上声变调

当上声音节的字单念或在词语的末尾时读原调，调值是214。上声变调有两种情况：一种是调值变为211，即"半上"；一种是调值变为35，与阳平调一致。

（1）两个上声相连，前一个上声调值变35。例如：

领（214）＋导（214）→领导（35＋214）；

演（214）＋讲（214）→演讲（35＋214）。

（2）上声在非上声（阴平、阳平、去声）以及由非上声变来的轻声的前面，变调为"半上"，调值是211。例如：

火（214）＋车（55）→火车（211＋55）；

祖（214）＋国（35）→祖国（211＋35）；

讨（214）＋论（51）→讨论（211＋51）；

尾（214）＋巴（4）→尾巴（211＋4）。

（3）三个上声相连，如果前两个音节在语法上联系较为紧密，为"双单格"，那么前两个上声的调值都变读为 35;如果后两个音节在语法上联系较为紧密,为"单双格",则前两个上声的调值分别变读为 211 和 35。

① 双单格。例如:

展(214)＋览(214)＋馆(214)→展览馆(35＋35＋214);

蒙(214)＋古(214)＋语(214)→蒙古语(35＋35＋214)。

② 单双格。例如:

很(214)＋理(214)＋想(214)→很理想(211＋35＋214);

小(214)＋两(214)＋口(214)→小两口(211＋35＋214)。

(4) 上声在由上声变来的轻声前有两种变调:一种是变为 211,一种是变为 35。

① 变 211。例如:

姐(214)姐(4)→姐姐(211＋4);

马(214)虎(4)→马虎(211＋4)。

② 变 35。例如:

手(214)里(4)→手里(35＋4);

哪(214)里(4)→哪里(35＋4)。

练一练 1-27

1. 词语练习:

水果 shuǐguǒ	保险 bǎoxiǎn	采取 cǎiqǔ	打扰 dǎrǎo
演出 yǎnchū	简单 jiǎndān	领空 lǐngkōng	语音 yǔyīn
普及 pǔjí	朗读 lǎngdú	举行 jǔxíng	感觉 gǎnjué
挽救 wǎnjiù	请示 qǐngshì	访问 fǎngwèn	省略 shěnglüè
老实 lǎoshi	买卖 mǎimai	喇叭 lǎba	打量 dǎliang
奶奶 nǎinai	耳朵 ěrduo	走走 zǒuzou	想想 xiǎngxiang
演讲稿 yǎnjiǎnggǎo	洗澡水 xǐzǎoshuǐ	古典美 gǔdiǎnměi	
小老虎 xiǎolǎohǔ	老领导 lǎolǐngdǎo	冷处理 lěngchǔlǐ	

2. 句子练习:

(1) 永远友好!

(2) 请往北走。

(3) 我很了解你。

(4) 给你两碗炒米粉。

(5) 请你给我打点儿洗脸水。

(6) 展览馆里有几百种展览品。

2. "一""不"变调

在普通话里,"一""不"是高频率出现的常用字。在普通话语音里,这两个字的声调会受其相连音节声调的影响而出现变读的现象。

（1）"一""不"单念或用在词句末尾，以及"一"在序数中，声调不变，读原调："一"念阴平（55），"不"念去声(51)。例如：第一、统一、唯一、偏不等。

（2）在去声前，"一""不"的调值一律变读为35。例如：

一夜 yíyè	一样 yíyàng	一定 yídìng	一道 yídào
不必 búbì	不便 búbiàn	不错 búcuò	不但 búdàn

（3）在非去声（阴平、阳平、上声）前，"一"的调值变读为51，"不"仍读去声(51)。例如：

一边 yìbiān	一天 yìtiān	一般 yìbān	一生 yìshēng
一年 yìnián	一群 yìqún	一条 yìtiáo	一同 yìtóng
一本 yìběn	一朵 yìduǒ	一起 yìqǐ	一早 yìzǎo
不吃 bùchī	不同 bùtóng	不管 bùguǎn	不想 bùxiǎng

（4）"一""不"嵌在重叠动词等词语的中间，读音接近轻声，属于"次轻音"。例如：

谈一谈	想一想	试一试	笑一笑
信不信	好不好	忘不了	想不到

练一练 1-28

1. 读一读下面的一字诗：

（1）一帆一桨一渔舟，一个渔翁一钓钩。一俯一仰一顿笑，一江明月一江秋。

（2）一东一西垄头水，一聚一散天边路。一去一来道上客，一颠一倒池中树。

范读

2. 读一读"一"字变调小口诀：

一(yī)字领头学问大，

四种声调读准它，

小 yī 遇到一、二、三(声)，

变成四声要读 yì，

一支、一人和一起；

遇到四声怎么读？

不用怀疑改读 yí，

一个、一片和一会儿。

3. 读一读诗歌：

给我

杨晓民

给我一粒种子，

我为一颗颗荒芜的心灵插上新绿；

给我一缕阳光，

我用爱去点燃跳动的田野。

让星火传递星火，

让夏日的野藤蔓，

爬满一个个光秃的山头。

给我一滴白露，

我涂抹一条丰收的河流；

给我一个妄想呵，

我要让时间一分分慢下来，

让头顶上飘扬的白发，

和新年的雪花一起悄悄地融化，

悄悄地……

（二）轻声

1. 什么是轻声

有些音节被用于词语和句子的时候，会失去原来的调值，变得又轻又短，这就是轻声。轻声不是四声之外的第五种声调，而是四声的一种特殊音变。

2. 轻声的规律

普通话中的多数轻声同词汇、语法有密切的联系，可归纳为以下几类：

（1）"吗、呢、啊、吧"等语气助词，如是吗、他呢、看啊、走吧。

（2）"着、了、过、的、地、得"等动态助词和结构助词，如笑着、来了、看过、我的、勇敢地、唱得好。

（3）"子、头、们"等名词的后缀，如椅子、木头、朋友们。

（4）"上、下、里、边"等方位词，如墙上、底下、家里、那边。

（5）叠音词或动词重叠形式的末一个音节，如弟弟、奶奶、谈谈、跳跳、商量商量、考虑考虑。

（6）动词、形容词后表示趋向的动词，如出来、进去、拿下去、热起来。

（7）人们习惯将某些常用的双音节词的第二个音节读作轻声，如明白、暖和、衣服、眼睛。

3. 轻声的作用

（1）区别词义的作用。有些词语中的音节，读为轻声和非轻声，词义不同。例如：

老子（原调）——古代的哲学家　　　　　　大方（原调）——有专门学问的人

老子（轻声）——父亲　　　　　　　　　　大方（轻声）——不吝啬，不小气

（2）区别词性的作用。有些词语中的音节，读为轻声和非轻声，词性不同。例如：

地道（重）——地下通道，名词　　　　　　买卖（重）——买和卖，动词

地道（轻声）——纯正，形容词　　　　　　买卖（轻声）——生意，名词

练一练 1-29

1. 词语练习：

奶奶	剪子	枕头	爽快	委屈
爷爷	孩子	石头	凉快	人们
妈妈	桌子	跟头	称呼	庄稼
爸爸	凳子	念头	报酬	事情

🎧 范读

2. 绕口令练习：

(1) 聋子提笼子，笼子装虫子，虫子咬笼子，聋子捉虫子。

(2) 桃子、李子、梨子、栗子、橘子、柿子和榛子，栽满院子、村子和寨子。刀子、斧子、锯子、凿子、锤子、刨子和尺子，做出桌子、椅子和箱子。

3. 朗读练习：

盼望着，盼望着，东风来了，春天的脚步近了。

一切都像刚睡醒的样子，欣欣然张开了眼。山朗润起来了，水涨起来了，太阳的脸红起来了。

小草偷偷地从土里钻出来，嫩嫩的，绿绿的。园子里，田野里，瞧去，一大片一大片满是的。坐着，躺着，打两个滚，踢几脚球，赛几趟跑，捉几回迷藏。风轻悄悄的，草软绵绵的。

图 1-18　春

桃树，杏树，梨树，你不让我，我不让你，都开满了花赶趟儿。红的像火，粉的像霞，白的像雪。花里带着甜味；闭了眼，树上仿佛已经满是桃儿，杏儿，梨儿。花下成千成百的蜜蜂嗡嗡地闹着，大小的蝴蝶飞来飞去。野花遍地是：杂样儿，有名字的，没名字的，散在草丛里像眼睛，像星星，还眨呀眨的。

（三）儿化

1. 什么是儿化

儿化指的是一个音节中，韵母带上卷舌色彩的一种特殊的音变现象，这种卷舌化了的韵母就叫作"儿化韵"，如山坡儿、唱歌儿、小孩儿、胡同儿、小事儿、写字儿等。

书面上用汉字"儿"表示儿化，但是"儿"不是一个独立的音节，它和前面的字同属一个音节，如鲜花儿，不能说 xian hua er，而要说 xian huar。用汉语拼音字母拼写儿化音节，只需在原来的音节之后加上表示卷舌动作的 r 即可，如 nǎr（哪儿）、gēr（歌儿）、duǒr（朵儿）、háir（孩儿）等。

2. 儿化韵的发音

普通话韵母除 e、er 之外都可以儿化。发音提示：发儿化韵的时候，舌头要卷到位；舌头的动作是一边回收一边卷起。

儿化会使韵母产生不同的变化,如直接卷舌、丢音、增音、鼻化等。儿化具体的规律有以下几点:

(1) 音节末尾是 a、o、e、ê、u 的,儿化时加上直接卷舌动作。这类韵母共有 13 个,例如:

a-ar:刀把儿	板擦儿	冰碴儿	腊八儿
ia-iar:脚丫儿	豆芽儿	书架儿	哥俩儿
ua-uar:年画儿	牙刷儿	小褂儿	鲜花儿
o-or:围脖儿	山坡儿	媒婆儿	粉末儿
uo-uor:酒窝儿	干活儿	课桌儿	拉锁儿
e-er:饭盒儿	蛋壳儿	山歌儿	存折儿
ie-ier:台阶儿	半截儿	小鞋儿	树叶儿
üe-üer:丑角儿	闰月儿	小靴儿	口诀儿
u-ur:小兔儿	眼珠儿	面糊儿	枣核儿
ao-aor:豆包儿	灯泡儿	小道儿	口哨儿
iao-iaor:线条儿	小鸟儿	豆角儿	作料儿
ou-our:小丑儿	土豆儿	纽扣儿	小狗儿
iou-iour:皮球儿	蜗牛儿	衣袖儿	加油儿

(2) 韵尾是 i、n 的(in、ün 除外),儿化时丢掉韵尾,在主要元音上加卷舌动作。这类韵母共有 10 个,例如:

ai-air:鞋带儿	锅盖儿	球拍儿	小孩儿
uai-uair:一块儿	乖乖儿	糖块儿	碗筷儿
ei-eir:刀背儿	晚辈儿	宝贝儿	摸黑儿
uei-ueir:耳坠儿	零碎儿	跑腿儿	一会儿
an-anr:上班儿	名单儿	门槛儿	花瓣儿
ian-ianr:窗帘儿	笔尖儿	花边儿	心眼儿
uan-uanr:贪玩儿	茶馆儿	拐弯儿	撒欢儿
üan-üanr:手绢儿	烟卷儿	圆圈儿	花园儿
en-enr:花盆儿	书本儿	脑门儿	杏仁儿
uen-uenr:冰棍儿	打滚儿	没准儿	开春儿

(3) 韵母是 in、ün 的,儿化时丢掉韵尾 n,直接加上 er,例如:

in-inr:皮筋儿	鼓劲儿	背心儿	脚印儿
ün-ünr:短裙儿	围裙儿	合群儿	

(4) 韵母是 i、ü 的,儿化时直接加 er,例如:

i-ir:饭粒儿	玩意儿	眼皮儿	门鼻儿	小鸡儿	小米儿
ü-ür:金鱼儿	有趣儿	马驹儿	蛐蛐儿	小曲儿	毛驴儿

(5) 韵母是-i(前)、-i(后)的,儿化时韵母变作 er,例如:

-i(前)-er:瓜子儿	单词儿	鱼刺儿	写字儿

-i(后)-er：小事儿　　　果汁儿　　　锯齿儿　　　鱼食儿

（6）韵尾是 ng 的（ing、iong 除外），儿化时丢掉韵尾，韵腹鼻化并卷舌。这类韵母共有 6 个，例如：

ang-angr：偏方儿	鞋帮儿	偏旁儿	帮忙儿
iang-iangr：瓜秧儿	木箱儿	透亮儿	鼻梁儿
uang-uangr：蛋黄儿	天窗儿	亮光儿	木桩儿
eng-engr：顺风儿	门缝儿	头绳儿	板凳儿
ong-ongr：胡同儿	酒盅儿	小虫儿	没空儿
ueng-uengr：小瓮儿			

（7）韵母是 ing、iong 的，儿化时丢掉韵尾 ng，直接加上鼻化的 er，例如：

ing-ingr：出名儿	花瓶儿	打鸣儿	电影儿
iong-iongr：小熊儿	蚕蛹儿		

3. 儿化的作用

儿化这种语音现象，跟词汇、语法有密切的关系，它具有区别词义、区分词性和表达感情的作用。

（1）区别词义。有的词儿化后具有不同的意义，例如：

头（脑袋）——头儿（领头的）　　　　　眼（眼睛）——眼儿（小孔）

火星（行星）——火星儿（极小的火）　　信（书信）——信儿（消息、信息）

（2）区分词性。有的词儿化后具有不同的词性，例如：

亮（形容词、动词）——亮儿（名词）　　盖（动词）——盖儿（名词）

尖（形容词）——尖儿（名词）　　　　　堆（动词）——堆儿（量词）

（3）表达感情。有的词儿化后会带有一定的感情色彩，可以是表达物品细小，也可以是表达对人物的喜爱之情，例如：

石子儿（表示小）　　　　　　　　　小孩儿（表示喜爱或亲切）

练一练 1-30

1. 词语练习：

石子儿	木棍儿	树梢儿	花园儿	眼神儿	带刺儿
小孩儿	宝贝儿	嘴唇儿	面条儿	球门儿	花裙儿

🎧 范读

2. 句子练习：

（1）小王儿特别喜欢吃瓜子儿。

（2）咱俩一块儿去打球儿吧！

（3）我们从后门儿走，到公园儿玩儿玩儿。

（4）麻烦你把盖儿盖上。

（5）别急，慢慢儿说，大伙儿会帮你的。

3. 唱词练习：

进了门儿,倒杯水儿,喝了两口运运气儿。顺手拿起小唱本儿,唱一曲儿,又一曲儿,练完了嗓子我练嘴皮儿。绕口令儿,练字音儿,还有单弦儿牌子曲儿;小快板儿,大鼓词儿,又说又唱我真带劲儿!

（四）语气词"啊"的音变

语气词"啊"是零声母音节,其原调为ā,它只有在句首单独使用时读原调。当"啊"在一句话的句末时,常常受前面一个音节末尾音素的影响,产生连音或同化等变化,使"啊"变读为"呀""哇""哪"等。语气词"啊"的变读可分为以下几种:

（1）前面音节的末尾音素是a、o、e、ê、i、ü,"啊"变读为"ya"。例如:

长得多像她啊(tā ya)!

好陡的山坡啊(pō ya)!

原来是李哥啊(gē ya)!

赶快致谢啊(xiè ya)!

雪白的大米啊(mǐ ya)!

你到底去不去啊(qù ya)?

（2）前面音节的末尾音素是u(ao、iao中的o实际读音为u),"啊"变读为"wa"。例如:

这是香樟树啊(shù wa)!

我的贴心小棉袄啊(ǎo wa)!

真巧啊(qiǎo wa)!

（3）前面音节的末尾音素是n,"啊"变读为"na"。例如:

去年干旱啊(hàn na)!

跟你这么亲近啊(jìn na)!

（4）前面音节的末尾音素是ng,"啊"变读为"nga"。例如:

溪水真清啊(qīng nga)!

这束花真香啊(xiāng nga)!

（5）前面音节的末尾音素是-i(前),"啊"变读为"za"。例如:

你是旱鸭子啊(zī za)!

原来如此啊(cǐ za)!

做人不能太自私啊(sī za)!

（6）前面音节的末尾音素是-i(后)或er(包括儿化韵),"啊"变读为"ra"。例如:

毛衣原来这么织啊(zhī ra)!

可别学口吃啊(chī ra)!

原来你们认识啊(shi ra)!

他考了第二啊(èr ra)!

什么事儿啊(shèr ra)?

练一练 1–31

1. 句子练习：

(1) 千万注意啊!

(2) 这里的条件真好啊!

(3) 身上这么多土啊!

(4) 大家加油干啊!

(5) 她的歌声多好听啊!

(6) 同志们,冲啊!

(7) 他在写字啊!

(8) 这是一件大事啊!

范读

2. 对话练习（注意"啊"的读音）：

甲：这是什么啊?

乙：吃的东西啊! 面包啊,香肠啊,饮料啊,西瓜啊,瓜子啊,应有尽有啊!

甲：今天我们要大吃一顿啊!

乙：是啊,给你好好庆贺庆贺啊!

甲：给我庆贺什么啊?

乙：今天是你的生日啊! 你怎么忘了?

甲：啊,对啊! 今天是我的生日啊,我怎么忘了呢?

🌴 知识岛

千变万化的"啊"

语气词"啊"可以处理成不同的声调,用来表达不同的情感。例如:

(1) 阴平调:(叮嘱的语气)啊,好好干!

(2) 阳平调:(意外的语气)啊! 你怎么说出这样的话?

(3) 上声调:(感觉不舒服或提出要求)啊! 大点儿声,我听不清哪!

(4) 去声调:(恍然大悟或从一种思绪突然转换到另一种思绪)啊! 我明白了。

第二章 与口语相关的基础训练

第一节 倾听能力训练

课前五分钟

读一读下面的小故事。

"听"来的钢盔

第一次世界大战期间,一位名叫亚德里安的法国将军,利用战斗间隙到战地医院探望伤员。他走进病房,静静地坐在病床边,倾听每一位伤病员讲述自己"死里逃生"的经历。其中一位炊事员说,他听到炮弹呼啸而来,就不假思索地把一口锅扣在头上,虽然弹片横飞,战友倒下一大片,他却幸免一死。听到这里,亚德里安将军略有所悟地点了点头,走到这位炊事员床前同他握手,脸上露出赞赏的微笑。

后来,他发布了一道命令:让每个战士都在头上戴一口"铁锅"——于是,在人类战争史上,"钢盔"就因为一位将军有耐心的倾听而诞生了。据说,这个别出心裁的"发明"使数万余名法国军人在第一次世界大战中免于战死。

将军的诚意倾听,表达的是对战士生命的关注。同时,他满足了对方倾诉并获得尊重的愿望,而自己也获得了创造的灵感。由此可见,在人际交往中,一切诚意的倾听都是互惠的。这就印证了一句格言:"说话是人生的需要,听话是人生的艺术。"

案例导航

三个金人

曾经有一位小国的使者,到中国来进贡了三个一模一样的金人,同时出了一道题目:在这三个金人中,哪个最有价值?

皇帝请来珠宝匠对这三个金人进行了检查,结果它们的重量、做工都是一模一样的。

怎么办？使者还等着回去汇报呢，泱泱大国，不会连这件小事都弄不清楚吧。最后，有一位退位的老臣对皇帝说他有办法。于是，皇帝把使者请到了大殿中。老臣胸有成竹地拿着三根稻草，他先将一根稻草插入第一个金人的耳朵里，这时，这根稻草从另一边的耳朵出来了。接着，插入了第二根，第二个金人的稻草从嘴巴里直接掉出来了。然而，当插入第三根稻草时，稻草直接进入了第三个金人的肚子里，什么响动都没有。老臣说："第三个金人最有价值。"

图 2-1　三个金人

使者默默无语，答案正确——最有价值的人，不一定是最能说的人。

分析： 人与人之间需要沟通，而沟通的前提就是学会倾听。懂得倾听，不仅是一种关爱和理解，更是调节双方关系的润滑剂。

学海泛舟

在人际交往与口语表达的过程中，最基本、最常用的方式是"听"和"说"。据保罗·兰金教授统计，"听"占人们日常语言活动的 45%，"说"占 30%，"读"占 16%，"写"仅占 9%。由此可见，"听"在语言交流中占据重要地位。斯科特·派克在《少有人走的路》中写道："倾听是把注意力放到对方身上，它是爱的具体表现形式。"那么，怎样听才是倾听呢？

我们来看看"听"的繁体字"聽"。这个"聽"字有着丰富的内涵，各部分的含义是：耳表示用耳朵去听；王表示说者为王；十表示头要正，态度要端正；四代表眼睛，眼睛要看着对方；一表示一颗平稳的心；心表示专心、用心。这就是倾听的全部意义。

倾听是一门艺术，而不是简单地用耳朵去听的行为，它需要我们全身心地去感受说话者想表达出的言语信息和非言语信息。狭义的倾听是指凭借听觉器官接受言语信息，进而通过思维活动达到认知、理解的全过程；广义的倾听还包括文字交流等方式。

无论是在双向交流的人际交往中，还是在以教师单项信息输出为主的课堂教学中，倾听都是不可或缺的能力。倾听能力的提高还可以促进思维、智力和语言能力的全面发展。

对于教师而言，倾听的实质是放下教师的架子，用温暖的微笑去面对幼儿，以加强彼此的沟通和交流。作为幼儿教师，我们首先要自己学会倾听，因为只有学会倾听才能让孩子更乐于敞开心扉，才能让我们有机会了解和理解孩子；其次，我们还有责任让孩子学会倾听。

一、倾听的外部表现

（1）身体前倾，目视对方，表示对谈话感兴趣，这是交谈的基本礼仪，是对对方的尊重。交谈时，忌东张西望，做小动作，尤其不要出现打哈欠、伸懒腰、看表或玩手机等不礼貌的行为。

（2）要积极回应。这里的积极回应是指在倾听对话时要做出相应的反应，如可以根据交谈的情景微笑、点头、皱眉，也可以发出"啊""哦""是吗"等应答声，还可以适时插入一些开放式的问题等。积极反应可以通过简短的句子、词语或肢体语言来表现，以此告诉对方：我在听，请继续说。这样可以鼓励或帮助对方把话讲下去。如果对方表达能力稍差，可以边听边提一些简单的问题，帮助对方理清思路、调整情绪，使其把话说清楚。

在同幼儿交流的时候，积极回应除了可以鼓励、帮助幼儿把话说完整，还可以起到帮助幼儿调整情绪的作用。幼儿在高兴、悲伤、委屈的时候，如果教师能够倾听他们的诉说，认同他们的情绪，那么便能使幼儿的情绪逐渐稳定下来。比如，在幼儿受到委屈时，教师可以先通过倾听幼儿的诉说并给予"真的让人难过"等富有同理心的反馈来抚平他们的情绪，然后再关注如何解决问题。例如：教师可以用启发式的提问方式问孩子："我们该如何解决这个问题？下次再遇到这样的问题该怎么做？"

（3）不随意打断对方说话。在倾听对方说话时，应认真听完并领会其真实意图。如果因为有特殊情况确实要打断对方，应先向对方表示歉意，申明要打断对方的原因，以请求对方的谅解。

小示例

妈妈，其实我只想告诉你，我很开心

放学了，一个男孩儿飞快地冲向来接他的妈妈，"妈妈，妈妈"地喊着。

"妈妈，妈妈，今天老师夸我字写得比原来好啦！我……"

那位妈妈很温柔地摸了摸孩子的头，笑着说："知道啦。如果咱们再努力一下，你会从老师那儿得到更多的夸奖呢。"

看似一切正常的对话，看似美好又温馨的画面。但是男孩说的下一句话，却令人深思。

男孩小声地说："妈妈，其实我只想告诉你，我很开心。"说这句话时，能让人明显感到孩子已经没刚才那么兴奋了。

分析：当孩子说话时，如未得到成人的倾听与重视，其内心未感受到被尊重，那么他有可能会通过其他方式寻求归属感与价值，比如：利用不当行为引起关注；放弃与成人交流，紧紧关闭沟通的大门，并产生对抗情绪。另外，成人不让孩子把话说完，也不利于孩子表达能力的提高。

（4）在倾听的过程中，可适时加上自己的见解或体会，这样会让对方觉得你听得很投入。

二、 倾听的内在要求

（一） 要专心

这里的专心是指在与他人交谈时，或在倾听对方谈话时，要调动自己全部的知觉、情感、态度，投入地去听，要听清对方说的每一句话，并善于从对方的神态、表情、声调、语气等非语言因素的变化中，全面、准确地了解对方的思想，把握对方谈话的要点。此外，在获取准确的信息的同时，也要表现出一种积极沟通的态度，鼓励对方把想要表达的思想和情感表达出来。

（二）要耐心

这里的耐心是指在与他人交谈时，不随意插嘴，要先听完别人的话，再发表自己的意见。特别是在不认可对方观点的时候，更要耐心倾听。

教师在与幼儿交流的时候，有的幼儿因说话慢或者掌握的词汇量不够丰富，可能会出现一个词想半天或者表述断断续续的情形。这时教师要做到：①不要打断幼儿说话，或代替幼儿把话讲完；②不要边听边做其他的事情。教师要蹲下身，微笑地看着幼儿，鼓励他把自己的想法表达出来，必要时可给予幼儿适当的提示。

（三）要细心

这里的细心是指在听取他人意见时不能盲从，要辩证地听取他人的发言，并有选择地接受。在倾听对方谈话的时候，不是机械地听，而是边听边思考。不仅要正确理解对方的真实意图和观点，还要学会评价话语的价值。在没有听完或者没有听明白对方谈话的意思时，不要轻易对对方的谈话做归纳、下结论。

（四）要虚心

这里的虚心是指当别人提出与自己不同的意见时，能虚心接受。如果对方的观点正确，要能边听边修正自己的观点。当别人尤其是幼儿指出我们的错误的时候，不要恼羞成怒，因为我们每个人所掌握的知识都是有限的。古希腊哲学家芝诺的学生曾经问他："老师，难道你有不懂得的东西吗？"芝诺风趣地回答："如果用小圆代表你们学到的知识，用大圆代表我学到的知识，那么大圆的面积是多一点；但两圆之外的空白，都是我们的无知面，圆越大，其圆周接触的无知面就越多。"大圆面积会越变越大，但比起圆外空白的无限大依然远远不够。

三、倾听能力训练

（一）专注力训练

口头语言具有即时性，当说话人的声音结束时，就再也找不到语言的痕迹了，所以倾听时必须专注。专注力训练旨在让倾听者学会在明确目的的引导下，排除外在的和自身的各种干扰，把注意力集中在听的内容上。通过训练，教师要能提高注意的集中度、持久度，同时学习科学合理地分配注意力。

练一练 2-1

小游戏：按顺序找数字。

将数字1—25的顺序打乱并填写在一张有25个小方格的表格中，然后以最快的速度从1数到25，要边读边从表格中指出相应的数字，同时计时。

7	12	15	10	4
21	18	1	20	25
9	3	6	23	11
17	13	24	8	14
22	5	16	19	2

图 2-2　按顺序找数字

（二）记忆力训练

记忆力训练旨在让倾听者学会边听边归纳内容要点，记住关键词语，以及重要的事实和数据等信息。

练一练 2-2

读一读下面的小故事并回答问题，考考你的记忆力。

图 2-3　我该吃什么

有一天，猫妈妈把小猫叫来，说："你已经长大了，三天之后就不能再喝妈妈的奶了，得自己去找东西吃。"小猫惊恐地问妈妈："妈妈，那我该吃什么东西呢？"

猫妈妈说："你要吃什么食物，妈妈一时也说不出来，就用我们祖先留下的方法来学习找食物吧。这几天你躲在梁柱间、陶罐边、屋顶上，仔细倾听人们的谈话，他们自然会教你的。"

第一天晚上，小猫躲在梁柱间偷听，一个大人对孩子说："小宝，把鱼和牛奶放到冰箱里，小猫最爱吃鱼和牛奶了。"

第二天晚上，小猫躲在陶罐边，听见一个女人对男人说："老公，帮帮我的忙，把香肠、腊肉挂在梁上，小心挂好，别让小猫偷吃了。"

第三天晚上，小猫躲在屋顶上，从窗户里看到一个妇人念叨自己的孩子："奶酪、肉松、鱼吃剩了，也不收好，小猫的鼻子特别灵，明天你就没得吃了。"

就这样，小猫每天都非常开心，他回家告诉猫妈妈："妈妈，果然像你说的一样，只要我留心倾听，人们每天都会告诉我该吃些什么。"

提问：（1）小猫都是躲在哪些地方偷听人们谈话的？

（2）小猫知道哪些食物是他可以吃的了吗？

（三）理解力训练

理解力训练旨在让倾听者学会根据说话的内容，推测、判断、理解说话者的真实意图，即能够抓住说话者说话的重点和关键细节。影响理解力的因素有很多,如语句中的重音位置、说话者的情绪等。

小示例

我不会唱歌

(1) 我不会唱歌。(别人可能会唱)

(2) 我不会唱歌。(确实没有唱歌的能力)

(3) 我不会唱歌。(我会写歌)

(4) 我不会唱歌。(我会唱戏)

分析: 同样是"我不会唱歌"这句话,重音的位置不同,说话者所要表达的意图也不同。

练一练 2-3

读一读下面的指令,并按指令画出图形。

"请同学们在一张纸的中心位置画出一个鸡蛋大小的圆。"

【提示】 这个指令有三个关键点:纸的中心位置、鸡蛋大小、圆,忽视了任何一个因素都可能画不出符合要求的图形。

(四) 辨析力训练

辨析力训练旨在让倾听者学会在倾听他人说话时,通过自己已有的知识,一边听一边对所听到的内容进行准确的辨别和分析。在倾听的过程中不仅要听懂讲话人所说的内容,而且要能品味出讲话人所流露出的思想感情,分辨出字、词、语句和观点的正误等,做到"听音辨意"。

练一练 2-4

在以下不同的语境中,请辨析说话人的真实意图。

严冬时节,你与你的同学小 A 在同一间屋内。小 A 说:"外面的风真大啊!"

语境一:窗户开着。

语境二:门窗关闭,屋内暖和。

语境三:小 A 同学正准备出门。

语境四:你要准备出门。

(五) 灵敏力训练

灵敏力训练旨在让倾听者学会迅速地跟随谈话对象转变思维,用对方听得懂的语言与之进行沟通和交谈。

练一练 2-5

指出下面口语交际中的不当之处,并用合适的语言回答幼儿的问题。

一个幼儿园小班的小朋友问:"老师,为什么孙悟空会腾云驾雾呀?"老师答道:"孙悟空只是个神话人物,腾云驾雾只不过是古人想飞向天空的愿望而已。"

知识岛

名人小故事

古希腊先哲苏格拉底说过:"上天赐人以两耳两目,但只有一口,欲使其多闻多见而少言。"

有一个年轻人去向苏格拉底请教演讲术,他为了显示自己口才好,滔滔不绝地讲了许多话。最后,苏格拉底要他缴纳双倍的学费。年轻人惊诧地问道:"为什么要我加倍?"苏格拉底说:"因为我要教你两门功课,第一门是怎样闭嘴,第二门才是怎样演讲。"

图 2-4 苏格拉底

第二节 发声技巧训练

课前五分钟

范读

读一读下面的绕口令,并分享感受。

出东门,过大桥,大桥前面一树枣,拿着竿子去打枣,青的多,红的少。一个枣,两个枣,三个枣,四个枣,五个枣,六个枣,七个枣,八个枣,九个枣,十个枣;十个枣,九个枣,八个枣,七个枣,六个枣,五个枣,四个枣,三个枣,两个枣,一个枣。这是一个绕口令,一口气说完才算好。

案例导航

不好听的声音

张老师是幼儿园的资深教师,她不但教学经验丰富,而且很有责任心。可即便如此,还是有很多小朋友不喜欢她,因为小朋友觉得她的声音经常是哑哑的,还会出现嗞嗞的杂音，不好听。

　　分析：幼儿对声音的敏感度较高。好听的声音、乐音会使幼儿听了心情愉快，反之，则会让幼儿感到难受，所以幼儿不喜欢声音嘶哑的张老师。张老师在长期的工作中因不注意科学用嗓，使得声带超负荷使用，导致喉咙肿痛，所以发出来的声音也常是嘶哑的。这个案例告诉我们，科学用嗓对于从事幼教工作的教师而言是一项十分重要的技能。

图 2-5　不好听的声音

学海泛舟

　　由于幼儿教师在教育教学中主要使用的是有声语言，因此，教师口语表达的声音质量非常重要。幼儿教师的语言，要做到规范、清晰、自然、圆润，音量适宜，能够根据表达内容变化自如。如果幼儿教师声音嘶哑，发音含混不清，对于语言学习期的幼儿会产生不良的影响，也会影响教育教学的质量。掌握科学的发声方法，不但能够保护自己的声带不受损害，还能拥有优美动听的嗓音，提高语言的表现力。

　　人的发音器官包括呼吸器官（肺和气管）、发声器官（喉头和声带）、共鸣器官（口腔与鼻腔）和咬字器官（上下唇、上下颌、硬腭、软腭）。声音的发出与呼吸、发声、共鸣、咬字四个环节紧密相连。肺部呼出的气息通过气管，振动了喉头内的声带，发出微弱的声音。这种声波经过咽腔、口腔、鼻腔等腔体共鸣得到了扩大和美化，再经过口腔内的唇、齿、舌、牙、腭的协调动作，就能产生不同的声音，这就是发声的简单原理。

一、气息运用

（一）气息在发声中的作用

1. 发声的动力

　　"夫气者，音之帅也"，没有气息，声带就不能颤动发声。呼出的气息是人体发声的动力，声音的强弱、高低、长短、大小及共鸣状况，与呼出气息的速度、流量、压力大小都有直接关系。气流的变化关系到声音的响亮度、清晰度，音色的优美圆润以及嗓音的持久性。也就是说，只有气息得到控制，才能控制声音。因此，在诸多发声控制训练中，气息控制训练是学习发声的最重要的一环。

2. 表达感情的手段

　　气息不仅是发声的动力，还是一种重要的感情表达手段，它是情与声之间必经的桥梁。只有在"气随情动"的情况下，声音才能随情而变化。比如，气势汹汹、气息奄奄、气冲霄汉，或有气无力、气急败坏、忍气吞声、气贯长虹、怒气冲天等成语所涉及情感的复杂变化,如果用一种声音形式、一种气息状态去表达,那是无法分辨它们的区别的。从这个意义上讲,气息控制是由情及声、由内及外的贯穿性技巧。要想使声音能自如地表情达意,必须学会气息的控制与运用。

(二) 气息控制方法

有控制的胸腹联合式呼吸的训练是气息控制的重要方法。具体方法为:微收下腹,然后慢慢吸一口气,直到感觉两肋向两侧打开。呼气时,气息随着发声徐徐呼出,直到两肋张开、小腹微收的状态逐步放松(反复以上动作)。在这个过程中,身体的整体状态应该是自然和谐的,双肩、前胸和喉部等部位不要过于紧张。呼气时,注意不要让气息瞬间呼出。

(三) 气息控制训练

基于以上介绍的气息控制方法,常用的气息控制训练方法有以下几种:

(1) 闻花香:仿佛自己面前有一盆散发着香气的花,深深地吸进花香,控制一会儿后缓缓地吐出。

(2) 吹蜡烛:模拟吹灭生日蜡烛时的运气过程。深吸一口气后均匀缓慢地吹出,尽可能将时间保持得长一点,25～30 秒为合格。

(3) 拖长音:咬住牙,在深吸一口气后,从牙缝中发出"咝——"声,力求平稳、均匀、持久。一口气持续 20～30 秒,5～7 口气为一组,每次练习 3～5 组。

(4) 数数:从 1 数到 10,往复循环,一口气能数多少遍就数多少遍,要数得清晰、响亮。

(5) 绕口令:用绕口令或近似绕口令的语句练习气息控制。

练一练 2-6

气息练习:

(1) 数葫芦。一口气数不了二十四个葫芦,一个葫芦两块瓢,两个葫芦四块瓢,三个葫芦六块瓢,四个葫芦八块瓢,五个葫芦十块瓢,六个葫芦十二块瓢,七个葫芦十四块瓢,八个葫芦十六块瓢,九个葫芦十八块瓢,十个葫芦二十块瓢,十一个葫芦二十二块瓢,十二个葫芦二十四块瓢。

(2) 数红旗。广场上飘红旗,看你能数多少面旗,一面旗,两面旗,三面旗,四面旗,五面旗,六面旗,七面旗,八面旗,九面旗,十面旗……

范读

二、共鸣训练

生理学家告诉我们,声带产生的音量只占讲话音量的 5%,其他 95% 的音量,则要通过口腔、鼻腔、胸腔、头腔所组成的共鸣器放大产生。说话时的发声是以口腔共鸣为主,以胸腔共鸣为基础的。因此,要发出抑扬顿挫、铿锵有力、响亮悠远的声音,就必须在用气推声的基础上,学会共鸣的发声方法。

人的共鸣器官包括口腔、鼻腔、胸腔和头腔,它们的作用各不相同:口腔共鸣能使声音结实清晰,鼻腔共鸣能使声音薄而明亮,胸腔共鸣能使声音浑厚洪亮,头腔共鸣能使声音高亢明亮。一般说来,在表现热情时要加强头腔共鸣,在表现沉痛时要加强胸腔共鸣和鼻腔共鸣,在进行一般叙述时要加强口腔共鸣。因此,共鸣训练包括口腔共鸣训练、鼻腔共鸣训练、胸腔共鸣训练和头腔共鸣训练。

(一) 口腔共鸣训练

声音从口腔以及喉头上部的咽腔中获得的共鸣,我们称之为口腔共鸣。口腔共鸣训练可采用张口练习法,即惊吓张口、半打哈欠、吞咽食物张口等;在气推声之前吸气,同时打开口腔立即发音。经过多次反复练习,即可获得口腔共鸣的发声效果。需要注意的是,当以口腔共鸣发声时,鼻咽要关闭,不产生鼻泄漏。通过以下示例,体会一下口腔共鸣发声(基本是以开口元音为主的练习)。

ba—da—ga　　　ba—da—ga　　　pa—ta—ka　　　pa—ta—ka
ba—da—ga—pa—ta—ka

在进行发声训练的时候,多用阴平声调进行,这样有利于体会声音和气息。

练一练 2-7

1. 词组练习:

冰雹　　　拍照　　　平静　　　抨击　　　批评　　　秋天
哗啦啦　　噼啪啪　　咣啷啷　　扑通通　　咕噜噜

🎧 范读

2. 绕口令练习:

山上五棵树,架上五壶醋,林中五只鹿,柜中五条裤,伐了山上树,取下架上醋,捉住林中鹿,拿出柜中裤。

(二) 鼻腔共鸣训练

鼻腔共鸣是通过软腭来实现的,标准的鼻辅音 m、n 和 ng 就是这样发声的。一般在开始练声时,多练练"m"是有益的,因为发这个音容易达到高位置和靠前、明亮、集中的效果。在练习哼鸣时,首先上下唇自然地闭上,口腔内部要打开,好像闭口打哈欠的感觉,然后将声音和气息往高处顶起,能感到声音向高位、额窦、鼻窦处扩展,但切勿把声音堵塞在鼻腔里,否则会发出鼻音,像感冒一样。

练一练 2-8

1. 词语练习:

妈妈　光芒　中央　接纳　头脑

🎧 范读

2. 句子练习:

蓝蓝的天上白云飘,白云下面马儿跑,挥动鞭儿响四方,百鸟齐飞翔。

（三）胸腔共鸣训练

胸腔的空间及共鸣能量大,发出的声音有深度和宽度,声音听起来浑厚、宽广,会给听者一种庄严、深沉、真实、可信的感觉。它是口腔共鸣不可缺少的基础。

胸腔共鸣训练最简单的方法是发音之前先做好闭口打哈欠的准备,在气推声的同时,胸腔打开,有雄鹰展翅的感觉;或者做扩胸动作,同时尽量发高亢或低沉的声音,体会胸腔打开的感觉。多次反复练习就能获得胸腔共鸣的效果。

> **练一练** 2-9
>
> **1. 按下面的方式发音,体会胸腔共鸣。**
>
> 用手按住胸口,发"a"和"ha"音,然后读"海洋""遥远"等词。
>
> **2. 上声发音练习:**
>
> 用夸大的发音方式发 hǎo、bǎi、mǐ、zǒu 等音。
>
> **3. 词语练习:**
>
> 百炼成钢　　翻江倒海
>
> **4. 句子练习**
>
> 小柳树,满地栽,金花谢,银花开。

🎧 范读

（四）头腔共鸣训练

我们常常把头腔共鸣称之为头声。头腔共鸣需要一定的气势和音高,通常在唱歌时用得多一些,但有时在朗诵中也会用到,以加强作品的感情色彩。通过头腔共鸣发出的声音高昂、明快、铿锵有力,会感到声音是从眉心发出的。

头腔共鸣训练最简单的方法是练习"凝目远视",即在气推声之前,先凝目远视并提小舌头,同时用气推声。它有两种效果:一是使头腔共鸣器官——鼻窦、额窦、蝶窦等张开;二是"提小舌头",即软腭提起,打开咽腔。通过多次反复练习,即可获得头腔共鸣效果。

> **练一练** 2-10
>
> 朗诵下面的诗词,要求放慢速度,有意识地夸张,尽量找出最佳的共鸣效果。声音适当偏后些,使之浑厚有力。
>
> 红旗飘,军号响,子弟兵,别故乡。
> 路迢迢,秋风凉,敌重重,军情忙。
> 苗岭秀,旭日升,百鸟鸣,报新春。
> 铜锣响,秧歌起,黄河唱,长城喜。
> 手足情,同志心,飞捷报,传佳音。
> 顶天地,志凌云,山城堡,军威振。

🎧 范读

在进行口语表达的时候,通常不是单一地使用某一种共鸣方式,而是以口腔共鸣为主,由各共鸣腔体协调配合共同运作的。对于幼儿教师来说,在教育教学过程中,如要把声音送到教室的后部,就要充分运用共鸣的作用,使声音既清晰,又丰满圆润。

三、吐字归音

吐字归音是我国传统声乐艺术提及咬字方法时所用的一个术语,它的具体内容既包括发音的基本要领,也包括发音的审美要求。吐字归音包括出字、立字和归音。中国传统的发声学把汉语的一个音节的发音过程分为出字(声母、韵头的发音)、立字(韵腹的发音)和归音(韵尾的发音)三个阶段。通过对每个发音阶段不同的控制,使吐字达到清晰、饱满、弹发有力的境界。具体要求是:发音时,出字要准确有力,把握好声母的发音部位和发音方法,并迅速与韵头结合;立字要圆润饱满、坚实稳定,口腔开合适度、松紧相宜;归音要鲜明利落,既不拖泥带水,又要保证唇舌位置正确,避免发生吃字、倒字、丢音等口齿不清的现象。

(一) 吐字训练

1. 喷口字训练

主要以唇音 b、p、m、f 的字为主,训练双唇的喷吐力。例如:吃葡萄不吐葡萄皮,不吃葡萄倒吐葡萄皮。

2. 弹舌字训练

主要以舌尖中音 d、t、n、l 为主,训练舌尖的弹射力。例如:会炖我的炖冻豆腐,来炖我的炖冻豆腐;不会炖我的炖冻豆腐,就别胡炖乱炖炖坏了我的炖冻豆腐。

3. 开喉字训练

主要以舌根音 g、k、h 为主,训练打开喉咙。例如:哥哥心中一条宽宽的河,妹妹你就是那河上的波。

4. 牙音字训练

主要以舌面音 j、q、x 为主,训练牙的咬合。例如:希望你在大学安心学习,取得优秀成绩,向母校报喜。

5. 齿音字训练

主要以舌尖音 z、c、s、zh、ch、sh、r 为主,训练舌尖力量的集中。例如:优美的诗词离不了字词,字词准确、生动才能写出优美的诗词。

练一练 2-11

1. 词语练习:

硕士	芬芳	肺腑	主张	专访	想象
领略	美满	时尚	命名	宽阔	标榜
满园春色	风调雨顺	山清水秀	身强体壮		
一诺千金	四海为家	光明磊落	心直口快		

范读

2. 绕口令练习:

八百标兵奔北坡,北边炮兵并排跑;炮兵怕把标兵碰,标兵怕碰炮兵炮。

(二) 归音训练

1. 抵腭

前鼻韵尾 n 作字尾时,在发音过程完成的时候,舌尖要抵住上齿龈。例如:蓝天、山川、森林、人民、本分。

2. 穿鼻

后鼻韵尾 ng 作字尾时,在发音过程完成的时候,声音穿鼻而出。例如:汪洋、光芒、名称、形成、方向。

3. 展唇

i 作字尾时,要展开唇角,呈微笑状。例如:海外、彩带、徘徊、肥美、归队。

4. 敛唇

u 或 o 作字尾时,聚敛双唇。例如:高潮、秋收、悠久、优秀、牛油。

练一练 2-12

1. 词语练习:

响亮	大妈	向阳	吊桥	拼音	冷风
逃跑	体重	张扬	纱窗	嘲笑	体会
高瞻远瞩	豪情壮志	江河日下	娇生惯养		
慷慨激昂	来龙去脉	来日方长	狼狈不堪		

范读

2. 绕口令练习:

天上看,满天星,地下看,有个坑,坑里看,有盘冰。坑外长着一老松,松上落着一只鹰,鹰下坐着一老僧,僧前点着一盏灯,灯前搁着一部经,墙上钉着一根钉,钉上挂着一张弓。说刮风,就刮风,刮得那男女老少难把眼睛睁,刮散了天上的星,刮平了地下的坑,刮化了坑里的冰,刮倒了坑外的松,刮飞了松上的鹰,刮走了鹰下的僧,刮灭了僧前的灯,刮乱了灯前的经,刮掉了墙上的钉,刮翻了钉上的弓。

这就是:星散、坑平、冰化、松倒、鹰飞、僧走、灯灭、经乱、钉掉、弓翻的绕口令。

知识岛

保护嗓子的方法

1. 学习用科学的发声方法,合理用嗓

(1) 不要过度用嗓,讲话时的音量要适度,即使在嘈杂的区域也不要高声讲话,特别是不要大喊大叫，更不要尖叫。

（2）不要故意轻声说话，这对于保护嗓子来说也是不利的。

（3）说话速度不能过快，连续说话时间不能过长，若感觉嗓子发干或者说话声嘶哑，就要停止讲话。

2. 注意劳逸结合，保持身心健康

（1）适量喝水。一天保证喝 6 杯水，因为保持体内水的平衡可以充分地滋润声带；避免饮用酒类、咖啡等刺激性饮品。

（2）注意饮食。尽量吃清淡的食物，不吃或少吃刺激性食物，特别是不要吃辛辣的食物（如辣椒、大蒜头、生姜等），这些食物会影响嗓子。除此以外，也不要吃坚硬的食物（如油炸类等），以免对嗓子造成机械性损伤。

（3）杜绝熬夜等不良的生活习惯。保证充足的睡眠可以避免咽喉疾病的发生。

（4）养成良好的锻炼习惯。可通过有氧运动来增强自己的体质，增加对疾病的抵抗能力，避免咽喉疾病的发生。

（5）养成良好的漱口习惯。每天早上、饭后及睡前都要用淡盐水漱口，保持咽部清洁。用淡盐水漱口可以减少咽喉炎的发生。

（a）适量喝水

（b）注意饮食

（c）杜绝熬夜

（d）锻炼身体

（e）养成漱口的习惯

图 2-6　保护嗓子的方法

第三节 思维能力训练

🕐 课前五分钟

你知道下面两个问题的答案吗?

(1) 一个正方形有四个角,切去一个角,还剩几个角?

(2) 一个人走进森林,最多能走多远?

🚌 案例导航

图 2-7 袁隗羞妻反被羞

袁隗羞妻反被羞

东汉时,大臣袁隗娶了马融的女儿马伦。马伦饱读诗书,聪慧善辩。新婚之夜,有着强烈优越感的袁隗想在新婚妻子面前耍一下威风,就拿马伦先于姐姐出嫁的事打趣:"弟在兄前娶妻,为人见笑;而今令姊尚待字闺中,你却抢先出阁,这样有些不妥吧?"马伦掩口一笑说:"这个您就有所不知了,家姊才貌出众,眼界自然高人一等,寻常男子难入她的法眼。因此一直未能觅得佳偶。不像我这样浅陋平庸,随便嫁个人就是了。"

分析: 袁隗本来想羞难自己的妻子,却没有得到自己预料的结果,反而被妻子取笑。马伦之所以在"夫妻交锋"中取胜,无疑得益于她敏锐的思维。

⛵ 学海泛舟

思维是人脑对客观事物的一种主观反映,思维的结果需要用语言来表达。

思维和语言是相互促进的,即思维的发展推动着语言的发展,语言的发展又反过来促进思维的发展。对于幼儿来说,其思维能力的发展和语言能力的发展是同时进行的,幼儿掌握语言的过程就是发展思维的过程。因此,在培养幼儿语言能力的同时要重视思维的训练。对于幼儿教师来说,只有努力提高自己的思维水平,才能在根本上提高口语表达水平,胜任教育教学工作。

一、思维的作用

一个人口语交际能力的强弱和思维能力的强弱密切相关。思维的作用主要有以下几点：

（1）思维决定着讲的内容。嘴上所说的，也就是大脑所想的。如果想不到，自然就说不出来。

（2）思维决定着讲的速度。讲述速度的快慢，是由思维的灵活度决定的。通常，思维反应灵活，说话的速度就快；思维反应迟钝，语速就慢。

（3）思维决定着讲的程度。不同的人在口语交际时的表现也不同：有的人是"直筒子"，能知无不言、言无不尽；而有的人则"见人只说三分话"。人之所以有时候能清楚明白地表达，有时候却用模糊含混的语言应付，这些都是思维在起作用。

（4）思维决定着讲的效果。善于思考的人及思维严密、灵活的人，无论是在日常交谈中，还是在业务往来中，都善于把握分寸，且效果良好。思维混乱的人，说话粗浅疏漏、信口开河，不但无法达到交流的目的，甚至可能得罪人而不自知。

二、思维训练

（一）逆向思维训练

逆向思维也叫反向思维，是指从相反方向思考问题，提出相对的或相反的观点。对于某些特殊问题，如果从结论往回推，倒过来思考，或许会使问题简单化。比如，"司马光砸缸"就是逆向思维的典型例子。有人落水，常规的思维模式是"救人离水"，而司马光在面对紧急险情时，运用了逆向思维，果断地用石头把缸砸破，即"让水离人"，救了小伙伴的性命。

逆向思维需要注意的是：反方向求异，观点必须持之有据，能够自圆其说。

> ### 小示例
>
> #### 司马光砸缸
>
> 原文：群儿戏于庭，一儿登瓮，足跌没水中，众皆弃去。光持石击瓮破之，水迸，儿得活。
>
> 译文：司马光和一群小孩子在庭院里面玩，一个小孩站在大缸上面，失足跌落缸中被水淹没，其他的小孩子见状都跑掉了。只有司马光拿石头砸开了缸，水流了出来，小孩子得以活命。
>
>
>
> 图2-8　司马光砸缸
>
> **分析：**有人落水，常规的思维方式是"救人离水"。由于不能通过爬进缸中救人的方式解决问题，司马光就用石头把缸砸破，"让水离人"，救了小伙伴的性命。

练一练 2-13

阅读下面的故事，猜猜孩子说了什么?

　　有一家人决定搬进城里，于是去找房子。这一家共三口人，除了一对夫妻外，还有一个五岁的孩子。他们跑了一天，直至傍晚才看到一张公寓出租的广告，他们赶紧跑去看房子。这房子出乎意料地好，于是上前敲门询问。温和的房东走了出来，对这三位客人上下打量了一番。

　　孩子的父亲鼓足勇气问道："这房子出租吗?"

　　房东遗憾地说："实在对不起，我们公寓不招待有小孩的住户。"

　　孩子的父母听了，一时不知如何是好，便默默地走开了。孩子把事情的经过都看在眼里，心想：真的没有办法了吗? 她想了想，再次敲开了房东的大门，这时，孩子的父母已经走出五米来远，回头望着，门开了，房东走了出来。孩子精神抖擞地说："……"

　　房东听了之后，高声地笑了起来，并决定把房子租给他们住。请问，这个五岁的孩子说了什么，才说服了房东?

图 2-9　孩子在说什么

（二）发散思维训练

　　发散思维又称辐射思维、放射思维、扩散思维或求异思维，是一种从不同角度、不同方向去思考问题，以期寻求众多解决方法或答案的思维方式。比如，通过"一题多解""一事多写""一物多用"等方式，就能培养发散思维能力。不少心理学家认为，发散思维是创造性思维的最主要的特点，是测定创造力的重要标志之一。

小示例

构字

　　请你写出目前所能想到的带有"土"结构的字，写得越多越好。（时间:5分钟）

　　"土"在右方，如灶、肚、杜等；"土"在左方，如址、墟、增等；"土"在下方，如尘、塑、堂等；"土"在上方，如去、寺、幸等；"土"在中间，如庄、崖、匡等；全部由"土"构成的字，如土、圭等；"土"蕴含在字中的字，如来、奔、戴等；以其他形式包含"土"的字，如盐、硅等。

　　分析: 在以上的"发散思维"测试中，若能写出其中两类含"土"的字，则说明思维已具有一定的变通性。

练一练 2-14

1. 想想看：

(1) 村边有一棵树，树底下有一头牛，它被主人用两米长的绳子拴住了鼻子。一会儿，主人拿着饲料来了，他把饲料放在离树三米远的地方后离开了。可是，当他回来的时候，牛居然把饲料全吃光了。当然，绳子很结实，没有断，也没有被解开。这是怎么一回事？

(2) 什么"狗"不是狗？什么"虎"不是虎？什么"虫"不是虫？什么"书"不是书？什么"井"不是井？什么"池"不是池？

图 2-10 牛是怎么吃到的

2. 请在 10 个十字上加 1~3 笔，使其构成新的字。

十、十、十、十、十、十、十、十、十、十

（三）逻辑思维训练

逻辑思维也叫分析思维，是指经过仔细研究、逐步分析，最后得出明确结论的思维方式。比如：警察通过寻找线索、取证、对证等方式找出犯罪嫌疑人；学生通过推理来论证几何题；等等。

小示例

猜职业

小王、小张、小赵三个人是好朋友，他们中间有一个是职员，一个是大学生，还有一个是老师。此外，还知道的条件有：小赵的年龄比老师的大；大学生的年龄比小张小；小王的年龄和大学生的年龄不一样。这三个人中谁是职员？谁是大学生？谁是老师？

答案：小张是职员，小赵是大学生，小王是老师。

分析： 假设小赵是老师，那么就与题目中"小赵的年龄比老师的大"这一条件矛盾了，因此，小赵不是老师；假设小张是大学生，那就与题目中"大学生的年龄比小张小"矛盾了，因此，小张不是大学生；假设小王是大学生，那么，就与题目中"小王的年龄和大学生的年龄不一样"矛盾了，因此，小王也不是大学生。所以，小赵是大学生。由条件小赵的年龄比老师的大、大学生的年龄比小张小，得出小王是老师，小张是职员。

练一练 2-15

通过以下对话，判断谁说了假话。

张、王、李、赵四人的血型各不相同。张说："我是 A 型。"王说："我是 O 型。"李说：

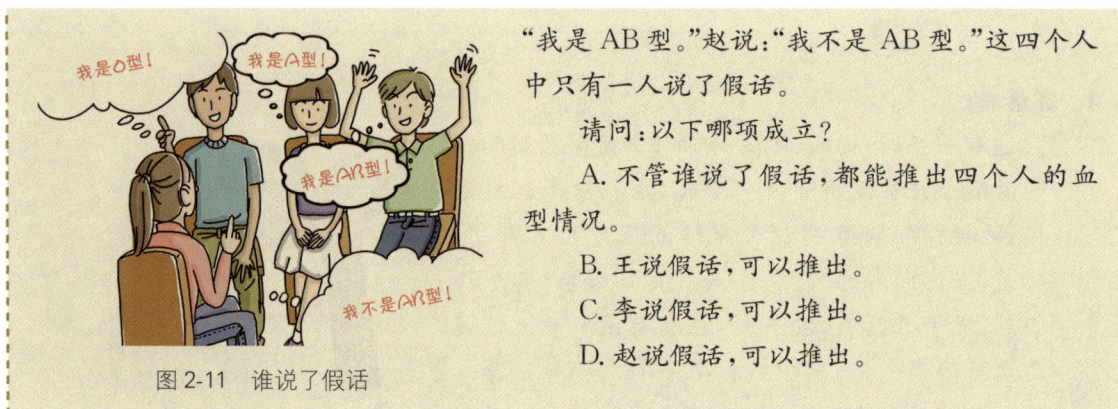

图 2-11 谁说了假话

"我是 AB 型。"赵说:"我不是 AB 型。"这四个人中只有一人说了假话。

请问:以下哪项成立?

A.不管谁说了假话,都能推出四个人的血型情况。

B.王说假话,可以推出。

C.李说假话,可以推出。

D.赵说假话,可以推出。

(四) 辩证思维训练

辩证思维要求人们必须掌握研究事物总和的方法,从事物本身的发展、运动、变化来观察它、把握它,从而正确地认识事物的本质。

辩证地看问题是指,在想某件事时,既要看到它好的一面,同时也要看到它不好的一面。比如,在看待、评价秦始皇这个人物时,既要看到他焚书坑儒、修建阿房宫等残暴、穷奢极欲的一面,也要看到他建立第一个中央集权制大帝国,制定统一货币、文字等政策,为后世做出贡献的一面。

小示例

名句中的辩证思维

"梅须逊雪三分白,雪却输梅一段香",梅香而不白,雪白而无香,说明事物既有优点,也有不足;"飞鸟尽,良弓藏;狡兔死,走狗烹"告诉人们事物是互相联系、互相依存的;"祸兮福所倚,福兮祸所伏"表明事物会向相反的方向转化;"芳林新叶催陈叶,流水前波让后波"则启示人们事物是向前发展的。

分析: 这些名句启发人们要用辩证思维的方法正确地认识事物。

练一练 2-16

用辩证的思维谈谈你的想法。

有位正在求职的同学说,招聘单位对学历的要求越来越高了,职业院校的毕业生不好找工作,你同意他的说法吗?

图 2-12 招高学历

知识岛

含有辩证思维的古诗歌

1. 全面地看问题

题西林壁

〔宋〕苏　轼

横看成岭侧成峰，远近高低各不同。

不识庐山真面目，只缘身在此山中。

【哲理】　人们观察事物的立足点、立场不同，就会得到不同的结论。人们只有摆脱了主客观的局限，置身庐山之外，高瞻远瞩，才能真正看清庐山的真面目。要认清事物的本质，就必须从各个角度去观察它，既要客观，又要全面。

图 2-13　题西林壁

2. 发展地看问题

观书有感

〔宋〕朱　熹

半亩方塘一鉴开，天光云影共徘徊。

问渠那得清如许？为有源头活水来。

【哲理】　该诗以池塘为喻，说明了为学之道，即必须不断积累，不断吸收新的营养。事物都是运动、变化、发展的，万事万物只有通过运动才能在不断的自我更新中存在下去。这种运动一旦停止，事物也就不可能存在了。如果没有不断更新、不断积累知识，一个人的学问也就会变成一潭死水，毫无生气和进展了。治学之道如此，做其他事情也是这样的。

3. 坚持矛盾分析的方法

雪梅

〔宋〕卢梅坡

梅雪争春未肯降，骚人阁笔费评章。

梅须逊雪三分白，雪却输梅一段香。

图 2-14　雪梅

【哲理】　唯物辩证法认为，世界上的事物之所以千差万别，是因为它们有着各自的特殊性的矛盾，正是这种矛盾规定了一事物区别于其他事物的本质。诗中深刻地说明了：任何事物都有自己的特点，各有所长，各有所短。如果离开了对于矛盾特殊性的具体分析，人们就无法区分事物，也就更谈不上正确地认识事物了。

第四节　肢体语言训练

课前五分钟

玩一玩"你来比画我来猜"。

游戏规则:两名同学为一组,其中一人用肢体语言把看到的以下词语表现出来,另外一人猜答案。

篮球	大猩猩	拔河	捧腹大笑	手机
武术	紧箍咒	不倒翁	喜羊羊	穿衣服

案例导航

无赖记账

图 2-15　无赖记账

一个人走进饭店要了酒菜,吃完摸摸口袋发现忘带钱了,便对老板说:"店家,今日忘带钱了,改日送来。"店老板连声说:"不碍事,不碍事。"并恭敬地把他送出了门。

这个过程被一个无赖看见了,他也进了饭店要了酒菜,吃完后摸了一下口袋对店老板说:"店家,今日忘带钱了,改日送来。"

谁知店老板脸色一变,揪住他,非剥他的衣服不可。

无赖不服,说:"为什么刚才那人可以记账,我就不行?"

店家说:"人家吃饭,筷子在桌子上找齐,喝酒一盅盅地筛,斯斯文文的,吃罢掏出手绢擦嘴,一看就是个有德行的人,岂能赖我几个钱,你呢? 筷子在胸前找齐,狼吞虎咽,吃上瘾来,脚踏上条凳,端起酒壶直往嘴里灌,吃罢用袖子擦嘴,分明是个居无定所、食无定时的无赖之徒,我岂能饶你!"

一席话,说得无赖哑口无言,只得留下外衣,狼狈而去。

　　分析：店家判断前后两个食客是有德行的人还是无赖的依据是两人吃饭时不同的动作和姿势。由此可以看出，一个人的行为举止可以反映出其思想感情和文化修养。一个品德端庄、富有涵养的人，其举止必然优雅；一个趣味低级、缺乏修养的人，是做不出高雅的姿势来的。在人际交往中，我们的肢体动作也传递着重要的信息，是别人了解我们的一面镜子。同时，我们也可以通过别人的动作、姿势来衡量、了解这个人。

学海泛舟

　　肢体语言也叫体态语、态势语，是以说话人的具体动作来表达类似于言语信息的一种沟通手段，是一种诉诸听话人视觉的无声语言。它是口语交际活动中传递信息的重要手段。幼儿教师在教育过程中经常需要通过眼神、身姿、手势、表情等向幼儿传递信息，以及表达感情和态度。

一、肢体语言的作用

　　在一般口语交际和幼儿教师职业口语的运用中，肢体语言具有重要的作用。幼儿具有活泼好动、注意力不够集中，以及对具体形象的事物特别感兴趣的特点。因此，如果能够运用适当的、形象的肢体语言，便可以起到吸引幼儿的注意力，激发其学习兴趣的作用。对于幼儿教师来说，肢体语言的恰当运用，不仅可以完善表达的内容，使幼儿能够更好地理解教学内容，而且可以缩短师幼之间的心理距离，营造良好的课堂氛围。肢体语言的作用可以概括为以下四个方面：

（一）补充、强化口语信息

　　美国心理学家艾帕尔经过多次实验得出一个公式：信息的总效果＝7％的文字＋38％的音调＋55％的面部表情、人体动作。此外，因为肢体语言通常是一个人下意识的举动，所以它很少具有欺骗性。因此，在表达的过程中，说话人的身体姿态、表情目光、手势动作等，可成为有声语言表达的有效补充，强化有声语言的信息，这和人习惯多感官接受信息的特点相符。同时，这也能使有声语言更生动形象，更富有感染性。例如，在老师提出问题，需要幼儿思考的时候，老师可以一边说一边用手指轻点自己太阳穴的位置，表示让幼儿动动脑筋，想一想。

（二）沟通、交流情感

　　如果说"言为心声"，肢体语言则是无声的心声，是交际双方心理状态和情感的自然流露或有意识的表现。人们可以通过肢体语言表情达意，也可以通过肢体语言观察、分析对方的心理世界，以便双方更好地进行交流、沟通。诸如鼓掌表示兴奋，顿足代表生气，搓手表示焦虑，垂头代表沮丧，摊手表示无奈，捶胸代表痛苦。幼儿教师在教育教学中所运用的恰当的肢体语言，能使幼儿通过观察和感受来体会教师的情感表达。

（三）替代有声语言

肢体语言虽然大多处于辅助性的地位,但在某些时候却可以替代有声语言,发挥它独特的作用。例如:在幼儿情绪低落时,老师一个轻轻的拥抱就能让他感受到老师的关爱;在教学过程中,老师一个赞许的微笑就能让幼儿得到鼓励;在幼儿打闹时,老师轻轻地摇一摇头就能制止幼儿的这种行为。

（四）调控交际活动

在口语交际的过程中,肢体语言所表达的情感信息具有一定的暗示作用,说话者可以通过肢体语言调动或影响听话者的情绪,引导或启发对方。比如,想听对方说话时可增加点头的次数,想从倾听者转向诉说者的角色时可将身体向前倾斜,想结束对话时可不停地看时间,用动作来控制对话。

小示例

用"饱满"造句

在一节著名教育家斯霞老师的课上,斯老师在给小学生讲解"颗颗稻粒多饱满"后,要求学生用"饱满"造句,学生多用"麦粒""豆荚"等词造句。为扩展学生对"饱满"一词的思路,斯老师忽然走到教室门口,然后转过身,胸脯略微挺了一挺,头稍微扬了扬,两眼炯炯有神地问道:"你们看,老师今天精神怎么样?"学生异口同声地说:"老师精神饱满!"

分析: 斯老师运用了肢体语言引导学生进行思考,使学生通过老师的启发自主地扩展了思路。

二、 肢体语言训练

在教学中,肢体语言是辅助有声语言的重要方式,同时幼儿教师也可以通过幼儿的肢体语言来理解和掌握幼儿的情绪、需求等。肢体语言主要包括身姿语、手势语、表情语、目光语等。

（一）身姿语

身姿语是指通过身体的姿态来传递信息和情感的一种肢体语言,包括站姿、行姿、坐姿等。

1. 站姿

站姿是讲话时的基本身姿之一,一般分为两种形式:一是自然式,两脚基本平行,间距与肩同宽;二是前进式,两脚一前一后,间距适中。无论是哪一种站姿,基本的要求都是肩平、腰直、身正、颈直,身体的重心均匀分布在两脚之间,或根据表达的需要落在前脚掌上。上身略微前倾,给人以亲切、自信的感觉。幼儿教师要特别注意站姿,克服驼背、凹胸、斜肩等问题,避免给幼儿错误的示范。

2. 行姿

行姿指的是一个人在行走时的姿态。教师在行走时,身体要协调,姿势要优美,步伐要从容,步态要平稳,步幅要适中,步速要均匀。在教学中,教师的行姿要做到稳健轻盈,不摇晃,不

图 2-16　站姿

图 2-17　行姿

图 2-18　坐姿

拖沓，不匆忙，不跳跃，频率适中。

3. 坐姿

坐姿是双向说话式语境中，听、说双方的基本身姿。坐姿是一种静态的姿势，基本的要求是头部端正，躯干挺直，手臂摆放自然。

> **练 一 练 2-17**
>
> **评一评我们的身姿语。**
>
> 请一位同学从座位上站起，走到讲台上，面对同学问好，鞠躬行礼，然后走回座位坐下。请其他同学就其站姿、行姿、坐姿进行点评。

（二）手势语

手是人体富有灵性的器官，手势是人们在交往时不能或缺的体态动作，是最具有表现力的一种形体语言之一。手势语是指通过手和手指的动作及形态来代替语言交流和思想表达的一种肢体语言。

手势表达的含义丰富生动，大致可以分为以下四种：

1. 情意手势

情意手势主要用于表达说话者的情感。比如，小白兔急忙摆摆手说："不是我，不是我，萝卜不是我拿的！"这里，小白兔用快速摆手的手势表达了它着急的心情。

图 2-19　情意手势：萝卜不是我拿的

2. 指示手势

指示手势主要用于指明要说的人、事物、方向等。比如，那是圆圆小朋友（用手指向圆圆），这是方方小朋友（用手指向方方），她们两个是一对双胞胎姐妹。这里就是通过指示手势来介绍两个小女孩。

3. 象形手势

象形手势主要用来描摹具体的事物或人的形貌。比如，西瓜挺着圆滚滚的肚子（双臂拢成一个圆形置于身前），这里就是用手势描摹了西瓜的形状。

4. 象征手势

象征手势主要用来表达抽象的概念。比如,到祖国最需要的地方去(配合有声语言,把手臂前伸略向上),这里就是用手势来象征祖国最需要人才的地方。

教师在教学中使用手势语时,目的要明确,应针对不同的教学对象和教学内容使用恰当的手势语,避免不良手势(如抓耳挠腮、抠鼻子、用一根手指指向幼儿等)。

手势的运用一定要自然、简洁、适度、有力,切忌做作与拖泥带水。

练一练 2-18

为下面的儿歌配上手势语。

一根手指点点,
两根手指剪剪,
三根手指弯弯,
四根手指叉叉,
五根手指开花。

(三) 表情语

图 2-20　用微笑创造轻松、和谐的学习氛围

表情语是指通过面部表情来交流情感、传递信息的一种肢体语言。表情语是肢体语言的重要部分。人的面部表情是无声的语言,可以把内心的喜怒哀乐清晰地呈现在别人面前。面部表情包括面部肌肉、眉、唇等的变化,其中微笑是面部表情的基本形式。

对于幼儿教师来说,在日常的教育教学中,面部表情应该是亲切、和蔼、热情、开朗的。面带微笑能使幼儿产生良好的心理态势,营造出轻松、和谐的学习氛围。同时教师的面部表情还应该随着教育教学内容的变化而产生相应、适度的变化,以此创造生动的情境,进而与幼儿发生情感上的共鸣。

练一练 2-19

1. 根据下面的提示,进行表情语练习。

(1)好奇:眉毛微微上扬,双眼略睁大,嘴角略上翘。

(2)失望:目光呆滞、黯淡,面部肌肉凝滞。

(3)亲切:双眼微眯,嘴角微翘,面露微笑。

(4)严肃:眉毛微皱,双唇紧紧地抿在一起。

(5)惊奇:眉毛上扬,睁大双眼,嘴微微张开。

(6)愤怒:眉紧皱,瞪眼,牙关紧咬,双唇紧闭。

2. 读下面的句子，用恰当的表情表演出来。

（1）狮子一听，很生气，大声说："什么？居然有这样的事?"

（2）小猫不好意思地说："哎呀，真是对不起，我敲错门了!"

（3）妮妮心里想唱，可是又觉得人多，不好意思，她就扭着腰说："嗯，我不唱!"

（4）青蛙听了，"咯咯"地笑了起来："傻孩子，我就是你们的妈妈呀!"

（5）小天鹅忽然发现了自己映在水里的影子："啊！我是这么漂亮，我怎么从来都没有发现呀!"

（四）目光语

目光语是运用眼睛的动作和眼神来传递信息和感情的一种体态语言。眼睛是能最迅速、细致、明确地传递信息的器官，在交际和教学中具有很大的功用，幼儿教师应能根据口语交际的需要恰当地运用眼神来帮助表达。

教师的目光要有神采，在组织教学的过程中，要始终将全班幼儿都置于自己的视野之中，用环视的方式表达对每个幼儿的关注，要善于用眼神的交流来维持纪律、组织教学。对于胆子小的幼儿，多用鼓励的眼神；对于在活动中过于调皮好动或思想开小差的幼儿，多用制止的眼神；对于思维活跃、积极参与活动的幼儿，多用赞许的眼神。

练一练 2-20

1. 请根据下面的情境，进行目光语的练习。

（1）小朋友们正在画画，小峰悄悄地转过身正要去揪小美的辫子，请用目光语制止他。

（2）户外活动中，乔乔主动扶起了摔倒的小乐，请用目光语赞许她。

（3）天天午睡的时候又尿床了，感到很不好意思，请用目光语安慰他。

（4）胆子小的妞妞第一次主动举手回答了问题，请用目光语鼓励她。

2. 综合练习：

（1）用肢体语言进行儿歌表演。

秋天快来啦

张春明

秋天快来啦，

石榴咧嘴笑，

莲蓬眼瞪圆，

稻穗弯下腰，

玉米蒙着头，

还在睡大觉。

(2) 请试着讲下面的小故事,并辅以恰当的肢体语言。

小河马吃饭

小河旁住着小河马和他的妈妈。每天早晨,小河马都要围好饭兜兜,等着妈妈来喂饭。

邻居小青蛙看见了,就笑话小河马说:“呱呱呱,小河马,你都这么大了,吃饭还要妈妈喂,真难为情呀!”

小河马听了,把头一歪,嘴巴一噘,说:“就要妈妈喂! 就要妈妈喂!”

一天清晨,河马妈妈刚刚做好饭,小麻雀飞来报告说:“喳喳喳,小河马的外婆生病了。”河马妈妈一听急坏了,放下手中的饭碗,就往小河马的外婆家跑去。

可小河马还等着妈妈来喂饭呢,等呀等呀,太阳都升得好高好高了,还不见妈妈回来。小河马饿得肚子咕咕叫,哭着说:“妈妈,你在哪里呀? 我要吃饭呀!”

小青蛙听见了,一蹦一跳地跑了过来,说:“别哭了,小河马,我来喂你吃饭吧。”

可是,小河马吃饭的勺子太大太重了,小青蛙怎么也拿不动。

他只好拿自己的小勺子来喂小河马吃饭。小勺子太小了,小河马张着大嘴巴叫着:“不够,不够,太少了,你快一点喂呀!”

小青蛙拼命地往小河马嘴巴里送饭,累得满头大汗,可还是填不满小河马的大嘴巴。

“哇哇!”小河马放声大哭起来,“妈妈,你快来喂我吃饭呀! 我饿呀,饿呀,饿死啦!”

小青蛙一着急,说:“小河马,你的手呢? 干吗不自己动手吃饭呢?”

“我不会吃饭呀,我要妈妈喂!”小河马哭着,“妈妈,妈妈,你快回来喂我吃饭呀! 我饿……”

小青蛙也没有办法,只好帮着小河马一起喊:“河马阿姨,你快回来呀,你的小河马饿呀,饿呀……”

知识岛

名人眼中的肢体语言

西格蒙德·弗洛伊德形象地说:“没有一个凡人能不泄露私情,即使他的嘴唇保持沉默,但他的指尖却会喋喋不休地泄露天机。”

罗曼·罗兰指出:“人的面部表情是多少世纪培养成功的语言,是比嘴里讲的更复杂千倍的语言。”

雨果认为:“脸上神气总是心灵的反映。”

达·芬奇曾说:“眼睛是心灵的窗户。”

中编

一般交际口语

第三章

朗读训练

第一节 朗读的特点及要求

🎧 范读

⏰ 课前五分钟

大声地朗读下面的诗歌。

祖国啊,我亲爱的祖国

舒 婷

我是你河边上破旧的老水车,
数百年来纺着疲惫的歌;
我是你额上熏黑的矿灯,
照你在历史的隧洞里蜗行摸索;
我是干瘪的稻穗;是失修的路基;
是淤滩上的驳船
把纤绳深深
勒进你的肩膊;
——祖国啊!

我是贫困,
我是悲哀。
我是你祖祖辈辈
痛苦的希望啊,
是"飞天"袖间
千百年来未落到地面的花朵;
——祖国啊!

我是你簇新的理想,
刚从神话的蛛网里挣脱;
我是你雪被下古莲的胚芽;
我是你挂着眼泪的笑涡;
我是新刷出的雪白的起跑线;

是绯红的黎明
正在喷薄；
——祖国啊！

我是你的十亿分之一，
是你九百六十万平方的总和；
你以伤痕累累的乳房
喂养了
迷惘的我、深思的我、沸腾的我；
那就从我的血肉之躯上
去取得
你的富饶、你的荣光、你的自由；
——祖国啊，
我亲爱的祖国！

案例导航

小小的船
叶圣陶

弯弯的月儿小小的船。
小小的船儿两头尖。
我在小小的船里坐，
只看见闪闪的星星蓝蓝的天。

分析：《小小的船》是叶圣陶先生写的一首优美的儿童诗。作者以优美的语言、形象的比喻，描绘出了一幅奇妙的夜景图——月儿是小小的船，"我"正坐在船上看着蓝蓝的夜空和闪闪的星星。这首诗展现了孩子想飞上月亮遨游太空的美好愿望。诗中有景、有情、有韵，读起来心情愉快，朗朗上口。

图 3-1　小小的船

一、 什么是朗读

朗读就是朗声读书,即运用普通话把书面文字转化为有声语言的一种创造性活动。如果说写文章是一种创造,朗读则是一种再创造。我国宋代大理学家朱熹非常主张朗读。他说:凡读书,需要读得字字响亮,不可误一字,不可牵强暗记,要"逐句玩味""反复精详""诵之宜舒缓不迫,字字分明"。这样,我们可以深刻领会作品的意义、气韵、节奏,产生一种"立体学习"的感觉。具体来说,可以从以下三方面理解朗读。

(一) 朗读是一种"说"的形式

朗读是将语言文字符号转化为有声语言形式的一种活动,属于"说话"的范畴。它要求朗读者将文字符号通过发音器官"说"出来,因此是一种语言输出形式。

(二) 朗读是一种"读"的形式

朗读也是一种语言的输入形式。因为朗读者只有通过视觉"看"到文字并将之转化为相应的语言形式才能进行朗读。朗读中除了眼、脑的参与以外,还有发声器官的参与。从读的目的来看,朗读除了要获取信息外,有时还是为了传递信息。

(三) 朗读是一种"听"的形式

朗读者在朗读的时候,将无声的文字符号变成了有声的语言,在这一连续的过程中,朗读者本身无论是有意的还是无意的,都会听到自己发出的语言信息。

总的来说,朗读是一种语言信息处理和转换的过程。它将视觉感知的语言信息加以理解和加工,再将信息内容转换为口语语言表达出来,从而使人的言语观察、言语听觉和言语动觉(说)都能得到锻炼。

二、 朗读的作用

朗读的作用是多方面的,主要可以归纳为以下几个方面:

(一) 朗读能够陶冶情操,提升艺术鉴赏力

朗读是人们艺术欣赏、感情抒发的重要方式,是进行思想宣传、情操教育的有效手段。《毛诗序》云:"情动于中而形于言。"优秀的书面语作品,特别是文学作品,总是富含深刻思想和真挚情感的,是艺术语言和思想感情的高度统一。朗读者通过对作品的感知、索解及声气的还原,使自己与作者的思想感情相融合,并伴随着生动的词句、抑扬的旋律,使自己和听者的心灵得到净化,文学鉴赏力也得到了提高。

(二) 朗读能提升写作能力和口语表达能力

一个人的口语表达能力强,主要表现为言辞得当、表达自如、发音纯正、吐字清晰,同时有中心、有主次,干净利落、形象生动。朗读有利于语感的形成和语言的积累。叶圣陶先生曾指

出:"语言文字的训练,我以为最要紧的是训练语感,就是对于语文的敏锐的感觉。"我们在运用口语时,更多依赖于语感的自然推动,也就是"熟读唐诗三百首,不会作诗也会吟"。

(三) 朗读是课堂教学的基本形式

教师绘声绘色地朗读,能够将幼儿带入文章的情景和事理之中,增强作品的感染力,引发幼儿阅读的兴趣,同时也能加深幼儿对作品的理解。幼儿有极强的模仿能力,教师的朗读能够培养幼儿的朗读习惯,提升幼儿用眼、口、耳、脑体会和呈现作品的能力。

(四) 朗读在教师口语训练中有着特殊的作用

朗读既是普通话基础训练的延续,又是说话训练和教师职业口语训练的必要准备。通过书面语言的朗读,能够不断巩固和提高普通话基础训练的成果。此外,通过朗读还能够帮助教师习得和贮存大量词语和句式,学习灵活多样的言语组织技巧和表达方法,为进行说话训练和教师职业口语表达训练打好基础。

三、 朗读的要求

(一) 使用普通话

普通话朗读的要求是:忠于朗读作品的原貌,做到不添字、不漏字、不改字,同时在声母、韵母、声调、轻声、儿化、音变及语句的表达方式等方面都符合普通话语音的规范。

(二) 理解作品

理解是朗读的前提。朗读前,必须充分理解作品,感受作品的内容和形式。在阅读的基础上,对作品进行由局部到整体的理解。局部理解是指对作品词语、句子、层次及修辞的理解。整体理解是指总体了解文章写什么人、什么事,抒什么情,以把握它的主旨。对于一些名家名篇,还要联系作品创作的时代背景和创作意图去进行理解。

小示例

商人的自尊

某商人看到一个衣衫褴褛的铅笔推销员,顿生一股怜悯之情。他把 1 元钱丢进推销员的怀中就走了。但他忽然觉得这样做不妥,就连忙返回,从推销员那里取出几支铅笔,并抱歉地解释说自己忘记取笔了,希望推销员不要介意。最后他说:"你跟我都是商人,你有东西要卖,而且上面有标价。"几个月后,在一个社交场合上,一位穿着整齐的推销商迎上了这位商人,并自我介绍:"您可能已经忘记了我,我也不知道您的名字,但我永远忘不了您,您就是那个重新给了我自尊的人。我一直觉得自己是推销铅笔的乞丐,直到您跑来告诉我,我也是一个商人为止。"

读完上面的小故事,谈谈你对它的理解。

分析: 这篇短文通过一个商人同情并帮助一个潦倒的推销员的故事,说明当一个人处境困难时,不仅需要人们伸出热情之手,而且需要有人能帮助他重新获得自信和自尊。

（三）感受作品

感受作品是指在初步理解作品的基础上对作品的进一步体味和揣摩。在朗读时,要深入作品的字里行间去感受,将文章的词句努力转换为在时间和空间上跳跃流动的音符,充分调动自己的各种感觉器官和思维器官,积极、全神贯注地体味其丰富的含义、生动的形象,揣摩其严密的逻辑、内在的真义,让自己的理智和情感随着文字的跳跃和起伏,产生共鸣。

小 示 例

海上日出
巴 金

图3-2 海上日出

为了看日出,我常常早起。那时天还没有大亮,周围很静,只听见船里机器的声音。

天空还是一片浅蓝,很浅很浅的。转眼间,天水相接的地方出现了一道红霞。红霞的范围慢慢扩大,越来越亮。我知道太阳就要从天边升起来了,便目不转睛地望着那里。

果然,过了一会儿,那里出现了太阳的小半边脸,红是红得很,却没有亮光。太阳像负着什么重担似的,慢慢儿,一纵一纵地,使劲向上升。到了最后,它终于冲破了云霞,完全跳出了海面,颜色真红得可爱。一刹那间,这深红的圆东西发出夺目的亮光,射得人眼睛发痛。它旁边的云也突然有了光彩。

有时候太阳躲进云里。阳光透过云缝直射到水面上,很难分辨出哪里是水,哪里是天,只看见一片灿烂的亮光。

有时候天边有黑云,而且云片很厚,太阳升起来,人就不能够看见。然而太阳在黑云背后放射它的光芒,给黑云镶了一道光亮的金边。后来,太阳慢慢透出重围,出现在天空,把一片片云染成了紫色或者红色。这时候,不仅是太阳、云和海水,连我自己也成了光亮的了。

这不是伟大的奇观么?

分析: 在朗读《海上日出》时,朗读者应对海上日出的"奇观"进行深入的体味和感受,抓住"没有大亮、浅蓝、一道红霞""出现了、冲破了、跳出了""天、水、红霞、云、黑云、紫色""直射、放射、镶""光芒、金边、光亮"等关键词,仔细揣摩它们的含义及其内在的逻辑联系,使它们在自己心中"活"起来,只有这样才能朗读好。对作品的感受是多方面的,总体说来,主要是对形象的感受和逻辑的感受。

（四）明确朗读的目的和对象

朗读的目的是指"为什么"朗读，朗读的对象是指"为谁"朗读。朗读是一种再创作的活动，除了非正式的自我朗读外，一般的朗读过程是"取他人所作，由自己朗读，为他人所听"的过程，这中间融合了朗读者对作品思想和感情的认知与评价，还融合了朗读者对听众反应的期待。因此，朗读者必须处理好原作、朗读与听众三者之间的关系，明确朗读的目的和对象。具体要注意以下两点：

（1）要通过朗读准确地传达作品的主题内容和态度感情（不能只是对作品内容做简单"音译"），要有朗读者的个性色彩，要充分表达出朗读者自己的理解和感情。

（2）要根据不同对象确定并努力实现朗读的侧重目标。比如，对于文化水平不高的听众，应当侧重于字词准确、内容清楚、亲切有趣；对于文化水平较高的听众，还要在如何表达作品更深刻的题旨和更丰富的情感方面下功夫。

（五）掌握一般的朗读技巧

朗读技巧是实现朗读目的的重要手段，是对作品语言进行有声创造所进行的设计和处理。任何外在的语言表达都是在一定的内部心理状态的支配下进行的，因此，广义的朗读技巧包括内部心理感受的技巧和外在言语表达的技巧两个方面。

（1）内部心理感受的技巧主要分为对作品的形象感受技巧和逻辑感受技巧。

（2）外在言语表达的技巧主要是指言语声气技巧，包括声音的停连、轻重、缓急、抑扬、节奏等多个方面。

练一练 3-1

朗读下面的诗句，注意要符合朗读的要求。

纸船——寄母亲
冰 心

我从不肯妄弃了一张纸，
总是留着——留着，
叠成一只一只很小的船儿，
从舟上抛下在海里。
有的被天风吹卷到舟中的窗里，
有的被海浪打湿，沾在船头上。
我仍是不灰心地每天叠着，
总希望有一只能流到我要它到的地方去。
母亲，倘若你梦中看见一只很小的白船儿，
不要惊讶它无端入梦。
这是你至爱的女儿含着泪叠的，
万水千山，求它载着她的爱和悲哀归去。

知识岛

朗读对幼儿发展的作用

朗读注于目,出于口,闻于耳,记于心,是一种复杂的心智过程。从小培养幼儿朗读的爱好,无论是在语言的学习上,还是在思维的培养上,对其都是非常重要的。

(1)朗读有利于幼儿右脑的开发。朗读是一个边读边听的过程,大声朗读能够刺激右脑,有助于幼儿形象思维的培养。

(2)朗读能培养幼儿乐观开朗的性格。坚持朗读,幼儿会变得更爱说话,能更大声说话,拥有乐观开朗的性格。

(3)朗读有助于幼儿理解内容。朗读能使脑神经处于极度兴奋的状态。当幼儿处于这样的状态时,会不自觉地思考朗读的内容,帮助他深入理解文章。

(4)朗读有助于提高幼儿的专注度。在朗读的过程中,幼儿需要全神贯注,因此,长期坚持进行朗读训练有助于培养幼儿的专注力。

(5)朗读有助于培养幼儿的语感。坚持朗读能快速地培养幼儿的语感。语感的形成对幼儿学习语文和英语等都有帮助。

(6)朗读有助于提高幼儿的记忆力。科学研究证明,当幼儿朗读的时候,记忆力能够得到有效锻炼。

第二节　朗读的基本技巧训练

课前五分钟

试一试,下面的句子可以读出几种意思。
(1)下雨天留客天留我不留。
(2)老王看到小王有些激动。
(3)无鸡鸭也可无鱼肉也可。

案例导航

重音的位置
赵大妈家的电视机出毛病了。她想起隔壁的高云是个电工,就去敲他的门。

赵大妈:"高云呀,你会不会修电视机?"

高云:"我不会修电视机。"(重音放在"修"字上)

赵大妈:"不会修,敢情是装配过电视机……"

高云:"我不会装配电视机!"(重音放在"电视机"上)

赵大妈:"我家录音机也坏了,帮我……"

高云:"我不会修录音机!"(重音放在"我"字上)

赵大妈:"你懂电的朋友多,帮我找一个……"

高云把门打开,急得直挠头说:"大妈,你怎么总是听不懂我的话呢?"

赵大妈:"我说,你怎么老是把话答岔了呢?"

图 3-3　重音的位置

分析: 赵大妈之所以"听不懂"高云的话,是因为高云说话时重音的位置总让赵大妈误解。比如,他说"我不会装配电视机!"他把重音放在"电视机"上,赵大妈就理解为他不会装配电视机,但其他的电器是会装配的。

学海泛舟

朗读的技巧,指的是朗读者为了准确地表达出作品的思想内容和感情而对有声语言所进行的设计和处理,这是一种极具创造性的语言活动。这里所说的设计和处理是从作品内容出发的,即在深刻、透彻地把握作品内容的基础上,正确处理语言的断和连(停顿)、轻和重(重音)、快和慢(语速)、扬和抑(句调),使语言能够生动、形象,且更具有表现力和音乐性。

一、停顿

停顿是指语句或词语之间声音上的间歇。停顿的原因主要有四种:①朗读者在朗读时生理上的需要;②句子结构上的需要;③为了充分表达思想感情的需要;④可给听者一个领略和思考、理解和接受的余地,帮助听者理解文章含义,加深印象。因此,停顿可以归纳为生理停顿、语法停顿和强调停顿三种。

(一)生理停顿

生理停顿即朗读者根据气息需要,在不影响语义完整的地方做一个短暂的停歇。生理停顿不能妨碍语义表达,不能割裂语法结构。

(二)语法停顿

语法停顿体现的是一句话里的语法关系,在书面语言里就反映在标点上。一般来说,语法停顿时间的长短与标点符号的类型大致相关,即:句号、问号、感叹号后的停顿比分号、冒号长;分号、冒号后的停顿比逗号长;逗号后的停顿比顿号长;段落间的停顿时间要长于句子间的。

总之,语法停顿的时长可表示为:句号、问号、感叹号>分号、冒号>逗号>顿号。

> **小示例**
>
> **语法停顿**
>
> 山是墨一般的黑,//陡立着,//倾向江心,//仿佛就要扑跌下来;///而月光,//从山顶上,//顺着深深的、/直立的谷壑,//把它那清冽的光辉,//一直泻到江面。////(斜竖线的多少表示停顿时间的长短)
>
> **分析:** 标点符号虽是停顿的重要标志,但也不能生搬硬套,朗读者要根据语意的表达和语气的需要灵活处理。

(三) 强调停顿

强调停顿是指为了强调某一事物、突出某个语意或某种感情,而在书面上没有标点、在生理上也可不做停顿的地方做停顿,或者在书面上有标点的地方做较大的停顿。强调停顿主要是靠仔细揣摩作品、深刻体会其内在含义来安排的。

> **小示例**
>
> **强调停顿**
>
> 这个小女孩坐在墙角,两腮通红,嘴上带着微笑。她死了,在旧年的大年夜/冻死/了。
>
> **分析:** 原文中"大年夜"与"冻死"后都没有标点,两处的停顿是为了突出对比,即在喜庆热闹的大年夜,可怜的小女孩却在寒冷中凄凉地死去了。此处的停顿能让听者强烈地感受到当时那个社会的冷酷无情。

> **练一练 3-2**
>
> **朗读下面的诗句,注意语法停顿和强调停顿。**
>
>
>
> **团泊洼的秋天(节选)**
>
> 郭小川
>
>
>
> 请听听吧,这就是战士/一句句从心中//掏出的话。
> 团泊洼,团泊洼,你真是那样/静静的吗?
> 是的,团泊洼是静静的,但那里/时刻都会//轰轰爆炸!
> 不,团泊洼是喧腾的,这首诗篇里/就充满着//嘈杂。
> 不管怎样,且把这矛盾重重的诗篇/埋在坝下,
> 它也许不合你秋天的季节,但到明春//准会/生根发芽。
>
> 范读

二、 重音

重音是指朗读、说话时句子里某些词语念得比较重的现象，一般用增加声音的强度来体现。重音有语法重音和强调重音两种。

（一）语法重音

语法重音是指在不表示特殊的思想和感情的情况下，根据语法结构的特点，把句子的某些部分进行重读。语法重音的位置比较固定，常见的有以下几种（"."符号表示重音的位置）：

（1）短句子里的谓语部分常重读。例如：

我来了。

（2）动词或形容词前的状语常重读。例如：

他慢吞吞地走到我的面前，低着头，不说一句话。

（3）动词后面是形容词，动词及部分词组充当的补语常重读。例如：

他们爱得热烈，爱得真诚。

（4）名词前的定语常重读。例如：

多么可爱的小兔子。

（5）有些代词常重读。例如：

这是谁家的孩子？

如果一句话里的成分较多，重读也就不止一处，往往优先重读定语、状语、补语等连带成分。例如：

五颜六色的花儿吸引了小女孩全部的注意力，她快速地跑到花园中，高兴地叫起来。

值得注意的是，语法重音的强度并不是太强，只是同语句的其他部分相比较，读得比较重一些罢了。

（二）强调重音

强调重音指的是为了表示某种特殊感情、强调某种特殊意义而故意说或读得重一些的音，目的是引起听者的注意。语句在什么地方该用强调重音并没有固定的规律，它受环境、内容和感情所支配。同一句话，强调重音不同，表达的意思往往也不同。

> **小示例**
>
> **不同的强调重音**
>
> 我去过上海。（回答"谁去过上海"）
>
> 我去过上海。（回答"你去没去过上海"）
>
> 我去过上海。（回答"北京、上海等地，你去过哪儿"）
>
> **分析：** 同一句回答，重音位置不同，其含义也不同。

因而，在朗读时，首先要认真钻研作品，正确理解作者的意图，从而迅速、准确地找到强调重音的位置。强调重音与语法重音的区别有以下几方面：

（1）从音量上看,语法重音给人的感觉只是在发音轻重上有轻微的区别,而强调重音则给人鲜明突出的印象。强调重音的音量大于语法重音的音量。

（2）从出现的位置看,强调重音可能与语法重音重叠,这时语法重音服从强调重音,只要把音量再加强一些即可。有时两种重音出现在不同的位置上,此时强调重音的音量要高于语法重音的音量。

（3）从确定重音的难易程度上看,语法重音较容易找到。在一句话中,根据语法结构的特点就可以确定语法重音,而强调重音的确定则与朗读者对作品的理解程度紧密相关。

练一练 3-3

1. 读出下列句子中的语法重音。

（1）东风来了,春天的脚步近了。

（2）一切都像刚睡醒的样子,欣欣然张开了眼。

（3）手势之类,距离大了看不清,声音的有效距离大得多。

🎧 范读

2. 读出下面语句中的强调重音。

于是有人慨叹曰:"中国人失掉自信力了。"如果单据这一点现象而论,自信其实是早就失掉了的。先前信"地",信"物",后来信"国联",都没有相信过"自己"。假使这也算一种"信",那也只能说中国人曾经有过"他信力",自从对国联失望之后,便把这他信力都失掉了。

三、语速

语速是指说话或朗读时每个音节的长短及音节之间连接的松紧。说话的速度是由说话人的感情决定的,朗读的速度则与文章的思想内容相联系。一般说来,在朗读热烈、欢快、兴奋、紧张、恐怖的内容时速度快一些,在朗读平静、庄重、悲伤、沉重、追忆的内容时速度慢一些,而在朗读一般的叙述、说明、议论等内容时则用中速。

小示例

雷雨（节选）

周:梅家的一个年轻小姐,很贤慧,也很规矩。有一天夜里,忽然地投水死了。后来,后来,——你知道么?（慢速;周朴园故作与鲁侍萍闲谈状,以便探听一些情况）

鲁:这个梅姑娘倒是有一天晚上跳的河,可是不是一个,她手里抱着一个刚生下三天的男孩,听人说她生前是不规矩的。（慢速;鲁侍萍回忆悲痛的往事,又想极力克制怨愤,以免周朴园认出）

鲁:我前几天还见着她!（中速）

周:什么? 她就在这儿? 此地?（快速;表现周朴园的吃惊与紧张）

鲁:老爷,您想见一见她么?(慢速;鲁故意试探)

周:不,不,不用。(快速;表现周朴园的慌乱与心虚)

周:我看过去的事不必再提了吧。(中速)

鲁:我要提,我要提,我闷了三十年了!(快速;表现鲁侍萍的极度悲愤以至几乎喊叫)

分析: 对于以上周朴园和鲁侍萍的对话,朗读者在朗读时应根据人物心情的变化适当地调整语速,而不应以一种速度读下来。

四、句调

在汉语中,字有字调,句有句调。字调通常被称为声调,是指音节的高低升降,而句调则被称为语调,是指语句的高低升降。句调是贯穿整个句子的,只是在句末音节上表现得特别明显。根据句子表示的语气和感情态度的不同,句调可分为四种:升调、降调、平调、曲调。

(1) 升调(↑)。前低后高,语势上升。一般用于表达疑问、反问、惊异等感情。

(2) 降调(↓)。前高后低,语势渐降。一般用于表达肯定、坚决、赞美、祝福等感情。

(3) 平调(→)。语势平稳舒缓,没有明显的升降变化。一般用于表达庄严、悲痛、冷淡等感情。

(4) 曲调(↗或↘)。全句语调曲折,或先升后降,或先降后升,往往把句中需要突出的词语拖长着念。一般用于表达讽刺、厌恶、反语、意在言外等感情。

小示例

囚歌

叶 挺

为人进出的门紧锁着,(→平调,冷眼相看)

为狗爬出的洞敞开着,(→平调)

一个声音高叫着:(↗曲调,嘲讽)

爬出来吧,给你自由!(↘曲调,诱惑)

我渴望自由,(→平调,庄严)

但我深深地知道——(→平调)

人的身躯怎能从狗洞子里爬出!(↑升调,蔑视、愤慨、反击)

我希望有一天,(→平调)

地下的烈火,(稍向上扬,语意未完)

将我连这活棺材一齐烧掉,(↓降调,毫不犹豫)

我应该在烈火与热血中得到永生!(↓降调,沉着、坚毅、充满自信)

分析: 朗读时,应根据诗歌中每一句诗词所表达的不同感情调整语调。

知识岛

朗读时的心理感受

朗读时,如要有好的朗读效果,除了具备语言技巧外,心理感受能力也很关键。

1. 逻辑感受的运用

作品的逻辑关系主要是指文章结构的安排和构思。把握文章逻辑关系,可以从以下四个方面入手:

(1) 段落之间的层递关系,看看文章内容是如何开展的。

(2) 句群之间的关系,如并列、递进、因果、转折等,主要从虚词入手。

(3) 实词的运用,尤其是主要动词。

(4) 修辞方法的运用。

2. 形象感受的运用

作品中的形象是指人物、事件、景物等。这些鲜活的形象不断地刺激着人的感官。朗读时,需要调动起这些形象客体去感染听众,以达到朗读的目的。

3. 情感感受的运用

朗读时,要抓住作品的感情线索,确定朗读的感情基调,还要引起听众的感情共鸣,使这"三情"统一。

朗读与朗诵的异同

朗读是把书面语言转化为发音规范的有声语言的再创造活动,而朗诵则是一门独特的艺术。"朗"就是响亮的声音;"诵"就是用抑扬顿挫的声音把文章背诵出来。具体地讲,朗诵就是由朗诵者将文学作品用准确、流利的语言和丰富的情感展现在观众、听众面前,是具有艺术性、表演性的有声语言再创作活动。

1. 共同点

以书面语言为依据,以书面语言为表达内容,需要深入理解作品;以口头语言为表达手段;要求字音正确、语句流畅、语调语气和谐,做到表情达意。

2. 不同点

(1) 本质不同。朗读与朗诵相比,朗读本质上还是一种念读,是一种应用型的有声阅读,注重语言的规范、语句的完整和语义的精确。朗诵本质上是一种语言表述的艺术表演形式,借助于语速、停顿、音区、轻重音等方面的富于变化的个性化表达手段,将朗诵材料转化为一种艺术表演。

(2) 选材范围不同。朗读的选材十分广泛,如诗歌、散文、议论文、说明文、书信等都可以朗读。朗诵在选材上只限于文学作品,而且只有辞美、意美、脍炙人口的文学精品,才适合朗诵。

(3) 应用范围不同。朗读是一种教学、宣传形式,主要用于课堂学习及电台、电视台播音。朗诵是一种艺术表演形式,多在舞台上、文娱活动中使用。

（4）表现形式不同。朗读对声音再现的要求是接近自然化、本色化、生活化,音量要均匀,吐字节奏、停顿及声音高低对比,可以根据表达需要而有所变化,但不宜有太多的变化。朗诵对声音再现的要求则应是风格化、个性化,甚至可以戏剧化。它要求朗诵者将自己对作品的体会,通过音量的大小、音区的高低、节奏的快慢等多方面的变化,凝结成一种独特的艺术,能深入并撼动听众的心灵。

（5）语言选用的不同。朗读以听者能全面、准确地理解表达的内容为目的,因此要求朗读者在语音规范的基础上运用普通话,但又不限于普通话(特殊情况下允许使用方言)。朗诵则注重以语言艺术的魅力感染听众,所以一般要求朗诵者使用普通话。

（6）在姿态语方面的不同。朗读一般对朗读者的形体、态势、表情、眼神等均无明确的要求,比如,老师可以来回走动着读课文,播音员通常坐着播音等。朗诵则要求朗诵者在朗诵的过程中做到形体、态势、表情、眼神的和谐统一、协调配合,以强化朗诵语言的艺术感染力。

第三节　不同文体的朗读训练

课前五分钟

范读

朗读下面的诗歌。

走向远方

汪国真

是男儿总要走向远方,
走向远方是为了让生命更辉煌。
走在崎岖不平的路上,
年轻的眼眸里装着梦更装着思想。
不论是孤独地走着还是结伴同行,
让每一个脚印都坚实而有力量。

我们学着承受痛苦——
学着把眼泪像珍珠一样收藏,
把眼泪都贮存在成功的那一天流,
那一天,哪怕流它个大海汪洋。

我们学着对待误解——
学着把生活的苦酒当成饮料一样慢慢品尝,

不论生命经过多少委屈和艰辛，
我们总是以一个朝气蓬勃的面孔，
醒来在每一个早上。

我们学着对待流言——
学着从容而冷静地面对世事沧桑，
"猝然临之而不惊,无故加之而不怒"，
这便是我们的大勇,我们的修养。

我们学着只争朝夕——
人生苦短,道路漫长，
我们走向并珍爱每一处风光，
我们不停地走着，
不停地走着的我们也成了一处风光。

走向远方，
从少年到青年，
从青年到老年，
我们从星星走成了夕阳。

案例导航

致青年朋友

图3-4 致青年朋友

不要,不要应允那轻风。
它们今天在你耳边温柔絮语，
明天又向别人诉说衷情。
不要,不要许诺那浮云。
它们今天飘在你的头顶，
明天又向别人投下笑影。
不要,不要委身给流水。
它们今天戏弄你的纤足，
明天又同别人的脚跟调情。
要爱,就爱那高山，
要爱,就爱那大海。

它们虽然粗犷、冰冷,

却爱得深沉、坚定。

分析: 这首诗以诚挚劝说的口吻,将"轻风""浮云""流水"与"高山""大海"作比较,告诫年轻的朋友要慎重地对待爱情。诗虽然短小,但立意深刻。朗读时宜以慢速的、较平抑的语调为主。注意诗句、诗节之间的停顿。

学海泛舟

不同文体的朗读既有"共性",也有"个性"。把握各类文体朗读处理的"共性"有助于朗读者从整体上把握作品,取得事半功倍的效果。然而,每一部作品又都有其鲜明的"个性",朗读者最终要根据具体文本的"个性",灵活自如地运用表达技巧表现作品的内容和感情。

一般来说,诗歌、散文等比较抒情的作品,应着重掌握并表现其感情脉络和抒情线索;童话、寓言、小说等作品,因其叙事性较强,应着重把握并表现作品的情节和人物性格;说明文等平实性的作品应着重把握对事物性质、功用的介绍,以及对事理关系的阐述,要求念得准确、清楚、平实。

一、诗歌的朗读

(一) 诗歌的特点

1. 想象丰富,感情强烈

诗歌饱含着诗人丰富的想象和强烈的感情,高度集中地反映了诗人的所见所感。

小示例

望庐山瀑布

〔唐〕李　白

日照香炉生紫烟,遥看瀑布挂前川。

飞流直下三千尺,疑是银河落九天。

分析: 在诗歌的前两句,诗人首先写香炉峰的奇丽景色,把遥望中的开先瀑布的形象展现在读者的面前。"飞流直下三千尺"这句,诗人通过"飞流""直下"两个极有气势的动词和"三千尺"这个富于夸张的数量词,把瀑流之湍急、冲力之猛烈、声势之宏大,展现于读者眼前。在"疑是银河落九天"一句中,诗人巧借银河自天而降的比喻,渲染瀑布飞动的气势。诗

图 3-5　庐山瀑布

人积极、浪漫地调动想象、夸张、比喻等艺术手法来凸显庐山开先瀑布的变幻多姿和雄奇壮观,把瀑布描绘成了独具个性的艺术形象。

2. 节奏鲜明，韵律和谐

诗歌的语言随着诗人感情的起伏、波动而呈现有节律的变化。一般来说，表现轻松喜悦的情感，诗歌的节奏就明快；表现激越昂扬的情感，诗歌的节奏就急促有力；表现悲哀伤心的情感，诗歌的节奏就缓慢低沉。鲜明的节奏和韵律，使诗歌朗朗上口、悦耳动听，极富音乐美。

3. 语言精练，形象生动

马雅可夫斯基曾说过，诗歌中的每一个字都是从千百吨的语言矿石中挑选出来的。比如，在《望庐山瀑布》中，一个"挂"字，化动为静，突显了远望中瀑布的静态感，以及其灿若珠帘、洁如白练的壮美感。"疑"字既真切地传达了诗人仰观飞瀑时一刹那间的心灵感受，又符合开先瀑布高接云天的实际。

（二）诗歌的朗读技巧

1. 认真感知诗歌内容

朗读诗歌时，首先要准确理解和把握作品的思想内容，透过内容将情感渗透进诗句的字里行间，以此确定朗读一首诗歌时的感情基调。比如，《沁园春·长沙》中的革命激情，《雨巷》中对丁香姑娘的朦胧爱情，《再别康桥》中对母校的绵绵别情，《大堰河——我的保姆》中对"母亲"的赤子之情。

小示例

再别康桥
徐志摩

轻轻的我走了，
正如我轻轻的来；
我轻轻的招手，
作别西天的云彩。

那河畔的金柳，
是夕阳中的新娘；
波光里的艳影，
在我的心头荡漾。

软泥上的青荇，
油油的在水底招摇；
在康河的柔波里，
我甘心做一条水草！

那榆荫下的一潭，
不是清泉，是天上虹；

揉碎在浮藻间，
沉淀着彩虹似的梦。

寻梦？撑一支长篙，
向青草更青处漫溯；
满载一船星辉，
在星辉斑斓里放歌。

但我不能放歌，
悄悄是别离的笙箫；
夏虫也为我沉默，
沉默是今晚的康桥！

悄悄的我走了，
正如我悄悄的来；
我挥一挥衣袖，
不带走一片云彩。

分析：《再别康桥》是中国诗人徐志摩脍炙人口的诗篇。1928年秋天，作者最后一次重访英国剑桥（旧译康桥），在乘船返回中国，途经中国南海时，作者把剑桥的景色和对母校的缅怀之情融入诗中，表达告别剑桥时的淡淡哀愁。作者写的是离愁别绪，其情感基调定在一个"愁"字上。但是，这愁，不是哀愁，不是浓愁，而是轻淡的柔愁，愁中又带有一丝对康桥美景的沉醉，带有一丝对母校眷恋的深情。

图3-6 再别康桥

同一首诗歌的感情倾向在大体一致的前提下，又会呈现出不同的层次，所以朗读时还要注意把握作品的抒情层次。

小示例

沁园春·长沙

毛泽东

独立寒秋，湘江北去，橘子洲头。
看万山红遍，层林尽染；漫江碧透，百舸争流。
鹰击长空，鱼翔浅底，万类霜天竞自由。

怅寥廓,问苍茫大地,谁主沉浮?

携来百侣曾游,忆往昔峥嵘岁月稠。
恰同学少年,风华正茂;书生意气,挥斥方遒。
指点江山,激扬文字,粪土当年万户侯。
曾记否,到中流击水,浪遏飞舟?

分析:《沁园春·长沙》抒写的是昂扬奋进的革命豪情,但是这种豪情在词中又有着丰富而复杂的呈现。词的上半部分写景抒情,展现出一幅辽阔无比的壮丽画面,彰显了革命豪情,但其中的"怅"和"问"又表现出作者的激昂冲动和疑虑忧思;词的下半部分叙事抒情,交织着多种情感,既有对往事的追忆,又有对反动派的蔑视,还有投身革命洪流的激情。在朗读时要循着作者的感情基调,努力表达出这种主基调下的多层次的诗情。

2. 准确掌握朗读技巧

(1)掌握好诗歌语言的节奏。诗歌语言的节奏说到底是诗歌情感节奏的表现形式。把握节奏体现在两方面:一是要把握语言形式的抑扬顿挫,二是要把握情感形式的跌宕起伏。从形式上来说,语言节奏主要体现在停顿的位置上。

古诗的节奏是天然形成的,现代诗歌的语言节奏需要自行分割。诗歌不是文字的排列,而是词或词组的排列,按词或词组朗读,语言节奏分明了然。但是,这种划分不具有唯一性,朗读者可以根据个人的理解对其进行重新整合。

小 示 例

教我如何不想她 (节选)

刘半农

天上/飘着些/微云,
地上/吹着些/微风。
啊!
微风/吹动了/我头发,
教我/如何/不想她?
月光/恋爱着/海洋,
海洋/恋爱着/月光。
啊!
这般/蜜也似/的银夜,
教我/如何/不想她?

分析:《教我如何不想她》的节奏划分就是按照词或词组的排列进行的。各个小节之间的结构相似,节奏一致。("/"表示诗歌节奏的划分)

（2）掌握好朗读的速度。朗读诗歌的语速可根据诗歌本身的感情基调来确定，即：表现的内容是欢快的、激动的或紧张的，速度要快一些；表现的内容是悲痛的、低沉的或抒情的，速度要慢一些；表现的内容是平铺直叙的，速度以适中为宜。在同一首诗歌中，语速并非一成不变，应根据诗歌情感的发展随之变化。

小示例

发现

闻一多

我来了，我喊一声，迸着血泪，

"这不是我的中华，不对，不对！"

我来了，因为我听见你叫我；

鞭着时间的罡风，擎一把火，

我来了，不知道是一场空喜。

我会见的是噩梦，哪里是你？

那是恐怖，是噩梦挂着悬崖，

那不是你，那不是我的心爱！

我追问青天，逼迫八面的风，

我问，拳头擂着大地的赤胸，

总问不出消息；我哭着叫你，

呕出一颗心来，——在我心里！

分析：作者一步步发现，一步步追问，节奏愈来愈紧，痛苦愈来愈深。最后，在呕心沥血之中终于发现：祖国原来珍藏在自己心底。因此，这首诗的语速应是：慢→快→慢。

（3）掌握好诗歌的重音及音长。在朗读诗歌时，需有轻、重，有音长、音短，这样才能将诗歌的情感表现出来，才能将诗歌的韵味体现出来。诗歌中字词句的轻、重及音长、音短，要根据诗歌的内容、意境来判断。

小示例

这里，同样以《再别康桥》为例。

再别康桥（节选）

轻轻的我走了，

正如我轻轻的来；

我轻轻的招手，

作别西天的云彩。

分析：这整节诗比较轻柔，但轻柔之中依然有需要强调的部分。其中，"走""来""招手""云彩"可稍读重一些,而三个"轻轻"虽然属于这节诗中重点强调的部分,但从诗歌的意境来看,不能重读,可以这样处理:语速放缓慢,声音稍微拉长。通过这两种不同的强调处理方式(一种重读,一种轻读拉长),"歌"的韵味便出来了。

(4) 根据诗歌意境,恰当运用停顿。恰当地运用停顿能够让诗歌的节奏更加鲜明,更富有韵律美。不同标点的停顿时长不同,本章第二节已做介绍,这里不再赘述。

除此之外,朗读者在朗读时还要认真投入个人情感。情感是诗歌的基石,是诗人创作的出发点,是沟通诗作、诗人、读者、听者之间的精神纽带。在朗读诗歌时,要将自己融入诗人所处的时代、环境、心境等创作背景下,认真体会作者的感情,以有声的语言、充沛的感情将诗歌呈现出来。

练一练 3-4

请朗读下面的两首诗歌,比较两者在朗读处理方式上的不同。

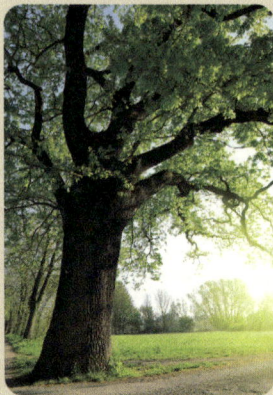

图 3-7 致橡树

致橡树(节选)

舒 婷

我如果爱你——
绝不像攀援的凌霄花,
借你的高枝炫耀自己;
我如果爱你——
绝不学痴情的鸟儿,
为绿荫重复单调的歌曲;
也不止像泉源,
常年送来清凉的慰藉;
也不止像险峰,
增加你的高度,衬托你的威仪。
甚至日光,
甚至春雨。
不,这些都还不够!
我必须是你近旁的一株木棉,
作为树的形象和你站在一起。

一棵开花的树

席慕蓉

如何让你遇见我
在我最美丽的时刻　为这
我已在佛前　求了五百年
求它让我们结一段尘缘

佛于是把我化作一棵树

长在你必经的路旁

阳光下慎重地开满了花

朵朵都是我前世的盼望

当你走近　请你细听

那颤抖的叶是我等待的热情

而当你终于无视地走过

在你身后落了一地的

朋友啊　那不是花瓣

是我凋零的心

图 3-8　一棵开花的树

二、记叙文的朗读

（一）记叙文的特点

记叙文是以叙述、描写为主要表达方式，以记人、叙事、写景、状物为主要内容的一种文体。它的主要特点是通过生动的形象、具体的事件来反映生活，表达作者的思想感情。记叙文通过对人、事、景、物的生动描写来表现中心，将思想蕴涵在具体材料之中。它不是对客观事物的抽象概括，而是做具体、形象的刻画，给人以如见其人、如临其事、如观其景、如察其物的真切感受。

（二）写人记事类记叙文的朗读技巧

写人记事类记叙文中的写人和记事通常是紧密结合在一起的。以刻画人物为中心的写人记叙文，要通过对典型事件的记叙和描写来表现人物；以讲述事件为中心的记事记叙文，要交代清楚事情发生的时间、地点、人物和事件，把写人和记事水乳交融般地结合在一起。在朗读此类记叙文时，最重要的就是引人入胜，要让别人听得津津有味，可以通过渲染气氛、交代脉络、塑造人物这三种方法来实现。

1. 渲染气氛

任何一个故事都是在某种气氛基调下展开的：是轻松愉快的，还是沉重不幸的？是富有哲理的，还是幽默风趣的？不同的气氛要用不同的嗓音来表现。比如，《齐白石买菜》说的是老画家想买点儿白菜，卖菜的小伙子认出了他，提出要用画来换的故事，是轻松愉快的作品。此类作品要用明亮的嗓音、跳跃的节奏来朗读。又如，《最后一课》写的是一位教师在国家将亡之际坚持上完最后一堂母语课时的悲痛心情，气氛是庄严、沉重的。此类作品要用低沉的嗓音、缓慢的节奏来朗读。

2. 交代脉络

故事总有开头、结尾，事件也总有发生、发展、高潮和结局，这就是脉络。开头可用慢速朗读，多停顿，使听众听得清楚明白。中途娓娓道来，要从容不迫。关键之处要运用重音、停顿等朗读技巧,以引起听众的注意。故事的高潮部分要用节奏、语速的变化来突出表现,否则就会显得平淡无奇。结尾要根据故事或事件的发展结局采用不同的处理方式。

3. 塑造人物

故事中如果有人物出现,就要用声音来塑造人物的形象。人们的嗓音频率跟年龄有关,为此在读年轻人的话时要提高频率,在读年长者的话时要降低频率。此外,人物的喜、怒、哀、乐都可以用嗓音来表现。

小示例

齐白石买菜

一天早晨,齐白石上街买菜,看见一个乡下小伙子的白菜又大又新鲜,就问:"多少钱一斤?"小伙子正要答话,仔细一看,心想:哦!这不是大画家齐白石吗?就笑了笑说:"您要白菜,不卖!"齐白石一听,不高兴地说:"那你干吗来了?"小伙子忙说:"我的白菜用画换。"齐白石明白了,看来这小伙子是认出自己了,就说:"用画换? 可以啊,不知怎样换法?"小伙子说:"您画一棵白菜,我给您一车白菜。"齐白石不由笑出了声:"小伙子,你可吃大亏了!""不亏,您画我就换。""行。"齐白石也来了兴致:"快拿纸墨来!"小伙子买来纸墨,齐白石提笔抖腕,一幅淡雅清素的水墨《白菜图》很快就画出来了。小伙子接过画,从车上卸下白菜,拉起空车就走。齐白石忙拦住他笑笑说:"这么多菜我怎么吃得完?"说罢,就只拿了几棵白菜走了。

分析: 这篇故事轻松活泼,富有生活气息,因此可以选用自然、松弛的嗓音来朗读,不需要夸张。这样,故事的背景和气氛(生活中常见的菜市场)就出来了。

从故事的脉络来看,一开始是普通的讨价还价,接着小伙子认出了老画家,这使得情况有了变化:不卖——要换。这一过程又分为以下几个小阶段:

(1) 小伙子认出齐白石:"正要答话……齐白石吗?"用低声表示内心活动。

(2) 欲擒故纵:"就笑了笑……不卖!"扬声,故作冷淡。

(3) 齐白石不高兴:"齐白石一听……干吗来了?"声音低沉、稍重,表示气愤。

(4) 小伙子解释:"我的白菜用画换。"语调下抑,表示诚恳。

(5) 齐白石明白:"齐白石……换法?"语调先抑后扬。

(6) 商量办法:"小伙子……行。"松弛自然,生活化,体现幽默风趣。

(7) 画画过程:"齐白石……画出来了。"高潮,声音明快,体现一挥而就。

(8) 取菜结束:"小伙子……走了。"尾声,恢复平和自然的语气。

练一练 3-5

分析并朗读下面的短文。

口吃的毛姆(节选)

曹文轩

没有口吃,就没有一个作为作家的毛姆。

口吃从少年开始就一直跟随毛姆,直到他人生终了。

据说,口吃是因为舌头长得太长的缘故,因此在维多利亚时代,医学界并不从心理学角度去挖掘口吃的原因,而是奉行外科手术,即将舌头割去一截。我不知道这是否只是一个传说。这个手段总让我觉得不大靠得住。

若靠得住,毛姆为何不去做手术,反而让这一缺陷困扰了他一生呢?

口吃总是让毛姆很尴尬。当他开口"像打字机的字母键一样发出一种'喷喷'的声音"时,我们不难想象,自尊心很强的毛姆是一种什么样的心情——恐怕一口咬掉自己舌头的心都有。

残疾,成了一枚羞耻的徽记。

毛姆少年时,时时都能感觉到一双双嘲弄的眼睛,这种目光像锐利的冰锥一样刺伤着他,使他在成长时期就养成了孤僻的性格。

少年时,毛姆并没有想成为一名作家,他想成为一名律师。他的祖父与父亲都是律师,而他却口吃——这太有喜剧意味了。律师要的就是巧舌如簧、雄辩滔滔。美国好莱坞电影中的经典场景之一就是法庭。这一场景让我们看到的,就是一名律师是如何展示他过人的语言才能的。语惊四座,一片肃穆,语言之流冲垮了一切阻碍与防线,从屠刀之下救出一个个生灵,或是将一个个生灵推到屠刀之下,让人不禁感叹:真是一张好嘴!

（三）状物写景类记叙文的朗读技巧

1. 突出特征,细致刻画

状物写景类记叙文描绘的是物体和景物的具体特征,朗读时,要把握住特征,加以鲜明生动、细腻传神的刻画。一般来说,状物类文章可以采用重音、停顿等表达技巧,把有关词语、句子加以强调、突出,把状写的对象表现得鲜明而深刻。写景类文章因所写之景往往表现的是其优美迷人或壮观奇丽的特点,所以在朗读时,一般需注意节奏舒缓、语调流畅。

小示例

月亮是别在乡村的一枚徽章（节选）

韩少功

图3-9　月亮是别在乡村的一枚徽章

城里人能够看到什么月亮?即使偶尔看到远远天空上一丸灰白,但暗淡于无数路灯之中,磨损于各种噪音之中,稍纵即逝在丛林般的水泥高楼之间,不过像死鱼眼睛一只,丢弃在五光十色的垃圾里。

由此可知,城里人不得不使用公历,即记录太阳之历;乡下人不得不使用阴历,即记录月亮之历。哪怕是最新潮的农村青年,骑上了摩托用上了手机,脱口而出还是冬月初一腊月十五之类的记时之法,同他们抓泥捧土的父辈差不多,原因不在于别的什么——他们即使全部生活都现代化了,只要他们还身在乡村,月光就还是他们生活的重要一部分。禾苗上飘摇的月光,溪流上跳动的月光,树林剪影里随着你前行而同步轻移的月光,还有月光牵动着的虫鸣和蛙鸣,无时不在他们心头烙下时间感觉。

分析: 作者在文中,将城里月亮与乡村月亮进行了多方面比较,突出表达了作者对乡村月夜的喜爱之情。文章整体节奏是舒缓的,可使用平调,但是在城市与乡村的对比部分要注意重音及语速等朗读技巧的处理。比如,"城里人不得不使用公历,即记录太阳之历;乡下人不得不使用阴历,即记录月亮之历",这句话中的"公历""阴历"及"太阳""月亮"都需要使用重音,表示前后的对比。"城里月亮"的特点是灰白、暗淡,没有生气,不能给人以感悟,所以在朗读"即使偶尔看到远远天空上一丸灰白……丢弃在五光十色的垃圾里"这段时,语调要低沉,语速稍慢。"乡村月亮"的月光飘摇、跳动,富有生气,所以在朗读"禾苗上飘摇的月光……无时不在他们心头烙下时间感觉"这段时,语调要轻快,语速稍快。

2. 抒发情感,贴切到位

在朗读写景状物类记叙文时,要注意在适当的地方表现与之对应的情感。

小 示 例

白鹅

丰子恺

图3-10 白鹅

这白鹅,是一位即将远行的朋友送给我的。我抱着这雪白的"大鸟"回家,放在院子内。它伸长了头颈,左顾右盼,我一看这姿态,想道:"好一个高傲的动物!"

鹅的高傲,更表现在它的叫声、步态和吃相中。

鹅的叫声,音调严肃郑重,似厉声呵斥。它的旧主人告诉我:养鹅等于养狗,它也能看守门户。后来我看到果然如此:凡有生客进来,鹅必然厉声叫嚣;甚至篱笆外有人走路,它也要引吭大叫,不亚于狗的狂吠。

鹅的步态,更是傲慢了。大体上与鸭相似,但鸭的步调急速,有局促不安之相;鹅的步调从容,大模大样的,颇像京剧里的净角出场。它常傲然地站着,看见人走来也毫不相让;有时非但不让,竟伸过颈子来咬你一口。

鹅的吃饭,常常使我们发笑。我们的鹅是吃冷饭的,一日三餐。它需要三样东西下饭:一样是水,一样是泥,一样是草。先吃一口冷饭,再喝一口水,然后再到别处去吃一口泥和草。大约这些泥和草也有各种可口的滋味。这些食料并不奢侈;但它的吃法,三眼一板,一丝不苟。譬如吃了一口饭,倘若水盆放在远处,它一定从容不迫地大踏步走上前去,饮一口水,再大踏步走去吃泥、吃草。吃过泥和草再回来吃饭。

这样从容不迫地吃饭,必须有一个人在旁侍候,像饭馆里的堂倌一样。因为附近的狗,都知道我们这位鹅老爷的脾气,每逢它吃饭的时候,狗就躲在篱边窥伺。等它吃过一口饭,踏着方步去喝水、吃泥、吃草的当儿,狗就敏捷地跑过来,努力地吃它的饭。鹅老爷偶然早归,伸颈去咬狗,并且厉声叫骂,狗立刻逃往篱边,蹲着静候;看它再吃了一口饭,再走开去喝水、吃草、吃泥的时候,狗又敏捷地跑上来,把它的饭吃完,扬长而去。等到鹅再来吃饭的时候,饭罐已经空空如也。鹅便昂首大叫,似乎责备人们供养不周。这时我们便替它添饭,并且站着侍候。因为邻近狗很多,一狗方去,一狗又来蹲着窥伺了。

我们不胜其烦,以后便将饭罐和水盆放在一起,免得它走远去,让鸡、狗偷饭吃。然而它所必需的泥和草,所在的地点远近无定。为了找这些食物,它仍是要走远去的。因此鹅吃饭时,非有一个人侍候不可,真是架子十足!

分析: 作者对白鹅的喜爱之情在字里行间随处可见,朗读时要注意在细节描写之处把作者的态度表现出来,着力在声音表现上突出白鹅的"情趣",用略带夸张的、欣赏的口吻来念。

练一练 3-6

朗读下面的短文。

枣树

范读

外公家的院子里有一棵枣树。

它不是很直挺,也谈不上粗壮,更不用说"秀颀"了。树干上面还有一些歪歪扭扭的树疤,好像前世被人砍了几刀似的。但它并不显得落魄,从远处一看,反而觉得它苍劲有力——不是那种笔直向上,直冲云天的力量,而是一种向外扩张的,一圈一圈的,龙卷风般的力量,用力旋转出生命年轮般的漩涡,仿佛正在攀登生命的巅峰。它的树皮很粗糙,还有

图3-11 枣树

一些不易让人察觉的小刺。或许正因为这样,它才从不把晕圈穿在身上,它要的是原色,不加改变的色。

对我来说,最重要的还是枣树的果,它极甜,极脆,就算用力把它砸到地上,也不会被摔碎,照样硬邦邦的。别的地方好像都没有尝到过它,所以我至今不知道它的品种。以

前暑假一回去,外公就让我和他一起上房顶摘枣。在微醺的夕阳下,在斑驳的树影下,品尝着仙露琼浆的味道,聆听着爽朗的笑声,真是一种美好的滋味。

有一年,因为事情太多,没顾得上回家。后来听说外公硬留了一树枣,说要让我摘。我没回去,枣自然就熟透了,掉落在薄薄的、寂静的、孤单的秋叶上。

好像就在这一年年底,外公搬家了,搬到了一座楼房里,旧房子也租给别人了。新的房子着实不错,但那墙上、地板上、台阶上,处处都好像染着遗忘了的牵挂。

从那时起,由于功课忙,我和外公的联系也明显少了。对于外公偶尔打过来的电话,我也只是草草回应几句,后来觉得有点对不住外公,不知道外公会怎么想。一堆又一堆的事情像大海的波浪,把我脑子里这一点小小的、沙粒般的疑惑冲刷得无影无踪。

多年后的今天,我冒着风雪,回到了旧院子,想看看那儿的枣树。

枣树已不像枣树,它的枝干横七竖八地支棱着,像个无助的老人,被风雪肆虐,痛苦好像都深深烙在了充满白雪的树疤里。没有了昔日龙卷风般的气势,没有了昔日生命的年轮,存在着的,也只有那些摇摇欲坠的木头罢了。

我心中的那棵枣树呢? 闭上眼,思绪徜徉在回忆的路上。

风雪声突然停了,我猛然睁开眼,看到了泛黄的天空下,我和外公在房顶摘枣。微醺的阳光洒在我额头,斑驳的树影搭在我肩上,胸中荡漾着仙露琼浆的味道,耳中萦绕着爽朗的笑声。忽然一不小心,我没抓住的一颗枣砸到了地上。

迟疑中,我拾起来,咬了一口。

真甜。

三、 寓言的朗读

(一) 寓言的特点

寓言是指用假托的故事或自然物的拟人手法来说明某个道理或教训的文学作品,为文学体裁中的一种。寓言的特点是以简洁有趣的故事呈现,常隐含作者对人生的观察和体验,具有鲜明的教育性,语言精练且篇幅较短。寓言是一种很古老的文学体裁,早在公元前 6 世纪,古希腊及中国就有许多寓言故事出现。比如,西方的《伊索寓言》,以及中国古代典籍(如《淮南子》《韩非子》等)中的寓言故事都是我们耳熟能详的文学著作。

(二) 寓言的朗读技巧

1. 朗读要有层次感

寓言故事构思巧妙,层次感强。朗读者要表现寓言的层次感可通过时长不等的停顿和语气上的转换来体现。寓言故事一般的逻辑关系有递进、转折,有时还有悬念等,在不偏离整体基调的同时,朗读者可利用不同的语气和时长不等的停顿来表达各种逻辑关系。

2. 感受处理要细腻

寓言来源于生活,和生活的真实状态是相通的。寓言用动物和神怪来表现人间的事,同时也是人们的一种美好理想,是对真善美的不懈追求。朗读时要认真体会寓言故事中的角色和情节,像观察生活、思考生活一样对待虚构的寓言故事,这样才能将其深远的意义表现出来。

3. 表达要形象传神

在很多寓言故事中,角色语言的分量很重。不同的角色有着不同的性格特点、不同的语言行为,朗读时要注意处理好。表达角色语言的关键在于形象传神,体现角色的个性,个性和声音形式之间是有关系的。另外还要注意的是,正面角色和反面角色的声音形式一般是有明显区别的。

4. 声音形式要富于变化

这里说的变化不是声音大小、起伏的变化,而是语气的色彩和分量的变化。寓言故事里一般有角色、有情节,情节一般都有高潮、有矛盾,内容丰富多彩、生动有趣。为此,朗读者在朗读时,声音形式要与之相匹配,把寓言故事中的角色、冲突表现出来。声音形式的变化通常包括声音的高低、大小、强弱、虚实、冷暖、远近、轻重的变化。当然,在朗读一篇寓言故事的过程中,声音形式不一定要涉及那么多的变化,但应在总的基调和背景下,尽量贴近故事本身所呈现的丰富性。

小示例

狼和小羊

狼来到小溪边,看见小羊正在那儿喝水。

狼非常想吃小羊,就故意找碴儿,说:"你把我喝的水弄脏了! 你安的什么心?"

小羊吃了一惊,温和地说:"亲爱的狼先生,我怎么会把您喝的水弄脏呢? 您站在上游,我站在下游,水是从您那儿流到我这儿来的,不是从我这儿流到您那儿去的。"

狼气冲冲地说:"就算这样吧,你总是个坏家伙! 我听说,去年你经常在背地里说我的坏话,是不是?"

可怜的小羊喊道:"啊,亲爱的狼先生,那是不会有的事,去年我还没有生下来哪!"

狼不想再争辩了,龇着牙,逼近小羊,大声嚷道:"你这个小坏蛋! 说我坏话的不是你就是你爸爸,反正都一样!"说着就往小羊身上扑去。

分析:在朗读寓言时,要先读懂寓言,明白寓意。这则寓言出自《伊索寓言》,寓意是坏人做坏事,总是找借口,要对付像狼一样的坏人,讲道理是没有用的。

这则寓言的层次比较清楚,首先是交代狼发现了小羊,其次是狼的两个借口(弄脏水、说坏话),这两部分构成了寓言的主体,最后是狼扑向小羊。朗读时要利用时长不等的停顿来区分层次。

另外,这则寓言主要采用了对话的方式。在朗读时,首先要将狼和羊的声音形象区分开,狼的声音宜采用高而粗的,小羊的声音宜使用低而细的,从而表现出两者的强与弱。其次,要根据寓言中的提示性语言对声音进行控制。比如,"小羊吃了一惊,温和地说""可怜的小羊喊道",前者声音要低、要缓、要细,后者声音要高、要急、要细。狼的声音整体上是高而粗的,但在不同的地方也要有所区分。比如,"狼气冲冲地说"和"大声嚷道"这两处:狼在使用第一个借口时,因为听到小羊的解释恼羞成怒才会"气冲冲";在狼的第二个借口也被识破的时候,用"大声嚷"来掩饰心虚,也为扑向小羊找出理由。

练一练 3-7

试着朗读下面的两则寓言。

范读

狐狸和乌鸦

图 3-12　狐狸和乌鸦

狐狸在树林里找吃的。他来到一棵大树下,看见乌鸦正站在树枝上,嘴里叼着一片肉。狐狸馋得直流口水。

他眼珠一转,对乌鸦说:"亲爱的乌鸦,您好吗?"乌鸦没有回答。

狐狸赔着笑脸说:"亲爱的乌鸦,您的孩子好吗?"乌鸦看了狐狸一眼,还是没有回答。

狐狸又摇摇尾巴说:"亲爱的乌鸦,您的羽毛真漂亮,麻雀比起您来,可就差多了。您的嗓子真好,谁都爱听您唱歌,您就唱几句吧!"

乌鸦听了狐狸的话,非常得意,就唱了起来。"哇……"她刚一开口,肉就掉了下来。

狐狸叼起肉,一溜烟跑掉了。

塞翁失马

战国时期有一位老人,名叫塞翁,他养了许多马。一天,马群中忽然有一匹走失了。邻居们听到这事,都来安慰他不必太着急,年龄大了,多注意身体。塞翁见有人劝慰,笑笑说:"丢了一匹马损失不大,没准还会带来福气。"

邻居听了塞翁的话,心里觉得好笑。马丢了,明明是件坏事,他却认为也许是好事,显然是自我安慰而已。可是过了没几天,丢的马不仅自动回家,还带回一匹骏马。

邻居听说马自己回来了,非常佩服塞翁的预见,向塞翁道贺说:"还是您老有远见,马不仅没有丢,还带回一匹好马,真是福气呀。"

塞翁听了邻人的祝贺,反倒一点高兴的样子都没有,忧虑地说:"白白得了一匹好马,不一定是什么福气,也许会惹出什么麻烦来。"邻居们以为他故作姿态,纯属老年人的狡猾,心里明明高兴,有意不说出来。

塞翁有个独生子,非常喜欢骑马。他发现带回来的那匹马顾盼生姿、身长蹄大、嘶鸣嘹亮、剽悍神骏,一看就知道是匹好马。他每天都骑马出游,心中扬扬得意。

一天,他高兴得有些过火,打马飞奔,一个趔趄,从马背上跌下来,摔断了腿。邻居听说,纷纷来慰问。

塞翁说:"没什么,腿摔断了却保住性命,或许是福气呢。"邻居们觉得他又在胡言乱语。他们想不出,摔断腿会带来什么福气。

不久,匈奴兵大举入侵,青年人被应征入伍,塞翁的儿子因为摔断了腿,不能去当兵。后来,入伍的青年都战死了,唯有塞翁的儿子保全了性命。

四、 童话的朗读

（一） 童话的分类和特点

从表现方法来看,童话大致分为超人体童话、拟人体童话和常人体童话三类。从表现题材来看,童话又分为科学童话和文学童话两类,平时所说的大部分童话是指文学童话。童话有以下特点:①幻想性;②从内容到形式的极度夸张;③采用拟人化的象征手法。其中,幻想性是童话的根本特征。

（二） 童话的朗读技巧

1. 分清语言角度,激发童趣

朗读前要从童趣的角度出发揣摩人物的情感和作品的思想,分清叙述语言和人物语言。叙述语言是作品中介绍性的、描述性的语言,体现故事的脉络和情节的发展。人物语言是作品中人物的语言,展示人物的心理、思想等个性特点。叙述语言在朗读的时候一般使用中速平调。人物语言要充分体现人物的个性特征,比如,在《蜗牛与黄鹂》中,小蜗牛的声音是低低的、慢慢的,黄鹂鸟的声音是清脆的、稍快的。

2. 读出儿童语言,焕发童心

童话作品的语言具有口语化、儿童化的特点。从语气语调看,儿童语言的语气要亲切温和,语调要跳跃、情绪化。在童话中,一切都是有生命的,朗读的时候要用饱满、形象、童真的有声语言将其传达出来。语调不宜一直过高或过低,语速不能太快,可以有适度的夸张。

3. 放大童话中语言的精彩部分,张扬儿童天性

童话中有不少简短的精彩描写,它能起到点明寓意、表达哲理、解释人性的作用。朗读这些内容时要用严肃、郑重、语重心长的语气读,吐字要沉稳,一字一情,放慢速度。比如,在《卖火柴的小女孩》中,"第二天清晨,这个小女孩坐在墙角,两腮通红,嘴上带着微笑。她死了,在旧年的大年夜冻死了。"这句话是对当时社会的辛辣讽刺和无情揭露,朗读时语速要慢,停顿要多一些,以表现这个悲惨的事实,引发人们的思考。

小示例

丑小鸭（节选）

小鸭觉得自己可以有不同的看法,但是他的这种态度,母鸡却忍受不了。

"你能够生蛋吗?"她问。

"不能!"

"那么就请你不要发表意见。"

于是雄猫说:"你能拱起背,发出咪咪的叫声和迸出火花吗?"

"不能!"

"那么,当有理智的人在讲话的时候,你就没有发表意见的必要!"

图3-13 丑小鸭

小鸭坐在一个墙角里,心情非常不好。这时他想起了新鲜空气和太阳光。他觉得自己有一种奇怪的渴望:他想到水里去游泳。最后他实在忍不住了,就不得不把心事对母鸡说出来。

分析: 在这段童话中,叙述语言要读得平稳清晰,语速要慢一些,语调要低一些。在朗读人物语言时,声音要稍高一些,读出个性,不同的人物可以变换不同的音色来读。比如,骄傲的雄猫的声音要粗一些、霸道一些;爱管闲事的母鸡的声音是尖尖的;而小鸭的语言要用稚嫩的童声来读。

练一练 3-8

试着朗读下面的童话。

门外有猫

墙角有一扇圆圆的小木门,里面住着小老鼠吱吱一家。它们自由自在地生活着,日子过得很快乐。

一天清晨,吱吱伸着懒腰起来了,它刚打开门,就"哇呀——"一声尖叫起来,转身"砰"的一下重重地关上了门,说道:"嘘——门外有猫!"在家的其他老鼠一听,吓得都不敢吱声了。

过了一会儿,老鼠们胆子又大了起来,它们踮起脚尖,伸长脖子,你推我挤地从门缝里往外瞧。可不一会儿,它们都一个个缩着脖子、伸长舌头地溜了回来,谁也不敢再出去了。

过了几天,老鼠们的食物吃完了,大家的肚子饿得咕咕叫,一个个东倒西歪地躺在床上,可门外的猫呢,还是一动不动。

看着伙伴们的样子,吱吱难受极了,它想:这样下去我们都会饿死的,要是我出去引开那只猫,大家就可以找东西吃了。于是,吱吱打开门勇敢地走了出去。

吱吱沿着墙角转了一圈,一边走一边很小心地看着那只猫。欸?猫怎么没有动静?吱吱轻手轻脚地走到猫的面前。哇!一副凶模样。

吱吱壮着胆子,上前拉了拉它的胡须,然后撒腿就跑,可跑到门口也没见到猫追上来。吱吱的胆子渐渐地大起来了,它"骨碌碌"地爬到猫背上,发现上面有一个黑洞洞。

呀!原来是只猫头鞋。吱吱笑了,它把鞋推到了一边。

"猫走了!"吱吱喊道。老鼠们全跑了出来。

"喂,快来呀!"猫头鞋里传来细细的声音。之后,又露出两只尖尖的灰耳朵和一对圆溜溜的小眼睛。

"呀,是吱吱!"大家都围了上去,有的拉拉猫头鞋的胡须,有的捏捏猫头鞋的鼻子,蹦蹦跳跳地玩开了。

从此以后,这里就成了老鼠们的乐园。

图 3-14 吱吱和猫头鞋

知识岛

朗读的作用

1. 有利于开发右脑

大声朗读的实质是朗读者在欣赏自己的声音,久而久之,有利于形象思维能力的自我培养。

2. 有利于使性格更开朗

性格内向的人发出的声音往往很小,如果能坚持大声朗读文学作品,能使自己逐渐变得愿意说话,性格也会变得开朗。

3. 有利于提高口语表达能力

朗读的过程也是思考的过程,思维能力的提升能提高朗读者的口语表达能力。

4. 有利于对文章的理解

朗读者在朗读时,大脑处于兴奋状态,这有利于对朗读材料的理解。

5. 有利于对朗读材料的记忆

朗读者在朗读时须高度集中注意力,在这样的状态下,有利于朗读者记忆材料。

6. 有利于语感的形成

朗读是由多种感官参与的以声释意的活动,它能潜移默化地提高朗读者的语言感受能力。

7. 有利于"诗性美"的再现

每一部文学作品都有着诗意之美,都有着作者美的灵感,而朗读可以更生动地还原这种美。

8. 有利于提高写作能力

朗读他人作品是学习的过程,而朗读自己的作品实质是修改完善的过程,这些过程都能提高自己的写作水平。

第四章　讲述训练

第一节　复述训练

课前五分钟

传话小游戏。

　　将全班分组,以 8～10 人为一组,纵向排列。每一组的第一位同学阅读老师提供的材料,然后第一位同学把看到的内容告诉第二位同学,以此类推,直到最后一位同学。比较哪一组传话最准确。

　　材料内容:你去通知李晓丹,让她去行政楼 303 室找方老师,通知他下周一8:30 到第二会议室开会。顺便问问陈老师,王老师的杯子在哪儿,装好水,把它拿到教学楼 108 教室。

案例导航

复述通知

　　假如你是一名幼儿园老师,园长让你通知其他老师:后天下午 5:30 在东方大酒店举行慰问家属的联欢活动,请各位老师偕同家属准时到酒店,并请每个家庭准备一个文艺节目。

　　分析:这是对通知的复述,需要复述人忠于通知内容,不能对内容进行加工和曲解。在通知老师的时候,可以按以下内容复述:后天举行慰问家属的联欢会,每个家庭需要准备一个文艺节目。下午 5:30 带家属准时到东方大酒店。

学海泛舟

一、复述的定义及要求

　　复述是一种常用的口语表达形式。它是指运用自己的语言,把看到或听到的语言材料重新叙述一遍。复述是一种练习逻辑处理能力、短时记忆能力和良好表达能力的一个重要手段。

复述时，不能一成不变地照搬原文，需根据不同的要求，或周密详细地叙述，或简要概括地叙述，或变换人称来叙述，或变换顺序来叙述，甚至可略加想象，丰富一些细节内容来叙述。

复述的基本要求有以下几点：

（1）忠于原材料的内容或要点。

（2）完整准确地体现原材料的中心和重点。

（3）条理清楚，能反映各部分内容的内在联系。

（4）要口语化，尤其要将书面句式、词语转化为口语。

二、复述的分类及训练

复述的种类有很多，常见的复述有详细复述、扩展复述、概要复述和变式复述。

（一）详细复述

详细复述又称一般性复述，这是最简单、最基本、最接近原材料的复述。具体来讲，就是按照原材料的内容、结构、顺序，把事情原原本本地叙述出来。它并非对原材料的背诵，其技巧体现在复述者语言的组织和加工上。

在进行详细复述时，要注意以下四点：

（1）围绕文章中心，不改变原意。对记叙性材料的复述一定要交代清楚时间、地点、人物，事情的起因、经过、结果等。不能发生错漏，避免以讹传讹。对于议论性材料的复述要讲清其论点、论据以及论证的逻辑过程。对于说明性材料的复述，必须包括事物的特点、性质、形状等内容。另外，详细复述要遵循原材料的顺序结构，要有条理性。

（2）听清看明，充分理解。无论复述的内容是来自书报、广播、电视、电影，还是听人讲述的，都要看（听）仔细，充分熟悉和理解所要复述的内容，不要发生错漏，要在充分理解、记忆的基础上对原材料进行加工和整理。

（3）选择记忆，列出要点。对于复述的内容，不可能全部记得一清二楚，要选择重要的内容记忆，在心中列出要点（书面提纲或关键词、启发性词语），最后用自己的语言把信息传递给别人。

（4）根据需要，改变句式。详细复述时可以将长句变短句，将复合句变简单句，将书面语、方言俗语改为通俗易懂的口语，人物对话可以采取转述的形式。

练一练 4-1

阅读下面的小故事，然后采用详细复述的方式将其复述出来。

羊的朋友们

傍晚，一只羊独自在山坡上玩，突然从树林中蹿出一只狼来要吃羊，羊跳起来，拼命用角抵抗，并大声向朋友们求救。

牛在树丛中向这个地方望了一眼,发现是狼,扬蹄跑走了。马低头一看,发现是狼,一溜烟跑了。驴停下脚步,发现是狼,悄悄溜下山坡。猪经过这里,发现是狼,冲下山坡。兔子一听,更是撒腿离去。

山下的狗听见羊的呼喊,急忙奔上坡来,从草丛中闪出,一下咬住了狼的脖子,狼疼得直叫唤,趁狗换气时,仓皇逃走了。

等羊回到家,朋友们都来了,牛说:"你怎么不告诉我?我的角可以剜出狼的肠子。"马说:"你怎么不告诉我?我的蹄子能踢碎狼的脑袋。"驴说:"你怎么不告诉我?我一声吼叫,能吓破狼的胆。"猪说:"你怎么不告诉我?我用嘴一拱,就把它摔下山去。"兔子说:"你怎么不告诉我?我跑得快,可以传信呀。"

在这闹嚷嚷的一群中,唯独没有狗。

(二) 扩展复述

扩展复述是在原材料的基础上,对文中没有明确叙述的内容加以丰富、补充的一种复述方式。它类似于作文中的扩写,要求复述者在全面把握材料后,运用自己丰富、合理的想象,增加一些内容,使材料更生动、更完整,以此增强复述内容的感染力。

在进行扩展复述时,要注意以下两点:

(1) 不得改变原意和主题。扩展复述可以增添细节,可以用渲染、描摹、插叙等方法充实内容,但要合理想象,不能偏离中心。

(2) 要选好扩展点。不是原材料的任何部分都可以扩展,扩展的部分要为中心服务,扩展前要选择和确定好可以重点扩展的内容。

小示例

赠汪伦

〔唐〕李 白

李白乘舟将欲行,
忽闻岸上踏歌声。
桃花潭水深千尺,
不及汪伦送我情。

扩展复述：李白在汪伦家住了数日,突然接到消息,老母病危。李白心急如焚,在早晨匆匆收拾了一阵后,不辞而别。

此时正值春季,花开茂盛。李白远远地就闻到了一阵阵花香,远远望去,桃树一棵挨着一棵,密密层层,整个桃花林犹如一片粉红的"海洋"。桃花开得那么灿烂,那么美丽,姹紫嫣红、鲜艳娇美。可李白早已无心观赏美景,直奔桃花潭。突然,岸上响起了边用脚拍打地面边唱歌的声音。李白心头一热,循声望去,只见汪伦边唱边走了过来。"天下茫茫知己难寻啊!"李白高呼:"我这一生有你这么一个知己真是我的福气,可是我们这么匆匆一别又不知何时才能相见！""只要我们有缘就一定可以相见,如果无缘再见,我们也会在心中想念对方的。"汪伦意味深长地说道。

李白心中升起一股暖意,心想:桃花潭固然很深,但也比不上汪伦对我的情谊深呀!于是,李白诗兴大发,高声吟道:"李白乘舟将欲行,忽闻岸上踏歌声。桃花潭水深千尺,不及汪伦送我情。"

他俩离别了。汪伦注视着李白的船,一直到小船从他的视线中消失……

练一练 4-2

将下面这首诗进行扩展复述。

题都城南庄

〔唐〕崔　护

去年今日此门中,

人面桃花相映红。

人面不知何处去,

桃花依旧笑春风。

（三）概要复述

概要复述相当于作文中的缩写,它是指在保持原材料的基本内容结构的基础上,删去一些无关紧要的枝节内容,用凝练概括、简洁明了的语言把复述的内容讲述清楚。

在进行概要复述时,要注意以下三点:

(1) 认真仔细地阅读(听),记忆重点。

(2) 抓住中心,突出重点。

(3) 既不能以简曲意,也不能遗漏关键。

小示例

不信鬼神

鲁迅先生在浙江绍兴县教书的时候,每天晚上总喜欢到一位朋友家去谈天,有时很晚才回家。朋友家离学堂有好几里路,要经过一片坟地。有一天,鲁迅先生和朋友谈得很晚才回家,这时已是半夜了。鲁迅正快步走,忽然发现不远处有一个白影子蹲在坟墓旁,忽高忽低,一会儿大,一会儿小,真像人们传说的鬼。

鲁迅不相信鬼和神,他大步走上前去,用又硬又重的皮鞋向白影子踢去,只听得白影子"哎哟"一声倒了下去。鲁迅弯下腰,细细一看,原来并不是什么鬼,而是一个盗墓的。

概要复述:鲁迅在绍兴乡村教书时,有一天到朋友家谈话很晚才回家。他经过一个坟地时,看见一个白影子在晃动,就用皮鞋踢了一脚,发现是个盗墓的。

练一练 4-3

用概要复述的方式复述下面的内容。

哥哥的礼物

吉姆生日的那天,他的哥哥送了他一辆新车。当吉姆离开办公室时,一个男孩绕着那辆闪闪发亮的新车,十分赞叹地问:"先生,这是你的车吗?"

吉姆点点头:"这是我哥哥送给我的生日礼物。"男孩满脸惊讶,支支吾吾地说:"你是说这是你哥哥送的礼物,没花你的钱? 我也好希望能……"

当然吉姆以为他是希望能有个送他车子的哥哥,但接下来那男孩所说的却让吉姆十分震撼。"我希望自己成为能送车给弟弟的哥哥。"男孩继续说。吉姆惊愕地看着那个男孩,冲口而出地说:"你要不要坐我的车去兜风?"男孩兴高采烈地坐上车,绕了一小段路之后,那孩子眼中充满兴奋地说:"先生,你能不能把车子开到我家门前?"

吉姆微笑,他心想那男孩必定是要向邻居炫耀,让大家知道他坐了一部大车子回家。没想到吉姆这次又猜错了。"你能不能把车子停在那边的阶梯前?"男孩要求。

图 4-1　哥哥的礼物

男孩跑上了阶梯,过了一会儿,吉姆听到他回来的声音,但动作似乎有些缓慢。原来,他带着跛脚的弟弟出来了。男孩将弟弟安置在台阶上,紧紧地抱着他,并指着那辆新车。

只听那男孩告诉弟弟:"你看,这就是我刚才在楼上告诉你的那辆新车。这是吉姆他哥哥送给他的哦! 将来我也会送给你一辆像这样的车,到那时候你便能去看看那些挂在商店窗口的漂亮饰品了。"

吉姆走下车子,将跛脚男孩抱到车子的后座上。满眼闪亮的大男孩也爬上车子,坐在弟弟的旁边。就这样,他们三人开始了一次令人难忘的假日兜风。

那一次的生日,吉姆真正体会到了什么是兄弟情深。

(四) 变式复述

变式复述相当于对文章的改写。它是指在原材料的基础上,或改变人称,或改变顺序,或改变体裁来进行复述,但不可以改变文章的原意。

在进行变式复述时,要注意以下三点:

（1）在改变人称（如将第一人称变为第三人称，或将第三人称变为第一人称）时，注意有始有终，不要张冠李戴。

（2）在改变顺序时，可用倒叙（造成悬念，增加吸引力）、插叙、补叙（使内容更完整、更具体）、顺叙（理清线索，讲清始末）等方式改变文章顺序，但要保留文章的原意。

（3）在改变体裁时，可采用将记叙文改为议论文、将说明文改为记叙文等方式。

练一练 4-4

阅读下面的小故事，按要求进行复述。

　　齐宣王爱好射箭，喜欢别人夸耀他能够拉开强弓，其实他使的弓只需用三百多斤的力气就能够拉开了。他常表演拉弓给近臣们看，那班大臣为了讨好齐宣王，个个装模作样地接过弓来试着拉。大家故意在把弓拉开一半时，惊讶地说："哎呀，要拉开这弓的力气不少于一千多斤啊，不是大王又有谁能用这么强的弓呢！"齐宣王听了非常高兴。

　　然而，齐宣王使用的力气不过三百多斤，可是他却一辈子以为是用了一千多斤。三百多斤是真实的，一千多斤是徒有其名的，可见，齐宣王只图虚名却不顾实际。

　　复述要求：

　　（1）从"喜好虚名其实是在害自己"的角度进行变式复述。

　　（2）从"阿谀奉承害人不浅"的角度进行变式复述。

　　（3）从"上有所好，下必趋焉"的角度进行变式复述。

知识岛

记忆、思考、表达

复述富有创造性，能把记忆、思考、表达三者有机地结合起来，使之融为一体。

1. 记忆

记忆是复述的基础。要想复述好，就必须在阅读时快速记住语言材料里的一些重要词语、结构层次，以及它的具体内容，边读边记，养成口脑并用的良好习惯。反复阅读的过程就是记忆的过程，记忆是在为复述做准备，而复述反过来又能进一步加深记忆。

2. 思考

复述不是照搬原材料，而是必须按照一定的要求，对原材料的内容进行综合、概括，适当取舍，并要认真选词，组织安排材料。这就是在记忆的基础上进行思考的过程。

3. 表达

复述的特点是要连贯地叙述原材料，无论口头还是笔头，都要围绕一定的中心内容去思考，然后准确而明晰地将这些内容说出来或写出来，这有利于培养和提高表达能力。

第二节 描述训练

课前五分钟

范读

大声朗读下面的短文。

海燕

高尔基

在苍茫的大海上,狂风卷集着乌云。在乌云和大海之间,海燕像黑色的闪电,在高傲地飞翔。

一会儿翅膀碰着波浪,一会儿箭一般地直冲向乌云,它叫喊着,——就在这鸟儿勇敢的叫喊声里,乌云听出了欢乐。

在这叫喊声里——充满着对暴风雨的渴望!在这叫喊声里,乌云听出了愤怒的力量、热情的火焰和胜利的信心。

海鸥在暴风雨来临之前呻吟着,——呻吟着,它们在大海上飞窜,想把自己对暴风雨的恐惧,掩藏到大海深处。

海鸭也在呻吟着,——它们这些海鸭啊,享受不了生活的战斗的欢乐:轰隆隆的雷声就把它们吓坏了。

蠢笨的企鹅,胆怯地把肥胖的身体躲藏在悬崖底下……只有那高傲的海燕,勇敢地,自由自在地,在泛起白沫的大海上飞翔!

乌云越来越暗,越来越低,向海面直压下来,而波浪一边歌唱,一边冲向高空,去迎接那雷声。

图4-2 海燕

雷声轰响。波浪在愤怒的飞沫中呼叫,跟狂风争鸣。看吧,狂风紧紧抱起一层层巨浪,恶狠狠地把它们甩到悬崖上,把这些大块的翡翠摔成尘雾和碎末。

海燕叫喊着,飞翔着,像黑色的闪电,箭一般地穿过乌云,翅膀掠起波浪的飞沫。

看吧,它飞舞着,像个精灵,——高傲的、黑色的暴风雨的精灵,——它在大笑,它又在号叫……它笑那些乌云,它因为欢乐而号叫!

这个敏感的精灵,——它从雷声的震怒里,早就听出了困乏,它深信,乌云遮不住太阳,——是的,遮不住的!

狂风吼叫……雷声轰响……

一堆堆乌云，像青色的火焰，在无底的大海上燃烧。大海抓住闪电的箭光，把它们熄灭在自己的深渊里。这些闪电的影子，活像一条条火蛇，在大海里蜿蜒游动，一晃就消失了。

——暴风雨！暴风雨就要来啦！

这是勇敢的海燕，在怒吼的大海上，在闪电中间，高傲地飞翔；这是胜利的预言家在叫喊：

——让暴风雨来得更猛烈些吧！

案例导航

琵琶行（节选）

〔唐〕白居易

大弦嘈嘈如急雨，小弦切切如私语。

嘈嘈切切错杂弹，大珠小珠落玉盘；

间关莺语花底滑，幽咽泉流冰下难。

冰泉冷涩弦凝绝，凝绝不通声暂歇。

别有幽愁暗恨生，此时无声胜有声。

银瓶乍破水浆迸，铁骑突出刀枪鸣。

分析： 这是唐代著名诗人白居易《琵琶行》中的一部分。这段文字生动、细致地描述了琵琶女弹奏的琵琶曲旋律，再现了琵琶声的抑扬顿挫、形象生动。诗人深厚的描述功底让读者仿佛如临现场、如闻其声。可见，掌握描述的方法，可以准确生动地表达事物的特点，再现真实的场景。

学海泛舟

描述是用形象、生动的语言，具体、细致地描绘人、物、事、景的形态特征，或者再现某种场景的一种口语表达方式，具有生动性、直观性、审美性等特征。

一、描述的类型

（一）观察性描述

观察性描述是描述者在观察时或观察后立即进行描述的表达方式。观察性描述要求准确、细致、全面地再现观察对象的基本特征。

小 示 例

祝福（节选）

鲁 迅

图4-3 书房

我回到四叔的书房时，瓦楞上已经雪白，房里也映得较光明，极分明的显出壁上挂着的朱拓的大"寿"字，陈抟老祖写的；一边的对联已经脱落，松松的卷了放在长桌上，一边的还在，道是"事理通达心气和平"。我又无聊赖的到窗下的案头去一翻，只见一堆似乎未必完全的《康熙字典》，一部《近思录集注》和一部《四书衬》。

分析： 通过鲁迅对鲁四叔书房的描述（对联和书籍的内容）可以看出，鲁四老爷是自觉维护封建制度和封建礼教的卫道士，他尊崇理学和孔孟之道，他懒散、自私伪善、冷酷无情，是造成祥林嫂悲剧的一个重要人物。

练一练 4-5

请认真观察下面的图，边观察边进行描述。

图4-4 示例图

（二）回忆性描述

回忆性描述是以回忆的方式再现事物或场景的一种描述方式。回忆性描述的特点是描述的事物不在眼前，需要通过回忆和联想组织材料，引导听者理解被描述的事物和场景。回忆性描述的基础是记忆，描述者要在准确记忆被描述对象的基础上，通过语言表达出来。追忆往事、缅怀故人、述说见闻、回忆场景等都可以使用这种方式。

小示例

背影（节选）
朱自清

我看见他戴着黑布小帽，穿着黑布大马褂，深青布棉袍，蹒跚地走到铁道边，慢慢探身下去，尚不大难。可是他穿过铁道，要爬上那边月台，就不容易了。他用两手攀着上面，两脚再向上缩；他肥胖的身子向左微倾，显出努力的样子。这时我看见他的背影，我的泪很快地流下来了。

分析： 父亲艰难地爬过铁道买橘子时的背影最让"我"感动，最能体现父亲对"我"的关爱。作者通过细致的描述，将这种浓浓的父爱呈现在读者面前。这种细致入微的描述是基于作者对父亲形象和动作的深刻记忆才能如此传神的。

图4-5　背影

练一练 4-6

请将你印象最深刻的一次比赛或活动描述出来，要求点面结合。

（三）创造性描述

创造性描述是以现实为基础，通过合理想象和联想进行的一种描述方式。它建立在观察性描述和回忆性描述的基础上，需要描述者在平时细心观察生活，合理推想事件的前因后果、来龙去脉，揣摩人物的心理活动，推测事物的发展变化。

练一练 4-7

1. 用生动形象、通俗易懂的语言描述古诗《早春》所描写的景色，可加上适当的想象。

早春
〔唐〕韩　愈

天街小雨润如酥，草色遥看近却无。
最是一年春好处，绝胜烟柳满皇都。

2. 请以"二十年后的我们"为题进行创造性描述。

二、描述的要求

（一）内容真实，详略得当

在描述事物或场景时，要符合生活的实际，全面真实地反映被描述对象的基本状况，不能以偏概全,不能夸饰、虚美。在描述场景时,不仅要真实地描述过程,还要注意详略得当,不可面面俱到。

小示例

图4-6 少年闰土

少年闰土(节选)

鲁迅

深蓝的天空中挂着一轮金黄的圆月,下面是海边的沙地,都种着一望无际的碧绿的西瓜。其间有一个十二岁的少年,项带①银圈,手捏一柄钢叉,向一匹猹尽力地刺去。那猹却将身一扭,反从他的胯下逃走了。

分析: 这是鲁迅先生在《少年闰土》一文中对少年闰土形象的描述,有景有人,动静结合,寥寥数笔就勾勒出了一幅夜下少年刺猹的画面。

(二) 抓住特征,形象传神

描述是为了让对方更加细致、直观地感受和把握描述对象,因此,描述者要在观察的基础上,抓住所描述事物最突出的特征,准确反映事物的本质,还要形象描摹事物和场景的细节特点,传神地将其反映出来,表达人物情感,渲染环境气氛,使人产生如见其人、如临其境的感觉。

小示例

套中人(节选)

〔俄〕安东·巴甫洛维奇·契诃夫

他(指别里科夫)也真怪,即使在最晴朗的日子,也穿上雨鞋,带着雨伞,而且一定穿着暖和的棉大衣。他总是把雨伞装在套子里,把表放在一个灰色的鹿皮套子里;就连那削铅笔的小刀也是装在一个小套子里的。他的脸也好像蒙着套子,因为他老是把它藏在竖起的衣领里。他戴黑眼镜,穿羊毛衫,用棉花堵住耳朵眼。他一坐上马车,总要叫马车夫支起车篷。总之,这人总想把自己包在壳子里,仿佛要为自己制造一个套子,好隔绝人世,不受外界影响。现实生活刺激他,惊吓他,老是闹得他六神不安。也许为了替自己的胆怯、自己对现实的憎恶辩护吧,他老是歌颂过去,歌颂那些从没存在过的东西;事实上他所教的古代语言,对他来说,也就是雨鞋和雨伞,使他借此躲避了现实生活。

分析: 这是契诃夫在《套中人》一文中对别里科夫形象的描述,作者紧紧抓住别里科夫把一切都装在套子里的特征,形象传神地写出他躲避现实的性格特点。

---

① 说明:现在写作"戴",这里遵照原文,未加改动。

（三）合理修辞，语言生动

描述时要选取优美生动的语言，合理使用拟人、比喻、对比、夸张等修辞手法，还可以使用语气词，使描述对象生动形象、立体可感。

小示例

荷塘月色（节选）

朱自清

曲曲折折的荷塘上面，弥望的是田田的叶子。叶子出水很高，像亭亭的舞女的裙。层层的叶子中间，零星地点缀着些白花，有袅娜地开着的，有羞涩地打着朵儿的；正如一粒粒的明珠，又如碧天里的星星，又如刚出浴的美人。微风过处，送来缕缕清香，仿佛远处高楼上渺茫的歌声似的。这时候叶子与花也有一丝的颤动，像闪电般，霎时传过荷塘的那边去了。叶子本是肩并肩密密地挨着，这便宛然有了一道凝碧的波痕。叶子底下是脉脉的流水，遮住了，不能见一些颜色；而叶子却更见风致了。

图 4-7 荷塘月色

分析： 这是朱自清《荷塘月色》的一个片段。在这段描述中，作者运用了比喻、通感等修辞手法，生动形象地描绘出荷塘中的荷叶、荷花，画面动静、虚实结合，浓淡相宜，将月光下荷塘的美淋漓尽致地表现了出来。

练一练 4-8

1. 认真阅读下面的文字，分析描写的特征。

最令我难忘的还是到达军营的第四个夜晚。夜深了，很静。"嘟、嘟、嘟。"三声清脆的哨音划破了整个山谷的沉寂，也把我从梦中惊醒。是三声！紧急集合！我随手去拉灯绳。"别开灯！"不知哪里来的一声提醒了我。紧急集合是不允许开灯的。此刻，我们住的营房可"炸了锅"。"嘿，我的衣服呢？""手电，快给照照！""现在几点了，还没睡好呢！""甭啰嗦，只有三分钟！""喂，回来，你穿的是我的鞋！""哗啦！""床塌了？""嚷什么，我把脸盆端翻了！"……这时的我，用热锅上的蚂蚁来形容，是一点儿也不过分，好不容易胡乱套齐了衣服，背包却怎么也打不上，脑门上急出一层汗。打了折，折了打，折腾了两三次就是打不好。心里一慌连手指也给缠了进去。最后干脆一咬牙，横七竖八地给被子来个"五花大绑"，就往肩上一扛，跳下地，拖拉着鞋，冲出门外……

2. 请认真组织一段语言，描述你的父亲或母亲。

知识岛

品一品，古诗中描述山水的诗句

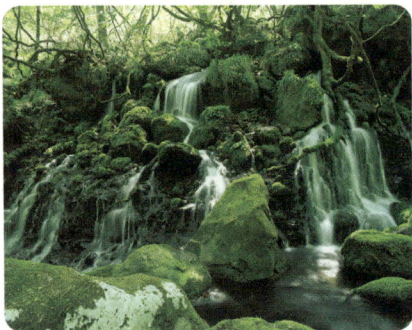

图 4-8　山水

千山鸟飞绝，万径人踪灭。(柳宗元:《江雪》)

白日依山尽，黄河入海流。(王之涣:《登鹳雀楼》)

国破山河在，城春草木深。(杜甫:《春望》)

明月出天山，苍茫云海间。(李白:《关山月》)

种豆南山下，草盛豆苗稀。(陶渊明:《归园田居》)

横看成岭侧成峰，远近高低各不同。(苏轼:《题西林壁》)

水何澹澹，山岛竦峙。(曹操:《观沧海》)

天门中断楚江开，碧水东流至此回。(李白:《望天门山》)

日出江花红胜火，春来江水绿如蓝。(白居易:《忆江南》)

第三节　评述训练

课前五分钟

范读

欣赏精彩的人物评述。

　　李白:你，从页页诗篇走来，酒入豪肠，三分剑气，七分月光;你，向历史深处走去，秀口一吐，半个盛唐。仙骨豪情，傲岸不屈，风情万种，仗笔独行。你轻舟一解，整条长江就诗意奔腾;你亮丽的文字，刺痛了一双双习惯黑暗的眼睛。

　　屈原:世人皆醉，唯你独醒。尘世昏暗，万马齐喑，而君秉持高洁，疏离邪恶，壮志可与日月争光。于是，孤独成为一种伟大的情感;于是，死亡成为一种唯美的跨越。自你归去，汨罗江畔的墨香和正气升腾了千年。

　　项羽:滚滚乌江东逝，汇成一段历史。公元前 202 年，一头雄狮在这里倒下，汉王朝从此抬起骄傲的脚步，一路奔跑。人杰鬼雄，英名千秋难慰一腔热血;拔山盖世，壮歌一曲尽抒万丈悲情。昔日霸王，英雄气未敛，本该东山再起，何言无面?

　　诸葛亮:丞相祠堂仍在，隆中旧梦已远。为酬三顾，先生在历史舞台闪亮登场。空城观景，胸藏精兵百万;轻摇羽扇，已成天下三分。然出师未捷身先死，孤忠一片,可叹蜀道寒云。江流石转,千古成败付诸笑谈,先生之名如不坠的孔明灯,永照汗青。

曹操:三国群雄,首推曹操。文不如曹植,武不如吕布,谋不如诸葛亮,工不如满宠……可是又有谁可以超过曹操?超过这位三国第一人?原因何在?"吾任天下之智力",曹操如是说。吾无才,天下之才皆我之才,凭着超凡的政治才能,曹操在三国舞台长袖善舞,独领风骚。

案例导航

大学生做按摩师是人尽其才还是资源浪费

【新闻背景】　在兰州一家足疗企业,有20多位大学专科或本科的毕业生正在从事足疗师或指压按摩师的职业,他们的目标是从最底层做起,最终走向管理岗位。但对于一些家长而言,大学生从事这一行业让他们颇为不理解。大学生做按摩师究竟是人尽其才还是资源浪费?

图4-9　大学生做按摩师

【评述】　学生认为,在当前的就业形势下,先从最底层做起,最终走向管理岗位,是一种明智而理性的选择;家长则认为,在学校读了16年的书,手里握着大学文凭,如果去做足疗师或按摩师,这书不就白读了吗?

于是,学生与家长在就业观点上的碰撞引发了以上关于"大学生做按摩师究竟是人尽其才还是资源浪费"的讨论。其实,学生与家长的观点之所以冲突,其根本原因在于双方对人才是否被充分利用的标准无法达成一致。学生认为,实际工作能力是标准;家长则认为,学历才是标准。我认为,能否在工作中充分发挥自己的特长、优势,才是标准。

还记得前几年也有过类似的事情。一名北京大学的学生在毕业后选择回家乡卖猪肉。当时很多人都认为这位学生的做法是一种资源浪费。可是如今,那位大学生的生意已经做得相当好了,在当地也成了知名人士。

其实,每一个行业都有各自的门道。读书读得越多,也就越能明确自己的特长、优势,也就越能在某一行的业务领域中钻研下去。因此,我认为大学生做按摩师并不一定就是资源浪费。如果他们真的能在这一行当里充分发挥自己的优势、特长,说不定几年后,他们也会成为按摩师中的"状元"。

分析:这是一则针对事件的评述,评述者先将学生与家长的两种观点罗列出来,再引出自己的标准,并按照这一标准评判大学生做按摩师究竟是人尽其才还是资源浪费。

学海泛舟

评述是对客观事物或现象发表自己见解的一种表达方式。"述"是用复述或描述的方法介绍要评论的内容，"评"是表达自己的见解和感受。

评述在日常生活、工作、学习中具有广泛的用途。人们常会遇到各种问题，需要表明自己的意见与观点，强调自己的态度与立场。同时评述也是一种最基本的口语表达形式。评述性语言在教育教学中也被广泛使用，是教师从事职业活动不可缺少的口语表达形式。

评述与复述、描述不同，复述、描述是把已经感知的原材料以不同的方式再现出来，而评述不仅要再现材料，还要表达个人的感受或观点。评述是"评"和"述"的结合，"述"是基础，"评"是目的。在评述过程中，往往是述中有议，议中有述，相辅相成，相得益彰。

一、评述的要求

（一）实事求是，客观公正

"评"要客观公正，"述"要实事求是，这是评述的基本要求。在"述"的时候要尊重事物或事件的原貌，不能以偏概全，歪曲事实，要做到准确、真实；在"评"的时候要客观表达个人观点和态度，公平公正地做出评价，不能依据个人好恶，主观片面地下结论。

（二）观点明确，论述有力

评述的关键在于表达对事物或现象的观点、看法，因此，评述时观点要明确，让听者清楚地知道你赞成什么、反对什么，态度要鲜明，切忌模棱两可、前后矛盾。在有了观点后，论据要充分，做到言之有据，论证要合理，做到以理服人。

（三）语言准确，逻辑严谨

评述的语言要准确。"述"要浅显易懂、简练明快，让听者能够比较容易地理解和接受；"评"要明确达意、要言不烦、提纲挈领，让听者能够抓住重点和关键点。在评述时要注意表达的条理性及语言的逻辑性。

二、评述的分类

在发表意见与看法（大到评述国内外大事，小到评述街谈巷议）时，都要用到评述。从评述的方式来看，主要可以分为以下三类：

（一）先述后评

先述后评是指用复述或描述的方式叙述要评论的内容，然后再进行评论的评述方式。在评述人物、见闻或者别人的讲话时，都可采用这种方式。

按照"评""述"的表达者不同，可以分为自述自评和他述我评两种。自述自评是评论者自己对评述对象进行复述或描述，然后自己再进行评论；他述我评是评述者在听了别人的复述或描述后，再根据自己的感受进行评论。

先述后评是最简单、最基本的评述方式，也是最符合人们由具体到抽象的认识规律的评述方式。评述时要注意平衡结构,避免"述"得过多,"评"得过少,同时做到观点集中,有针对性。

小示例

名人也有无知时

名人有时也很无知,学识渊博的恩格斯就闹过"请鸭嘴兽原谅"的笑话。那是 1843 年的事情了,恩格斯在曼彻斯特看到一枚不太多见的蛋,有人告诉他,这个蛋是鸭嘴兽下的。恩格斯听了哈哈大笑,说鸭嘴兽是哺乳动物,不可能下蛋,把人家也搞糊涂了。后来恩格斯心里不踏实,查阅了资料,他发现自己竟然在这个常识性问题上十分无知。后来他经常提起这件事,在给朋友的信中,他说他做了一件"事后不得不请鸭嘴兽原谅的事情"。大千世界,无奇不有,人的认识永无止境。对于客观世界"无知"是绝对的,"有知"是相对的。恩格斯的不凡,在于他毫不掩饰自己的某些"无知",而且,有及时弥补自己某些知识空白的热情。对于现在有了一得之见便沾沾自喜、一窍不通也好为人师的人来说,恩格斯给他们上了一课。

图 4-10 请鸭嘴兽原谅

分析: 在这个语段中,作者先简述鲜为人知的名人轶事,然后进行议论,指出恩格斯"无知"的原因,赞扬他对"无知"的态度,并针砭时弊,显得简练而深刻。

(二)先评后述

先评后述指先表达个人的观点,然后选取能足够支持自己观点的材料以证明自己的观点。这种评述方式把立场、观点先摆出来,然后再点明评述的对象或内容,这有助于听者直接、迅速地了解观点,引起听者的注意,产生"先声夺人"的效果。但这种方式也容易造成突兀的感觉,使听者缺乏聆听的心理准备。评述时要注意突出重点,论述符合逻辑条理,切忌"评""述"分离,简单堆砌。这种评述方式一般适用于观点式的命题。

小示例

民法典,让生活更美好

编纂民法典是对现行的民事法律规范进行编订纂修,从而打通民事法律体系"血脉经络",实现对法律条文的"深加工"。

民法典的一大亮点,就是将"人格权"单独成编,彰显了 21 世纪信息社会背景下人格权保护的特殊价值。

法与时转则治,治与世宜则有功。法律的生长、完善,离不开其所处历史和文化的滋养。

未满 8 岁的孩子,偷偷用父母银行账户给网络主播打赏 10 万元,这钱能退吗?在小区被高空抛物砸伤,如果找不到扔东西的人,该找谁赔偿?租的房子还没到期,房东却把房子卖了,要求租户搬走,该怎么办?在十三届全国人大三次会议表决通过的《中华人民共和国民法典》中,这些问题都能找到相应法律依据。7编加附则、84章、1260款条文、超10万字内容,这部被誉为"社会生活的百科全书"的法典,必将深刻影响我们生活的方方面面。

(节选自《人民日报》中的《评论员观察:民法典,让生活更美好》,2020年6月1日)

分析: 这篇评述运用的就是先评后述。文章伊始,作者便阐明了编纂民法典的意义和民法典的亮点,然后再叙述民法典的出台背景和适用领域。

(三)边述边评

边述边评是指一边讲述事件,一边表达自己的观点和态度,"述"与"评"交错进行。这种方式一般在评述人比较从容、自由的状态下采用,可以随着事件的发展或评述内容的增加,依次发表自己的意见,使评述有针对性,观点更加明确、具体。同时,"述"和"评"这两种表达方式交替进行,即边述边评、有述有评,这更加有利于保持自己的谈兴。但这种述评方式要时刻注意归纳小结,否则容易在述评的过程中浮光掠影、泛泛而谈,难以言简意赅、切中要害。幼儿教师在教学中常常使用这种评述方式。

小示例

开学第一课开讲

9月开学季,有人欢喜有人愁,经过两个月暑假的放松,同学们、老师们该调整心态重新投入紧张的学习、工作当中了。开学第一天(9月1日)晚8:00,央视综合频道和教育部合作的大型公益节目《开学第一课》,也如约而至。2021年是《开学第一课》走过的第14个年头,全国各地的中小学生们,准备好上这堂电视公开课了吗?

经过14年的发展,《开学第一课》已经成为央视一个标志性的品牌节目,收视率一直稳居前列。因为它所传达出来的内容,不仅对青少年学生有实际教育意义,对学生家长有启发,而且还是一次全民接受爱国主义教育的机会。

2021年的《开学第一课》,仍然采用演播室录制与嘉宾连线相结合的"云课堂"模式,开讲嘉宾涵盖各行各业,都是孩子应该追的正能量之星。有"七一勋章"获得者张桂梅、李宏塔,航天英雄杨利伟、聂海胜、刘伯明、汤洪波,东京奥运会冠军巩立姣、杨倩,红色后代李亚中、都尔汗·拉齐尼、拉迪尔·拉齐,还有谢兴昌、彭洁、何晓莉,厦门大学研究生支教团代表等。

祖国的每一寸土地上,都回荡着青春和热血谱写的英雄壮歌;每一首壮歌的背后,都闪耀着理想信念的光芒。《开学第一课》每年都有一个主题,今年的主题是"理想照亮未来",整个课堂分四个部分:理想是火,点燃革命热血;理想是石,铺就奋斗征程;理想是路,开启幸福生活;理想是光,照亮复兴之路。

分析: 这篇对2021年《开学第一课》的介绍,采用了边述边评的方式,将对节目的介绍与对节目意义的评论穿插文中。

练一练 4-9

运用下面的材料做评述练习。

有人问美国第 28 任总统伍德罗·威尔逊："准备一份 10 分钟的演讲得花多少时间?"他说:"至少需要两个星期。"那人接着问:"准备一个 1 小时的演讲需要花多少时间?"他说:"需要一个星期。"那人又问:"那么,如果请你讲两个小时呢?"威尔逊立即回答:"不用准备,马上就可以讲。"

请根据你的理解,选择你擅长的评述方式对以上材料展开评述,注意"把话说得简练一些"。

知识岛

评和述的关系

1. 述是手段,评是目的

不述其事,评无依据;不评其理,述无意义。述和评是相辅相成的,但又不可平分秋色,更不可述重评轻。因为述是评的由头和依据,评才是述的主旨和归宿。述是手段,评是目的,它们的作用不同,因此要把重点放在评析上。

2. 述有选择,评有针对

要述的人、事、物、情节很多,在选择述的对象时需考虑评的针对性,即评的针对性决定了述的选择性。此外需注意的是,评的针对性是为了解决现实生活中的实际问题,应针砭时弊。

3. 述评相通,述评相联

述的材料与评的道理要相通相联,要紧扣一个中心,抓住一个角度,不可南辕北辙。如果述的材料与评的道理之间没有联系点,缺乏一致性,那就谈不上评述了。

第四节　讲故事训练

课前五分钟

看看下面这位老师是如何讲故事的,想想这能给你带来怎样的启发。

某幼儿园的阅读活动时间到了,孩子们赶紧坐好,这次老师讲的是《灰姑娘》的故事。

老师先请一个孩子上来给同伴们讲一讲这个故事。孩子很快就讲完了,老师对他表示了感谢,然后开始向全班提问。

老师:你们喜欢故事里面的哪一个人物? 不喜欢哪一个? 为什么?

幼儿:我喜欢灰姑娘,还有王子,不喜欢她的后妈和后妈带来的姐姐。灰姑娘善良、可爱、漂亮。后妈和姐姐对灰姑娘不好。

老师:如果在午夜12点的时候,灰姑娘没有来得及跳上她的南瓜马车,你们想一想,可能会出现什么情况?

幼儿:她会变成原来脏兮兮的样子,穿着破旧的衣服。哎呀,那就惨啦!

老师:所以,你们一定要做一个守时的人,不然就可能给自己带来麻烦。千万不要突然邋里邋遢地出现在别人面前,不然你们的朋友要吓着了。女孩子们,你们更要注意,将来你们长大和男孩子约会,要是你不注意,被你的男朋友看到你很难看的样子,他们可能就会被吓昏了!(老师做昏倒状,全班大笑)

老师:好,下一个问题,如果你是灰姑娘的后妈,你会不会阻止她去参加王子的舞会? 你们一定要诚实哟!

幼儿:如果我是灰姑娘的后妈,我也会阻止她去参加王子的舞会。

老师:为什么呢?

幼儿:因为我爱自己的女儿,我希望自己的女儿当上王后。

老师:我们看到的后妈好像都是不好的人,她们只是对别人不够好,可是她们对自己的孩子却很好,你们明白了吗? 她们不是坏人,只是她们还不能够像爱自己的孩子一样去爱其他的孩子。

老师:孩子们,下一个问题,灰姑娘的后妈不让她去参加王子的舞会,甚至把门锁起来,她为什么能够去,而且成为舞会上最美丽的姑娘呢?

幼儿:因为有仙女帮助她,给她漂亮的衣服,还把南瓜变成马车,把狗和老鼠变成仆人。

老师:如果狗、老鼠都不愿意帮助她,她可能在最后的时刻成功地跑回家吗?

幼儿:不会,那样她就可以成功地吓着王子了。(全班再次大笑)

老师:虽然灰姑娘有仙女帮助她,但是,光有仙女的帮助还不够。所以,孩子们,无论走到哪里,我们都是需要朋友的。我希望你们有很多很多的朋友。

老师:请你们想一想,如果灰姑娘因为后妈不让她参加舞会就放弃了机会,她可能成为王子的新娘吗?

幼儿:不会! 那样的话,她就不会到舞会上,不会被王子遇到,王子就不会认识和爱上她了。

老师:对极了! 如果灰姑娘不想参加舞会,即使她的后妈没有阻止,甚至支持她去,也是没有用的。那么,是谁决定她要去参加王子的舞会的?

幼儿:她自己。

老师:所以,孩子们,即使灰姑娘没有妈妈爱她,她的后妈不爱她,也不能够让她不爱自己。就是因为她爱自己,她才可能去寻找自己希望得到的东西。如果你们当中有人觉得没有人爱，或者像灰姑娘一样有一个不爱自己的后妈，你们要怎么样？

幼儿：要爱自己！

老师：对，没有一个人可以阻止你爱自己，如果你觉得别人不够爱你，你要加倍地爱自己；如果别人没有给你机会，你应该加倍地给自己机会；如果你们真的爱自己，就会为自己找到需要的东西，没有人可以阻止灰姑娘参加王子的舞会，没有人可以阻止灰姑娘当上王后，除了她自己。对不对？

幼儿：是的！！！

老师：最后一个问题，这个故事有什么不合理的地方？

幼儿：（过了好一会儿）午夜12点以后所有的东西都要变回原样，可是，辛黛瑞拉的水晶鞋没有变回去。

老师：天哪，你们太棒了！你们看，就算是伟大的作家也有出错的时候，所以，出错不是什么可怕的事情。我担保，如果你们当中谁将来要当作家，一定比这个作家更棒！你们相信吗？

孩子们欢呼雀跃。

案例导航

选材和语调

小张是刚刚参加工作的幼儿园老师，她发现自己在讲故事的时候，小朋友听不了一会儿就开始说话，甚至有小朋友干脆走开了。小张很纳闷，于是向资深的李老师请教。李老师听过小张讲故事后，对小张说："你选的故事太长，而且讲故事的时候语调太平，没办法吸引小朋友。"

分析：幼儿喜欢听故事，但由于他们注意力集中的时间短，因此不要选太长的故事。此外，在给幼儿讲故事时，要讲得生动有趣，能够吸引幼儿的注意。

学海泛舟

一、什么是讲故事

故事是通过生动、曲折、完整的情节，通俗而形象的语言，来反映社会生活的一种口头文学。讲故事就是把看到的、听到的或自己编的故事，用口语绘声绘色地讲给别人听。

在幼儿园,讲故事是寓教于乐的活动形式,是对幼儿进行教育的有效手段。会讲故事是幼儿教育职业的需要,是幼儿教师的基本功。

二、讲故事的类型和要求

图 4-11 幼儿教师讲故事

讲故事可以分为文讲和武讲。文讲是指在讲故事的时候动作幅度小,语调适中,表情含蓄一些,适合于小学高年级的学生。武讲是指在讲故事的时候表情动作适度夸张,语气语调变化较大,适合于幼儿园小朋友和小学低年级的学生。

讲故事的基本要求是"话""表"兼用,声情并茂。所谓"话"就是"讲","表"就是"表演"。作为幼儿教师,在给幼儿讲故事的时候,不仅要用动听的语言向他们述说故事,还要用极富特征的表情、手势、眼神等态势语"表演"故事,做到声情并茂。

三、讲故事的准备工作

(一) 精心选材

在给幼儿讲故事时,所讲的故事要经过精心挑选,主要标准有以下几点:

(1)思想内容健康鲜明,有教育意义。

(2)情节曲折生动,人物形象鲜明突出,趣味性强,有吸引力。

(3)故事的表现手段符合幼儿的思维特点。

(4)故事的语言浅显生动。

(二) 加工改造

1. 语言改造

语言改造是指把书面语改成口头语,做到词语口语化、句式口语化及口语儿童化。口语儿童化是指讲述的语言是符合儿童心理特点、儿童语言习惯的规范化的口语。词语要浅显易懂、具体形象;句式要简单、短小、明快。

> **小示例**
>
> **口语化改造**
>
> **原文**:小猪往前走,看见前面有一只长耳朵、短尾巴、红眼睛的小白兔,就高兴地喊:"小白兔,我和你玩儿好吗?"
>
> **口语化**:小猪走着走着,忽然,看见前面有一只小白兔——长长的耳朵,短短的尾巴,红红的眼睛。哇!好漂亮啊!于是他就高兴地喊起来:"喂,小白兔,我和你一起玩儿,好吗?"

分析： 这里将"长耳朵、短尾巴、红眼睛"改成了"长长的耳朵，短短的尾巴，红红的眼睛"，使得小白兔的形象更加鲜活。另外，增加"哇！好漂亮啊！"这样儿童化的语句，更能吸引幼儿。

2. 设计开头和结尾

讲好故事的关键是要有好的开头和结尾，适合给幼儿讲故事的开头方式有以下几种：

（1）提问式。先提出一个幼儿感兴趣的问题，提问的时候语调要上扬，停顿的时间要稍长一些，然后让幼儿思考或者参与进来。

（2）议论式。针对教育目的，简单地阐述一个道理。

（3）介绍式。这种方式一般适用于节选的故事。

讲故事常用的结尾方式有以下两种：

（1）如果是长故事，且用分次讲述的方式，结尾宜采用悬念式。

（2）如果是短故事，宜采用提问式或总结式。

3. 处理语气和语调

（1）叙述语言形象生动。讲故事时要善于运用语调、停顿、重音、语速等技巧。语调要有抑扬顿挫的变化，节奏要鲜明，快慢适宜。

（2）人物语言的个性化。不同年龄、性别和身份的人，都有自己独特的声音。因此，在讲故事时，要运用不同的声音活灵活现地表现故事中的人物。比如，用声音的粗细来区分大人和小孩，区分男人和女人；用语速的快慢来区分年轻人和老年人；用不同的语调来区分不同性格的人。

（3）善于运用拟声词。在讲故事时，应多用拟声词，比如，模仿自然界的风声、雨声、流水声等，模仿动物的叫声，模仿汽笛声、枪炮声、喇叭声等，模仿人物的哭声、笑声和叹息声等，这些拟声词的运用可以让故事更加鲜活生动。

4. 设计动作和表情

讲故事时要恰当地运用自己的表情来模拟人物的表情；运用手或其他身体部位来模拟人物的动作形态或其他事物的形态。动作表情的设计要遵循自然、得体、适度、和谐的原则。

四、案例解析

小熊的礼物

再过几天，就是小刺猬的生日了。记得去年，小刺猬在生日许愿的时候曾说，希望自己有一件漂亮的衣裳。当时，她的三个好朋友都记在了心上。这不，小鹿、小马和小熊都早早地准备好了生日礼物。

终于，小刺猬的生日到了。那天，小刺猬特意在家里开了一个派对，迎接三个好朋友的到来。很快，三个好朋友结伴而来了。他们每个人都抱着一个漂亮的礼盒，脸上带着神秘的微笑。

小刺猬端出了生日蛋糕,他们围在餐桌旁,手舞足蹈地唱起了生日歌。最后,小刺猬许愿,吹灭了生日蜡烛。

这时,小鹿羞涩地说:"小刺猬,这是我送给你的生日礼物,希望你能喜欢!"小刺猬迫不及待地拆开盒子,兴奋地说:"呀,多漂亮的花布裙呀!"小鹿激动地说:"快穿上试试吧!"小刺猬点点头,飞快地穿在了身上。谁知,刚套进脖子,裙子就破了几个洞。小鹿尴尬极了:"小刺猬,真对不起,我忘记你身上长刺了!"

小马捧出了自己的礼盒,满怀期待地说:"小刺猬,快看看我的生日礼物吧!"小刺猬打开一看,又兴奋地说:"呀,原来是皮革大衣!"小马望了望小鹿,骄傲地说:"我知道小刺猬身上长刺,所以准备了这件皮革大衣! 小刺猬,你快穿上试试吧!"小刺猬点点头,又将皮革大衣穿了上去。皮革大衣很厚,果然刺不破。可是,小刺猬才穿了一会儿,就热得满头大汗。小马也尴尬极了:"小刺猬,真对不起,我忘记现在是夏天了!"小鹿望着他,幸灾乐祸地笑了。

现在,只剩下小熊没送生日礼物了,小鹿和小马都很好奇。小熊望了望他们,笑着说:"小刺猬,我也给你准备了一件衣服,快穿上试试吧!"说罢,小熊将礼物盒递到了小刺猬跟前。小刺猬抱着最后一丝希望打开一看,不禁愣住了:"咦? 这不是一盒水果吗? 哪是什么衣服呀?"小鹿和小马也异口同声地说:"是呀? 这哪是什么衣服呀?"

图4-12 小熊的礼物

小熊笑了笑,将水果倒在了地上,又将水果摆放整齐:"来吧,小刺猬,在上面滚一滚!"小刺猬半信半疑地打了个滚。结果,奇迹发生了。所有的水果都刺在了她的身上。最上面的是草莓,中间的是青梅,最下面的是杏子。从上到下,红、绿、黄条纹相间,简直漂亮极了!

小熊指了指小刺猬,笑嘻嘻地说:"瞧,这像不像一件水果珍珠衫?"小鹿和小马纷纷拍手说:"太像了! 这件水果珍珠衫不仅能穿,还能吃呢!"小刺猬感动地说:"谢谢,我好喜欢这件水果珍珠衫!"

小鹿和小马听罢,惭愧地低下了头。小刺猬继续说:"当然,我也喜欢花布裙和皮革大衣!"小鹿和小马呆呆地问:"真的吗?"小刺猬说:"知道我刚才许了什么生日愿望吗?"三个好朋友问:"什么愿望?"小刺猬微笑着说:"我希望,我们能永远相亲相爱地在一起!"话音未落,他们紧紧地拥抱在了一起。

(一) 选材分析

故事《小熊的礼物》的题材是幼儿非常喜欢的"过生日",这容易引起幼儿的共鸣。故事的主人公是四个拟人化的小动物,他们的行为举止儿童化,他们的语言儿童化,就像四个小朋友。

故事的开头设置了一个小小的悬念:好朋友们都知道小刺猬曾经许下的心愿是希望拥有一件漂亮的衣服;小刺猬又要过生日了,好朋友们还记得这个愿望吗? 他们给小刺猬准备了什么礼物呢? 这种巧妙的设计容易引起幼儿的兴趣。随后,情节的发生发展采取了先抑后扬的手法,小刺猬先是试穿了小鹿和小马送的衣服,可是一件被刺破了,一件又太厚了,故事情节在这里产生了曲折与波动,使原本美好的生日要产生遗憾了。在此时,听或读的幼儿心里可能会一沉,他们会急于知道:小熊送的衣服是什么样的,小刺猬会喜欢吗? 后面的情节发生了逆转,小熊送了一件水果珍珠衫,太别致、太完美、太出人意料了,在此,故事达到了高潮。正因为有了这样生动有趣而完美的高潮,才有了更加完美的结局——朋友们之间的感情更加亲密。该故事主题非常明朗,幼儿在听或读了之后会明白——小朋友之间要相亲相爱。在整个故事中,不管是故事的陈述语言,还是人物的对话语言,都充满了幼儿日常生活的气息。

(二) 故事的加工改造

1. 语言改造

把书面语改成口头语,便于讲述。

小示例

口语化改造

原文:记得去年,小刺猬在生日许愿的时候曾说,希望自己有一件漂亮的衣裳。

口语化:去年,小刺猬过生日,她许下的生日愿望是希望自己能够得到一件漂亮的衣裳。

分析: 这里对"记得去年""曾说"等较为书面的语言进行了改造,更易于幼儿理解。

2. 设计开头和结尾

(1) 开头的时候,老师可以先问幼儿"你的生日是哪天""你的生日愿望是什么"等问题,对于这些生活化的话题,幼儿可能会七嘴八舌地表达。这时候,老师再问:"小刺猬要过生日了,你们知道小刺猬的愿望是什么吗?"通过这个问题将幼儿的注意力自然地引入故事中。

(2) 结尾的时候,老师可以问幼儿"小刺猬的愿望实现了吗""这个故事告诉我们什么呀"等问题,让幼儿自己总结出这个故事所传达的积极意义。

3. 处理语气和语调

在这个故事中有四个拟人化的小动物,老师在讲述的时候,可以通过四种不同的声音来刻画四个小动物的形象。比如,可以通过故事中小鹿送礼物时表现出的"羞涩",小刺猬想要的礼物是"花布裙"这一线索,把小鹿和小刺猬处理成"女孩",用稍细、稍慢的声音来给小鹿"配音",用稍微明快的声音来给小刺猬"配音"。可以将小马和小熊处理成"男孩",声音稍粗。此外,为体现小马和小熊的性格特点,在表现小马说话时,语速可以稍快些,而小熊的声音可以稍厚重些、语速慢些。这样通过声音,幼儿就可以分辨出这四个小动物了。

此外,要运用语调、停顿、重音、语速等技巧,把故事中的一些提示性的词语表现出来,如羞涩、激动、尴尬、满怀期待、兴奋等。

小 示 例

表现提示性词语

小鹿<u>羞涩</u>地说:"小刺猬,这是我送给你的生日礼物,希望你能喜欢!"

分析: 这句话是小鹿在不确定小刺猬喜不喜欢她准备的生日礼物的情形下说的,所以语速要慢,声音要轻。

小鹿<u>激动</u>地说:"快穿上试试吧!"

分析: 这句话是小鹿在看到小刺猬的"兴奋"后讲的,所以语速要快,声音要大些。

4. 设计动作和表情

这则故事具有一定的表演性,所以在讲故事时要充分利用体态语。

小 示 例

设计动作和表情

小熊望了望他们,笑着说:"小刺猬,我也给你准备了一件衣服,快穿上试试吧!"说罢,小熊将礼物盒递到了小刺猬跟前。小刺猬抱着最后一丝希望打开一看,不禁愣住了:"咦? 这不是一盒水果吗? 哪是什么衣服呀?"小鹿和小马也异口同声地说:"是呀? 这哪是什么衣服呀?"

分析: 在讲小熊这段的时候,可以一边微笑着说,一边用手挠挠头,以表现出小熊憨憨的形态。小刺猬在打开盒子的时候是"抱着最后一丝希望"的,所以要表现出她那种既期待又害怕失望的表情,然后转成愣住的样子——瞪大眼睛,嘴巴微张,稍微停顿。这样就可以把小刺猬的心理状态表现出来了。

练 一 练 4-10

根据所学的讲故事要点,讲讲下面的故事。

骄傲的大公鸡

图4-13 骄傲的大公鸡

大公鸡觉得自己长着漂亮的羽毛,每天都能"报晓"提醒人们,村里家家户户都离不开它,是个特别了不起的大人物。

于是,它昂着头,挺着胸,大步大步地在鸡窝里踱步。母鸡看见了直摇头:"公鸡,公鸡,你这样人家都不会喜欢你的。""哼,我才不稀罕!"说着公鸡头也不回地走了。

鸭子看见了,对它说:"公鸡,公鸡,你这样是不对的。""哼,我才不在意!"说着公鸡头也不回地走了。

老牛看到了,对它说:"小公鸡,小公鸡,骄傲是最要不得的坏习惯啊!""哼,我就喜欢这样,不行吗?"说着公鸡头也不回地走了。

没过多久,村子里装了一个大喇叭,早上太阳升起的时候,喇叭里总是放着好听的歌曲。村里的人都听着喇叭声起床、劳作,再也不需要公鸡的啼叫了……

知识岛

讲故事的注意事项

1. 从看图讲述到脱离图书

幼儿生活经验不足,认知过程具有直观性,因此在给他们讲故事时,可先从讲图画书开始。教师可多挑选图画生动且文字少的书,以后再逐渐过渡到脱离图书听故事。当讲到幼儿听不懂的地方时,教师可以挑一些好看的图片和做一些有趣的动作给他们看,多讲几遍,以便他们理解。

2. 讲故事的时间不宜过长

1—2岁幼儿听故事的时间以他们是否能集中注意力为限度,当他们表现出注意力不集中或不耐烦时,应立即停止讲述;3岁左右以不超过15分钟为宜;4岁以上可延长到30分钟左右。在给幼儿讲故事时,要尽量做到有声有色、富有感情,要用普通话讲述。故事中的对话要力求用不同的语调,以引起幼儿的注意。

3. 吐字要清晰,声音要活泼

教师在讲故事时,要避免发音错误,语音语调要尽量生动活泼。

4. 要有体态语

讲故事时,除了言语的交流,教师同幼儿目光及肢体的交流对于其理解故事的内涵也很重要。教师要注意配合故事情节,用姿势、表情、语调等变化进行戏剧性的表演,以引起幼儿的兴趣。

5. 适当地设计问题来吸引幼儿的注意力,启发幼儿多动脑筋

教师应多提一些开放式的问题,如为什么、和谁、如何、何时、何地、为何等,给幼儿留有思考的余地,让他们自己去想象、去补充,这样不仅可以锻炼幼儿的语言表达能力,还可以培养幼儿的逻辑思维能力。

6. 多讲幼儿熟悉的故事

幼儿喜欢听已经听"烂"了的故事,这是因为当幼儿熟悉了这些故事之后,能够从中获得理解的满足感,也会感到很亲切。因此,教师在给幼儿讲故事时,要有足够的耐心,绘声绘色地多讲几遍给他们听。

7. 创设适宜的环境

在讲故事时,教师要与幼儿保持同样的高度,在安静舒适的环境里给他们讲故事。

8. 要用幼儿容易理解的方式讲解

教师应尽量使用清晰准确、生动有趣的语言,用词必须为他们所理解,如把长句子变成短

句子等。

9. 选择主旨积极向上的故事

教师应注意不能向幼儿讲述带有恐怖色彩和宣扬鬼神迷信的故事,以防给幼儿造成错误、消极的影响。

第五章　交谈训练

第一节　交谈的特点及要求

课前五分钟

大声读出下面的名言和谚语。

名言

（1）交谈时的含蓄和得体，比口若悬河更可贵。——培根

（2）钻研书本是一种倦怠而微弱的运动，无所激动，然而交谈却立即教导与训练我们。——蒙田

（3）两个人交谈，一个人可以洗耳恭听。但是，三个人则无法互谈这人世最严肃而应深究的事。——爱默生

（4）交谈中的妙语是盐，而不是食物。——威·赫兹里特

谚语

（1）射出的箭，说出的话。

（2）茶无盐，话无尾。

（3）说了不听，不说不懂。

（4）话要适听，水要适渠。

（5）吃一锅肉要有时间，喝一锅汤要有时间，听三句话要有时间。

（6）马不听使唤莫骑，话没有根据莫说。

（7）好话胜过良药，能治心中沉疾。

案例导航

秀才买柴

有一个秀才去买柴，他对卖柴的人说："荷薪者过来！"卖柴的人听不懂"荷薪者"（担柴的人）三个字，但是听得懂"过来"两个字，于是把柴担到秀才前面。

秀才问他："其价如何？"卖柴的人听不太懂这句话，但是听得懂"价"这个字，于是就

图 5-1　秀才买柴

告诉秀才价钱。秀才接着说:"外实而内虚,烟多而焰少,请损之。"(你的木材外表是干的,里头却是湿的,燃烧起来,会浓烟多而火焰小,请减些价钱吧)卖柴的人因听不懂秀才的话,便担着柴走了。

分析: 秀才想买柴,卖柴的人想卖柴,但是由于两人在交谈时,秀才使用了卖柴人听不懂的话,致使两人谁也没有达到自己的目的。交谈的时候,双方应使用对方能听懂的口语化的语言才能使交谈进行下去。

学海泛舟

交谈是指两个或两个以上的人共同参与的言语交际活动,是生活中人与人之间最直接、广泛、简便的交流方式,是社会交往、思想交流、信息沟通、加深友谊的重要手段。交谈在人际交往中的运用相当广泛,如寒暄、攀谈、聊天、问讯等都属于交谈。

幼儿教师在教育教学过程中,与幼儿、幼儿家长及同事之间都必须进行交谈,且在交谈的同时还承担着培养幼儿交谈能力的责任。

一、交谈的特点

(一)双向互动,听说交替

交谈活动是需要两个或两个以上的人共同参与才能实现的交际活动,所以具有较强的互动性,参与交谈的双方具有说话人和听话人的双重身份,既要说又要听。在交谈中,听与说是交错进行的,因此要做到听说兼顾,这样才能保证交谈的顺利进行。

(二)话题随机,机动灵活

一般情况下,交谈具有一定的目的性:或是为了沟通思想,或是为了交换意见,或是为了达成共识,或是为了劝谏他人。交谈中的话题可以事先想好,也可以中途转换,但有时候话题是随机提出的,是根据实际情况进行的比较自由的、随意的交流。在交谈的过程中,随着交谈双方思维的动态变化,谈话的内容也会随即发生变化。此外,一些外在的因素也可能导致话题的转变,如突然变化的天气、突然加入的人等。

(三)语句简洁,口语化强

交谈时,双方的信息交接速度快,信息量大,交谈的双方都无法预知对方的说话内容,回答时也不可能有充分的准备,所以交谈的语言就是日常生活中使用的口头语言。口头语言语句简洁、语法灵活,不讲究语句的完整性和严密性,甚至可以使用省略句,也可随时补充内容。

> **小 示 例**
>
> **交谈中的省略句**
>
> 下面是两个人的一段对话。
>
> "谁?"
>
> "我。"
>
> "干啥?"
>
> "上厕所。"
>
> **分析:** 简单的几个字就把一件事情交代清楚了,使用的句子是省略句,但是听说双方都能够明白对方的意思。

> **练 一 练 5-1**
>
> **将以上对话中省略的部分补充完整,用书面语言描述一下这段情境。**

二、交谈的要求

(一)态度真诚

说话的态度是决定谈话成功与否的重要因素,因为谈话双方在谈话时,会对对方的表情、神态极为敏感,所以在谈话的过程中,一定要给对方一个友善、认真、诚恳的感觉,如带着真诚的微笑、语言生动明快、语调柔和亲切、不以教训人的口吻说话、不摆出盛气凌人的架势等。此外,在交谈时不要夸夸其谈,也不可说大话、空话,更不能用假话欺骗他人。

(二)认真倾听

倾听是表达的基础,也是有效沟通的前提。倾听不但能够表现出听者对说者的尊重,而且能够使听者在交谈中抓住足够的、关键的信息,即听得明白才能说得到位。当他人的观点和自己的观点相左时,更要以足够的包容心去倾听对方的发言。

倾听的重要表现就是要给予对方一定的反馈,或者接受认可,或者补充阐释,或者协商探讨,或者存疑反驳,都应该有所反馈,不能听而不闻,漠然置之。需要注意的是,反馈要适时,切记不可中途打断他人的谈话。

(三)表达清晰

表达清晰的要求是:①交谈时使用的口语必须是约定俗成的语音、词汇、语法规范,避免造成交谈中的误解,保证谈话顺利进行,达到沟通的目的;②条理清晰,注意说话的逻辑顺序,避免过多的口头禅等;③准确使用称呼语、敬语,语气语调得当;④注意说话的语速,要缓急有致,使对方有回味和思考的余地。在谈到重点问题的时候,最好是缓慢而有力的,以引起对方的重视。

（四）察人观事

交谈是双方或者多方参与的言语互动活动,如要取得满意的谈话效果,就必须了解谈话对象,区分谈话场合,还要善于察言观色,把握好说话的分寸,灵活地选择谈话内容和谈话方式。比如:当交谈中发现对方对于所谈的话题表现出尴尬或者不知所措时,要及时转换话题;在劝慰遭受挫折、心情苦闷的朋友时,要轻声细语,设身处地地为其着想;在对方正处于兴奋、快乐的情绪时,不宜使用冷冰冰的语调与之交谈;与关系不够亲密的上司或异性交谈时,不可随意调侃。

（五）讲究礼仪

1. 措辞文雅

措辞的谦逊文雅体现在两个方面:对他人应多用敬语、敬辞;对自己则应多用谦语、谦辞。谦语对内,敬语对外,内谦外敬。

2. 礼貌进退

在参与别人的谈话之前应先打招呼,待征得对方的同意后方可加入。相应地,如果他人想加入己方的交谈,则应以握手、点头或微笑表示欢迎。需要注意的是,如果别人在进行个别谈话,不可旁听。如果确实有事需要与其中某个人说话,也应等到别人说完后再提出要求。谈话间如需暂离,应向对方表示歉意后再离开。

练一练 5-2

结合所学知识,说说下面案例中的两个人在交谈方面存在的问题。

不愉快的谈话

图 5-2 不愉快的谈话

小刘刚办完一个业务回到公司,就被主管马林叫到了他的办公室。

"小刘啊,今天业务办得顺利吗?"

"非常顺利,马主管。"小刘兴奋地说:"我花了很多时间向客户解释我们公司产品的性能,让他们了解到我们的产品是最适合他们使用的,并且在别家再也拿不到这么合理的价格了,因此很顺利地就把公司的机器推销出去一百台。"

"不错!"马林赞许地说,"但是,你完全了解客户吗? 会不会出现反复的情况呢? 你知道我们部门的业绩是和推销出去的产品数量密切相关的,如果他们再把货退回来,对于我们的士气打击会很大,你对于那家公司的情况真的完全调查清楚了吗?"

"调查清楚了呀!"小刘兴奋的表情消失了,取而代之的是失望的表情,"我是先在网上了解到他们需要供货的消息,又向朋友了解了他们公司的情况,然后才打电话到他们公司去联系的,而且我是经过你批准才出去的呀!"

"别激动嘛,小刘。"马林讪讪地说,"我只是出于对你的关心才多问几句的。""关心?"小刘不满地说道:"你是对我不放心吧!"

知识岛

交谈的四个原则

1. 礼貌

礼貌是交谈的首要前提。无论是口语还是态势语,都要体现出敬意和友善,要彬彬有礼;多使用礼貌用语,注意认真倾听。

2. 真诚

真诚的语言能敲开紧闭的心门,能瓦解不信任的防线,能架起友谊的桥梁。交谈要发自内心,不矫饰,不做作,不虚假,用真诚的话语打动对方。

3. 平等

交谈双方的身份地位可能不同,但人与人之间的人格是平等的,这种平等应该体现在坦诚的交谈中。面对地位比自己高的人不唯唯诺诺、畏首畏尾,面对地位比自己低的人也不应趾高气扬、盛气凌人。

4. 避讳

在交谈中应尽量避开可能会使对方不愉快的事,万一触及应该表示道歉。对于个人隐私、生理(心理)缺陷、家庭悲剧、特殊的风俗习惯等,都应该予以避讳,确实需要提起时一定要态度端正,不取笑、不轻率。

第二节　交谈技巧训练

课前五分钟

读一读,想一想。

不同的反应

前些日子我在宠物店看到一条小狗,很喜欢,经过一番讨价还价,把小狗买了下来。

晚上给二姐打电话,告诉她我买了一条博美,她非常高兴,马上问道:"狗狗是什么颜色,多大了,可爱吗?"

晚上,大姐打电话来询问我最近的情况,小狗在我接电话的时候叫了起来,大姐在电话里一听到有狗在叫,就问:"那狗脏不脏? 咬人吗? 有没有打预防针……"

同样是对于一条狗的理解,不同的人的反应会有很大的差别。二姐从小就喜欢狗,所以一听到狗,在她的脑海中就会描绘出一条可爱小狗的影像。而大姐的反应却是关心狗是否会给我们带来什么麻烦,在脑海中也会浮现出"肮脏凶恶的狗"的影像。

同样的一件事物,不同的人对它的认识和理解是有区别的。在日常的谈话与沟通当中也是如此。当你说出一句话来,你认为已经表达清楚了,但是不同的听众对此会有不同的反应,他们对这句话的理解可能是千差万别的,甚至可能理解为相反的意思,这将大大影响沟通的效率与效果。因此,在交谈的时候,需要细心地去体会对方的感受,做到真正用"心"去沟通。

案例导航

妙言巧答

明朝开国皇帝朱元璋幼时曾在皇觉寺为僧,他当时在寺内墙上涂抹过一些打油诗以消遣时日。后来他做了皇帝,怀旧之心顿生。他想起在皇觉寺为僧的那些日子,想看看那些打油诗还在不在,于是驾幸皇觉寺。朱元璋进入寺内,一言不发,四处寻找。方丈摸不着头脑,急忙启奏道:"圣上,您找啥?"

朱元璋气呼呼地说:"找啥? 找诗呀,朕当年题的那些诗呢?"

方丈方知大祸临头,"扑通"一声跪下道:"老僧该死! 老僧该死! 诗没了,我有罪!"

好在昔日这位方丈待朱元璋不错,朱元璋念及这一点,说:"朕念你当年对朕不错,免了你的死罪。"

图5-3　朱元璋和方丈

"不过……"朱元璋厉声问道:"朕的那些诗你为什么不保护好?"

这时方丈稍稍安下心,答道:"圣上题诗不敢留。"

朱元璋奇道:"为什么?"

方丈不慌不忙地答道:"诗题壁上鬼神愁。"

朱元璋又问:"那你把它擦了?"

方丈奏道:"谨将法水轻轻洗。"

朱元璋追问:"一点痕迹也没留下?"

方丈又奏道:"犹有龙光射斗牛。"

"好! 好! 不敢留就不留吧。"朱元璋终于转怒为善,笑逐颜开。他厚赐了寺僧而返。

分析: 方丈妙言巧答,终于化险为夷。在这里,方丈使用了两个技巧:一是看准了朱元璋千里为诗来的这种对诗的偏爱心理,来了个"投其所好",以诗答问,使朱元璋高兴;二是非常讲究对答时的语言技巧。当朱元璋问为什么不保护好那些诗时,方丈回答:"圣上题诗不敢留,诗题壁上鬼神愁。"这样既恭维了皇帝,交代了不敢留的原因,又避免直接激起皇上的不满。当朱元璋问诗句是否留下痕迹时,方丈答道:"犹有龙光射斗牛。"借用"张华掘得龙泉、太阿二剑"的典故,称赞皇上的诗非同一般,即使擦去了也"龙光犹存",使得朱元璋在不知不觉中化怒为喜。

学海泛舟

话人人能说,但不见得个个会说。在与人谈话时,必须始终意识到交谈双方同时兼有说话者和听话者的双重角色,意识到言语交往的双向性。换言之,要意识到自己的责任不仅是把自己的思想表达清楚,还应考虑怎样谈才能使对方产生兴趣,易于理解,并根据对方的各种反馈信息来调整自己的讲话内容和方式。

一、选择恰当的交谈方式

不同的交谈对象,他们的年龄、职业、性别、文化程度等方面存在着较大的差异性,这直接造成了他们在表达方式、接受能力、关注的问题等诸多方面的差异。在交谈的时候,要充分考虑到交谈对象的这些差异性,选择合适的话题、表达方式来与之交谈。比如在交谈内容的选择上:跟幼儿交谈时,不妨多谈谈他们的朋友、他们正在看的图画书和动画片等;跟老年人交谈时,可以多谈谈养生、饮食、保健等话题或谈谈他们的经历等。又如在表达的方式上:跟幼儿交谈时,一定要使用他们能够听懂的、简单的语

图 5-4　选择恰当的交谈方式

言,鼓励他们表达;对于善于表达的人,要多给对方说话的机会,让他们尽兴;对于性格内向的人,要善于诱导,激发对方说话的兴趣。

小示例

不恰当的交谈方式

有两名工作人员来到一家农户做调查,家里只有一位老大娘。其中一名工作人员问:"大娘,您贵庚啊?有配偶吗?"老大娘疑惑地问:"啥叫贵庚?啥是配偶?"另一名工作人员赶紧解释说:"就是问您多大年纪,有没有老伴儿。""直接问年纪和老伴儿不就得

了,还问啥贵庚、配偶的……"老大娘不满地嘀咕着。

分析: 工作人员在跟老大娘说话时,没有考虑到对象的身份和文化程度,没有使用通俗易懂的口语化语言,这导致了双方交谈的不顺畅。

二、 掌握言者的话中之意

交谈是信息接收、反馈的双向交流活动,听是交谈持续的重要环节,是获取信息的主要渠道,也是把握交谈节奏,掌握说话者真实意图的重要依据。具体要注意以下几个方面:

（一） 认真倾听，及时反馈

倾听时要神情专注,不要东张西望、心不在焉,也不可随意打断别人的谈话;要通过表情、眼神回应对方,以上身前倾的态势语,以微笑、点头或"这样""哦""嗯"等词表示自己在认真听。积极倾听既是对说话者的尊重,也是得到对方信任,保证交谈顺利进行的重要基础。

（二） 抓住中心，把握要点

交谈是由一个连续的对话流组成的,语音传递的速度很快,信息密集,特别是在对方连续说话的时候。倾听时要能够分清主次,抓住对方话语中的关键词句,理清条理,把握住对方的中心思想和主要观点。

（三） 用心品味，揣摩意图

交谈时,要做到边听边想,对对方说话的内容、观点加以思考、判断,掌握对方说话的目的、意图。对于说话比较委婉含蓄,喜欢旁敲侧击的交谈对象,听者更要善于辨识,不仅要听懂对方话语的表面意思,还要深入揣摩对方的真实意图,这样在交谈时才能做到有的放矢、从容应对。

小 示 例

螳螂捕蝉，黄雀在后

图5-5 螳螂捕蝉

吴王不顾大臣们的反对,执意要攻打楚国,并警告大臣们说:"谁反对,我就处死谁!"此言一出,大臣们当即惊慌起来:再劝说会遭到杀身之祸;不阻止又致国家遭殃。这时,吴王门客中有一个年轻人,天天拿着弹弓在国君的花园里转来转去,引起了吴王的注意。吴王问他:"你干什么呢? 露水把衣服打湿了还在转。"门客回答说:"您看花园中有个蝉,它爬在树梢上,一边喝着露水一边唱,叫得很欢却没发现有只螳螂正向它靠近。螳螂只顾捕捉鸣蝉,想美餐一顿,可哪知道旁边逼近的黄雀正要扑向自己。黄雀想吃螳螂之际,怎知我的弹弓已经瞄准了这只黄雀呀！这三个家伙，都只知道它们眼前的那一点甜头而已，看不到自己身后潜伏的灾难杀机呀！"吴王听了，自愧自悔只顾小利而忽略了大祸，断然放弃了攻楚的计划。

分析：在这段交谈中，门客在有大王警告不能明谏的情况下，采用了委婉含蓄的手法，以"螳螂捕蝉，黄雀在后"来劝阻吴王放弃进攻楚国的计划。吴王也正是听懂了门客的言外之意，才断然取消计划的。

三、把握恰当的说话时机

交谈不仅要考虑对象的特点，还要考虑交谈的时机。说话看时机，不仅是指对说话时间的把握，而且还指对说话场合的选择。例如，当有事找别人帮忙的时候，最好是在对方乐于接见你的时候去。正如一句至理名言所说："有什么事，等你父亲吃饱饭以后，再去请求他。"所以，说话要看准时机，交谈才会有效。

> **小示例**
>
> **裕容龄学舞**
>
> 中国第一位现代舞拓荒者裕容龄，年轻时随外交官父母迁居巴黎。由于受到旧礼俗的困囿，一直不敢进言学舞的愿望。一次日本公使夫人来做客，顺便问其母："你家小姐怎么不学跳舞呢？我们日本女孩都要学的。"裕母不便拒绝，顺水推舟道："往后让学吧！"裕容龄趁机进言了："好母亲，我今天就学日本舞跳给你看，好吗？"说罢便换上舞装跳起《鹤龟舞》，公使夫人夸赞不已，母亲也只好认可。
>
> **分析：**裕容龄的进言之所以能成功，全在于选择了正确的时机。

四、运用灵活的说话方式

交谈的话题丰富多元，交谈的对象、时间、场合也复杂多变，要想取得最佳的交谈效果，就要灵活地运用说话方式。

（一）开门见山，直陈其事

开门见山地提出话题，直截了当地回应问题，不掩饰自己的观点、态度，在较短的时间内让对方明白自己的意图，这种说话方式多用于比较熟悉的朋友之间，或者用在话题明确、容易沟通的交谈内容中。

> **小示例**
>
> **好友间的回应**
>
> 小王整理好行李正准备去机场坐飞机去杭州，突然家里的电话响了，原来是小王的好朋友莎莎。"小王，我想跟你说件事儿。"小王说："莎莎，我现在得马上去机场，我到了杭州后再给你回电话吧！""那好吧，等你安顿好了再打给我。"

分析: 小王对好朋友莎莎直截了当地说出了自己的状况——她现在时间很紧,需要赶去机场,从而获得了好友的理解。

(二) 曲径通幽,委婉暗示

当交谈中双方产生分歧,形成障碍时,或者有些话不便直说时,可以采用由远及近、以彼言此、借物喻人等办法,委婉含蓄地表达自己的看法,有的甚至可以引而不发,让对方自己领悟。

小示例

唯念陛下

图5-6 唯念陛下

李世民继位后,佛道之争非常激烈,而唐太宗这时十分推崇道教。当时有个名叫法琳的僧人写了本《辨正论》,宣扬佛教,结果引起唐太宗的不满。唐太宗一怒之下,把法琳打入大牢,并对他说:"朕听说念观音者,刀枪不入。现在让你念七天,然后试试我的宝刀。"法琳顿时吓得魂不附体。七天后,法琳面见太宗,说:"七天以来,未念观音,唯念陛下。"李世民听后,不仅免其死罪,而且还转变了自己的观念,大兴佛教。

分析: 法琳的高明之处在于,他用"未念观音,唯念陛下"这八个字把李世民比作大慈大悲的观音菩萨,这既让太宗杀人没了借口,又巧妙地赞扬了太宗,使他感到佛教于他的统治无害,为大兴佛教埋下了种子。

(三) 答非所问,模糊应对

对于不便直说的内容,可以故意含糊其词、模棱两可,甚至答非所问,让对方去品味、揣摩。这既避免了直面回应问题,又表达了自己的意见。

小示例

足够

1945年,美国在日本投下了两颗原子弹后,美国新闻界一个突出的话题是猜测苏联有没有原子弹,有多少。当时的苏联外长是莫洛托夫,当他率代表团访问美国时,在下榻的宾馆门前被一群美国记者包围。有记者问莫洛托夫:"苏联有多少原子弹?"莫洛托夫紧绷着脸,仅用一个简单的英语单词回答:"足够!"

分析: "足够"是一个含糊的回答,属于外交辞令,既回答了记者的提问,又保守了国家的机密。

（四）避而不谈，巧转话题

在交谈中，如出现冷场、冲突等令人尴尬的僵局，或者遇到不愿交流的话题，可以采用偷换概念、故意曲解、借物发挥等办法转换话题，避免窘境。

小示例

18元8角8分

一次，周恩来总理在北京的记者招待会上介绍了我国经济建设的成就，以及我国的对外方针后，谦和地请记者提问题。

一位西方记者问道："请问，中国人民银行有多少资金？"周总理幽默地回答："中国人民银行的货币资金嘛，有18元8角8分。"当他看到众人不解的样子时，又解释说："中国人民银行发行的面额为10元、5元、2元、1元、5角、2角、1角、5分、2分、1分的10种主辅人民币，合计为18元8角8分……"

分析： 西方记者的这个问题是在讽刺我国贫穷，周恩来总理用人民币的面额总数代替了银行的货币资金总额来回答，巧妙地避开了西方记者提问的真实意图。

（五）争取主动，以问代答

这种方法是指在面对对方尖锐的提问时，不正面回答对方的问题，而采取反问的方法把问题推回去，或者在反问中包含答案，鲜明地表达自己的态度。反答为问，既可以避免尴尬，又可以在交谈中争取主动。

小示例

不是那个价

在一次联欢会上，有人突然向一名小品演员"发难"，他们的对话如下：

观众：听说现在你在全国笑星中出场费最高，一场好几万，是吗？

小品演员：你的问题很突然——请问您是哪个单位的？

观众：我是电器经销公司的。

小品演员：你们经营什么产品？

观众：有电视机、录像机……

小品演员：你们一台录像机卖多少钱？

观众：至少4000元。

小品演员：那人家给你400元，你卖吗？

观众：不能卖，性能、品牌不是那个价呀……

小品演员：那不就结了？

分析： 小品演员没有直接回答观众的问题，而是采用了以问代答的方式，让观众自己说出答案，争取了交谈的主动权。

练一练 5-3

1. 情境模拟:

一次宴会上,一位30多岁的妇女要她邻座的一位男士猜她的年龄。那位男士笑笑说:"……"

如果你是那位男士,你将如何回答这位妇女的问题?

2. 情境分析:

鲁迅先生在原北京女子师范大学校董会上为爱国学生辩护,校长打断了他的话:"学校是有钱人办的,还是听听有钱人的高见。"鲁迅从兜里掏出一块银币,"砰"地放在桌上:"我有钱,我可以说话!"分析一下鲁迅先生的反击方式。

知识岛

常见的六种交谈方式

1. 倾泻式交谈

倾泻式交谈,就是人们通常所说的"打开天窗说亮话",即将自己的所有想法和见解统统讲出来,以便让对方较为全面客观地了解自己的内心世界。倾泻式交谈方式的基本特征是以我为主,畅所欲言。这种交谈方式易赢得对方的信任,且可以因势利导地掌握交谈的主动权,控制交谈的走向。但此种交谈方式会给人以不稳重之感,也有可能泄密。

2. 静听式交谈

静听式交谈,即在交谈时有意识地少说多听,以听为主。当别人说话时,除了予以必要的配合,自己主要是洗耳恭听。在听的过程中努力了解对方的思路,理清头绪,赢得时间,以静制动。这种交谈的优势在于,它既可表示谦恭之意,亦可后发制人,变被动为主动,但过程中要给予对方鼓励和必要的配合,否则就谈不上是交谈。

3. 启发式交谈

启发式交谈,即交谈一方主动配合那些拙于辞令的谈话对象,在话题的选择或谈话的走向上对对方多加引导、循循善诱,或者抛砖引玉,鼓励对方采用恰当的方式阐述己见。在采用此种交谈方式时,切勿居高临下,企图以此控制对方,也不可存心误导、愚弄对方。这种方式也常见于教师与幼儿的交谈中。

4. 跳跃式交谈

跳跃式交谈,即在交谈中,倘若一方或双方对某一话题感到厌倦、难以呼应或回答,交谈者及时地转而谈论另外一些较为适当的、双方都感兴趣的话题,避免冷场的尴尬,以使交谈顺利进行。跳跃式交谈虽可对交谈话题一换再换,但交谈者切勿单凭个人兴趣频繁跳换话题,让对方无所适从。谈话者要使双方处于平等的地位,共同选择适当的内容。

5. 评判式交谈

评判式交谈，即在谈话中听取他人的观点、见解后，在适当的时刻，以适当的方法恰如其分地进行插话，从而发表自己就此问题的主要看法。此种方式的主要特征是，在当面肯定、否定或补充、完善对方的发言内容。在涉及根本性、方向性、原则性问题的交谈中，有必要采取评判式交谈方式。采用这种方式的关键是要注意适时与适度，同时要彼此尊重、彼此理解、彼此沟通。切不可处处以"仲裁者"自居，不让他人发表观点，或是不负责任地信口开河，对他人的见解妄加评论，甚至存心与他人唱反调，粗暴无礼地打断别人的谈话。

6. 扩展式交谈

扩展式交谈，即围绕着大家共同关心的问题进行由此及彼、由表及里的探讨，以便开阔思路、加深印象、提高认识或达成一致。扩展式交谈的目标在于使各方各抒己见、交换意见，以求集思广益。扩展式交谈方式能使参与交谈的有关各方统一思想、达成共识，或者交换意见、完善各自观点。在进行扩展式交谈时，一定要注意就事论事，以理服人，善于听取他人的意见，切不可自命不凡、强词夺理。

第三节　交谈过程训练

🕐 课前五分钟

试一试，谈一谈。
与你的同学谈谈你印象中最深刻的一件事。

🚌 案例导航

求教针灸

有个青年人向一位老医生求教针灸技术，为了博得老医生的欢心，他在登门求教前做了调查。他了解到老医生平时爱好书法，遂浏览了一些书法方面的书籍。起初，老医生对他态度冷淡，于是，青年人在发现老医生几案上放着书写过的字幅时，便拿起说："老先生这幅墨宝写得雄浑挺拔、开阔劲健，真是好书法啊！"青年对老医生书法的赞赏，促使老

图 5-7　求教针灸

医生升腾起愉悦感、自豪感。接着,青年人又说:"老先生,您这写的是颜真卿所创的颜体吧?"这样,就进一步激发了老医生的谈话兴趣。果然,老医生的态度转化了,话也多了起来。

分析: 青年人之所以能够与老医生成功交谈是因为他采取了两种方法:①伺机赞赏;②激发兴趣。

学海泛舟

一、 选择话题

与熟人交谈时,自然可以开门见山地直接引出各种话题,但如果与人初次相识,或在参加社交活动时,则应认真考虑如何选择话题。初次见面,难免要做一番自我介绍。从某种意义上说,自我介绍是进行社会交往的一把钥匙。自我介绍要讲究适度,既不要自我贬低,也要避免炫耀自己,恰如其分地介绍自己,才能给人以诚恳坦率、可以一谈的印象。

在自我介绍之后,就要选择话题。为了能使话题成为初步交谈的媒介、深入细谈的基础和纵情畅谈的开端,话题应达到的标准是:至少有一方熟悉,能谈;大家感兴趣,爱谈;有展开讨论的余地,好谈。一般来说,找话题的方法有以下几种:

(一) 中心开花

在面对众多的陌生人时,以众人关心的事件为题,围绕人们的注意中心,引发许多人的议论,"语花"四溅,即中心开花。比如,食品安全问题、环境问题或是正在热播的电视剧等话题,都是大家相对比较关注的,也是大家爱谈又能谈的话题。

(二) 即兴引入

巧妙地借用彼时、彼地、彼人的某些材料(如姓名、籍贯、服饰、居室等)引发交谈,即兴引出话题,常常能取得良好的效果。比如,若对方谈及自己的家乡,而你恰好对那个地方有所了解,那么不妨从这个话题开始谈起,慢慢地就会找出其他的话题。即兴引入的优点是灵活自然、就地取材,其关键是要思维敏捷,能做由此及彼的联想。

(三) 投石问路

投石问路是指向河水中投块石子,探明水的深浅再前进,这样就能有把握地过河,谈话也可以这样。当与陌生人交谈时,可先提一些"投石"式的问题,略有了解后再进行有目的的交谈,这样便能谈得更为自如。比如,在聚会时见到陌生的邻座,便可先"投石",询问"您是主人的朋友还是同学",这样无论是朋友、同学还是合作伙伴,都能够更为顺利地进入交谈。

(四) 循趣入题

循趣入题是指先问明陌生人的兴趣,然后根据他的兴趣进入话题。因为对方最感兴趣的事,总是最熟悉、最有话可谈、最乐于谈的。比如,对方对养花很有兴趣,如果这也恰是你的爱好,自然可以交流体会。如果这不是你的爱好,你也可以请对方谈谈,从中受益。在了解对方兴趣的时候可以采用抛砖引玉的方法,先谈自己的兴趣爱好,从而引出对方的兴趣爱好,再寻找两者之间的"共鸣点",以此进入交谈。

图 5-8 循趣入题

二、 讲究对话方式

社交性谈话既不同于个人的自说自话,也不同于当众演讲,它是由交往双方的听与讲相互配合而构成的对话。对话的本质并非在于你一句我一句地轮流说话,而在于相互间的呼应。真正成功的对话,应该是相互应答的过程,即自己的每一句话都应是对方上一句话的继续,对对方的每句话都应做出反应,并能将其适当地引用在自己的话里。这样,彼此间在心理上就真正沟通了。交谈中不要过分以个人为中心,动不动就滔滔不绝地谈自己,光想自己的事,不给对方以应答的机会。对于这样的谈话,对方出于礼貌或许会听下去,但内心的不快却是不言而喻的。

为了能成功地进行对话,应避免以下十种不正确的对话方式:①打断别人的谈话或抢接别人的话头,扰乱别人的思路;②忽略了使用解释与概括的方法,使对方一时难以领会你的意图;③由于自己注意力的分散,迫使别人再次重复谈过的话题;④像倾泻炮弹似的连续发问,使人穷于应付;⑤对他人的提问漫不经心,言谈空洞,不着边际;⑥随便解释某种现象,妄下断语,借以表现自己是内行;⑦避实就虚,含而不露,让人迷惑不解;⑧强调某些与主题风马牛不相及的细枝末节,使人厌烦;⑨当别人对某个话题兴趣盎然时,强行把话题转移到自己感兴趣的方面;⑩将正确的观点、中肯的劝告说成错误的。

三、 注意转移话题

交谈时,要善于观察,并能及时调整交谈的内容和方式。在交谈的过程中,要注意对方的眼神、表情、姿态等细微表现,从而判断对方是否已经对话题感兴趣,这样可以使自己掌握谈话的分寸和进度,使得对方从不感兴趣变得感兴趣,从感兴趣变得更感兴趣。

一般来说,需要转换话题的情况有以下两种:

第一,自己对谈论的话题已失去兴趣,而对方却谈兴正浓,彼此难以谈到一块。此时,不必硬着头皮去听,而应当通过提出一个富有启发性的问题,或接过对方的某一句话,自然地转换到另一个双方都感兴趣的话题上。这样,对方的自尊和谈兴都不会受到损害。

第二,自觉、敏感地观察对方的反应,知趣地感受对方的暗示,约束自己的谈兴。例如,当对方表现出厌倦的神色时,当前的话题就应适可而止了。

练 一 练 5-4

根据你的谈话经验,谈谈你对以下两种情况的体会。

(1) 在交谈中,对方的哪些动作可能是在提示你,他对你的话题不感兴趣或正在失去兴趣?

(2) 在交谈中,对方的哪些动作可能是在提示你,他对你的话题感兴趣?

四、 谈话过程中的注意事项

在交谈中,要注意以下"小"事,这样能产生增进交谈效果的作用。

(一) 让先

让别人先说,一方面可以表现出你的谦虚,另一方面可以借此机会来观察对方,给自己一个测度的时间和从容考虑的余地。

(二) 避讳

不论与什么人交谈,都应对对方有所了解,适恰地避开某些对方忌讳的话题(如个人的隐私、疾病等不愿提及的事情),否则会引起对方的不快。要学会察言观色,一旦发现自己不小心触及了对方的忌讳,应立即巧妙避开。

(三) 幽默

恰到好处的幽默,能使人在忍俊不禁之中,体会到深刻的哲理,同时可以为社交增添活跃、愉快的气氛。但要注意的是,妙趣横生的谈话,来源于讲话者的修养和才华,不能强求。如果仅仅为了追求风趣的效果,而讲些格调不高的笑话,甚至不惜侮辱他人,则只能显出自己的轻薄与无聊。

小 示 例

幽默化解矛盾

王磊和李天都是刚进公司的小青年,王磊血气方刚,易冲动。李天则比较沉稳,具有幽默感。

一次,两人在工作中发生了摩擦,王磊怒气冲冲地将李天拉到外面的走廊里,说要找个时间选个地方跟小李决斗。

李天说:"我可不怕你。不过,时间、地点及武器由我决定。"

王磊同意了。

李天说:"时间就是现在,地点就在走廊里,武器用空气。"

王磊一愣,然后哈哈大笑。他挠了挠李天的胳肢窝,矛盾化解了。

分析: 幽默不仅能使你成为一个受欢迎的人,使别人乐意与你交往,愿意与你共事,它还是你工作的润滑剂,促使你更好、更快乐地完成工作,这样的效果往往是采用别的方法很难达到的。同时,幽默也是"成本"最低的一种沟通方法。

练一练 5-5

根据情境模拟回答问题。

飞机上，一名男乘客傲慢地命令乘务员："小姐，把我的行李放上去！"

乘务员微笑地回答道："先生，对不起，我一个人力量不够，我们一起抬上去好吗？"

那名乘客马上讥笑道："你不是天使吗？天使还放不上去？"

想一想：如果你是那名乘务员，你该如何回答该乘客的问题。

（四）口头禅

口头禅固然能体现个性，但多数是语言的累赘，即使内容相当吸引人，但如果加上若干个"这个""那个""嗯""啊"之类的口头禅，就如同在煮熟的白米饭中掺上一把沙子一样，令人难以下咽。所以，口头禅作为语言的累赘，应当剔除。

小示例

遗憾的讲座

某大学邀请一位颇有造诣的学者来校做一学术讲座。讲座结束后，校方组织部门随机访问一位听讲座的同学："同学，听了×先生的讲座，你最大的收获是什么？"同学稍一迟疑，回答道："据不完全统计，×先生在这次讲座中一共说了 397 个'啊'、406 个'那个'……"

分析：一场讲座以这样的结果呈现出来，恐怕不是学校的初衷。但是也从另一个角度说明一个问题：口语表达和学术水平一样重要，口头禅可能会毁掉一场原本精彩的讲座。

（五）插话

应尽量让对方把话说完再插话。当实在需要在中途插话时，应征得对方同意，用商量的口气说："对不起，我提个问题可以吗？"或"我插句话好吗？"这样可避免对方产生误解。

（六）平衡

谈话时要兼顾全局，不要冷落任何一个人。当谈话现场超过三个人的时候，应该不时地与在场的其他人攀谈，或是以目光进行交流，不能只是一味地和其中一两个人说话而不理会其他的在场者。一旦发现谈话场合中有某个人长时间沉默不语，就应该注意及时使其融入谈话的气氛中或者适当地提示他发表看法。

（七）包容

在参与多人交谈时，应表现出对谈话内容的兴趣盎然，而不必介意其他无关大局的地方。比如对方有浓重的乡音、读错了字或记错了日期等，只要不妨碍交谈进行，就没有必要当面指正。

知识岛

与幼儿交谈的技巧

1. 交谈的态度

（1）教师在与幼儿进行交谈时，应使眼睛与幼儿保持平视，面带笑容。

（2）说话时注意语气不能生硬，语调不可高扬，避免幼儿紧张。语气应轻柔，语调要柔和。

（3）在与幼儿交谈时，要善于倾听，尊重和鼓励幼儿。

2. 话题的选择

幼儿的生活阅历和知识经验都较少，交谈时的话题必然受到一定的限制。教师在选择话题时可以从以下三方面考虑：

（1）喜欢童话故事、卡通人物是幼儿的天性，当和他们谈起这些内容的时候，他们就会有永不枯竭的话题。

（2）家庭、朋友对于幼儿来说是自由快乐的源泉，教师可以和幼儿谈谈他们的亲朋好友，这些都可以引起幼儿的兴趣。

（3）每个幼儿都有喜欢的东西，教师可以发掘他们的喜好并以此作为交谈的话题。比如，可以和男孩儿谈谈小汽车，和女孩聊聊花裙子。

3. 交谈语言的艺术与技巧

（1）幼儿思维的具体形象性决定了幼儿对语言形象化的要求。描述性强的形象化语言能带给幼儿想象的快乐。

（2）幼儿对自我的评价还不完善，他们常常将教师、家长的评价作为对自己行为的判断依据。所以在与幼儿交谈时，教师要善于使用赞美、鼓励的语言，这会成为交谈的动力。

4. 肢体语言的运用

好动、喜欢模仿是幼儿的天性。因此，在与幼儿交谈时，教师可以恰当地运用手势、表情、眼神、体态等肢体语言，以此吸引幼儿的注意，使交谈更有情趣。

下编 | 幼儿教师口语

第六章　幼儿教师教学口语训练

第一节　幼儿教师教学口语的特点

课前五分钟

读一读，想一想。

　　春天到了,幼儿园大班的孩子们在老师的带领下来到了公园,一起来感受春天的阳光,春天的风,春天的小草,春天的花朵,春天的风筝,春天的小伙伴。孩子们太高兴了,不仅是因为能够到公园游玩,更重要的是因为老师打算在公园给他们上一节语言课,学习一首儿童诗《春姑娘》,让他们观察春天,表达对春天的感受。那么,老师要如何组织语言,才能把孩子们引入关于春天的诗情画意中呢?读一读下面这段教学语言,你是不是有所启发?

　　小朋友们,来到公园,你们玩得高不高兴呀? 春天的公园漂不漂亮呢? 哦,你们有没有发现,春天的公园与冬天的公园有什么不一样呢? 哦,春天很暖和,小草变绿了,柳树发芽了,漂亮的迎春花儿开了,春天的风很轻柔,许多人在放风筝,风筝飞得很高,孩子们都喜欢在春天出来玩。嗯,你们都喜欢春天,是不是? 那我们来看一首儿童诗,名字叫《春姑娘》,想一想,诗中的春天是不是和你看到的春天一样呢?

案例导航

猜谜活动:拯救谜语王国的公主(六班)

1. 游戏情景导入

　　导入语:小朋友们,今天老师接到了一个神秘的电话,我们一起来听听是什么样的电话吧。(播放"使者"录音)

　　小朋友们有信心去拯救公主吗? 但是,拯救公主要先学会猜谜语。我们把本领学好,再去救公主好吗?

2. 基本部分

　　(1) 介绍谜语的构成。(略)

(2) 教师示范猜谜。引导幼儿将谜底与谜面的每一句进行对应、检验。

谜面:耳朵长,尾巴短,只吃菜,不吃饭。(谜底:兔子)

师:老师猜这个谜语的谜底是兔子。那到底是不是兔子呢？小朋友们想一想,小兔子的耳朵是什么样子的？

幼:长长的。

师:兔子的尾巴是什么样子的？

幼:短短的。

师:兔子爱吃什么？

幼:爱吃萝卜爱吃菜。

师:那这则谜语的谜底到底是什么呢？

幼:兔子。

(3) 教师引导幼儿猜谜。

进入游戏环节:现在小朋友们学会猜谜语了,我们都是勇敢的小战士,让我们一起去拯救公主吧！(背景音乐响起,小朋友列队出发)

图 6-1　猜谜活动

① 第一关:谜语大门。魔王拦住去路说,要连闯三关才可救出公主,并出示第一关谜语:"脸上长钩子,头边绑扇子,四根粗柱子,一条小辫子。"(谜底:大象)

师:小朋友们动一动小脑筋,好好想一想,什么动物的脸上会长钩子？

幼:不知道。

师:猜不到没关系,我们继续往下看。什么动物的脑袋两边长着大扇子？(师用手在耳边做动作启发幼儿)

幼:大象(猪八戒)。

师:什么动物有四根粗柱子,四根粗柱子是什么？

幼:大象。四根粗柱子是大象的四条腿。

师:小朋友们回答得真好。那大象有小辫子吗？

幼:有(没有)。

师:那小辫子是什么呢？

幼:大象的尾巴。

师:小朋友们对大象可真了解呀,你们表现得太棒了！

教师引导:脑袋两边的扇子指的是什么？四根粗柱子和一条小辫子是这个动物的什么部位？

② 第二关:谜语树。(略)

③ 第三关:谜语盒子。(略)

④ 公主被成功解救,对幼儿进行表扬。

(4) 结束。(略)

(5) 小结。(略)

分析: 在导入部分,教师用一个神秘的电话激起了幼儿的好奇心,又设置了拯救公主的具体活动请幼儿参加,增强了他们参与的积极性。在教学活动中,教师耐心地用语言引导、鼓励幼儿,取得了良好的教学效果。

🚢 学海泛舟

一、 什么是幼儿教师教学口语

教学口语是教师在从事教学工作过程中使用的口头语言,它是根据教学内容和学生特点,为达到传授知识、表情达意等目的而采用的工作语言。教学口语既是教师从业的基本功,也是教师的基本职业修养。相对于日常生活中的口语,教学口语更规范。幼儿教师教学口语是特指幼儿教师在从事幼儿教学工作中使用的口头语言,相对于小学、中学、大学的教学口语,它不仅具有规范性、科学性等一些普遍特性,而且要符合幼儿心理发展的需求特点、幼儿教育特殊的语言要求,所以,幼儿教师教学口语具有幼儿教学工作特有的语言特点。

二、 幼儿教师教学口语的基本特点

幼儿作为特殊的教学对象,他们的身心发展具有一定的特点,有独特的思维模式与学习模式。幼儿处于口头语言学习的关键期,所以,幼儿教师的教学口语能否适应他们各方面的发展特点,对他们有着至关重要的影响。那么,幼儿教师教学口语有哪些特点呢?

(一) 语言具体形象,富有趣味性

幼儿词汇量较小,他们在进行思考的时候,需要具体的动作、事物、色彩、声音、形状等来辅助。在幼儿心中,周围的一切和自己一样,都有着鲜活的生命,有着丰富的情感:小猫受了委屈会像自己一样哭,小狗遇到高兴的事能像自己一样笑,小白兔像自己一样贪玩,小熊像自己一样喜欢吃糖,小草被人踩了会疼,风生气了也会气鼓鼓……这些都是幼儿具体形象且以自我为中心的思维特点的写照。为了适应幼儿的思维特点,幼儿教师在选择教学语言时,要具体形象、有趣味,这样才能更好地吸引幼儿。

幼儿教师在教学过程中,常常采用具体的动作、物体及富有变化的声音、色彩来进行讲解。

> **小示例**
>
> **美术活动: 有趣的表情 (托班)**
>
> 在幼儿园托班的美术活动"有趣的表情"中,老师拿出糖让小朋友们品尝,小朋友们吃着糖,都高兴地笑了。然后,老师提示:"小朋友们相互看一看,笑的时候嘴巴是什么

样子的？小朋友的嘴巴是向上翘起来的。"这时,老师通过笑的具体动作让幼儿了解笑脸最突出的特点。然后让幼儿根据观察到的笑脸特点,将笑脸画在纸上,加深幼儿对于笑脸的认识,以及对于高兴的情感体验。

分析：笑是人类脸部的一个表情,虽然用语言来描述也能说得清,但是,对托班的幼儿来说,他们的词汇量很小,要一下子理解与接受教师的描述是有一定困难的。在这个美术活动中,教师并没有直接用"笑"这个词来描述这个表情,而是运用了具体的动作和物体,即先让幼儿吃糖,然后因为糖很甜,幼儿自然高兴地笑了起来。这时,教师提醒幼儿相互观察,辅之以语言的具体描述,重点指出"嘴巴是向上翘起来的",幼儿便能一下子抓住"笑"这个表情的典型特点,并将这一特点用画笔表达出来。

幼儿教师的语言不仅要具体,而且要生动形象。

小示例

语言活动：美丽的春天（中班）

在中班语言活动"美丽的春天"中,老师为吸引孩子们找出春天的典型事物,将春天拟人化："小朋友,春姑娘多美丽呀,可是,她却很不高兴,因为她没有找到自己的朋友们。小朋友们愿不愿意帮帮春姑娘,为她找一找她的朋友们呢？"

分析：教师采用拟人化的方法,将春天比作春姑娘,这种形象化的手法特别符合幼儿"万物有灵"的思维特点,能够很好地唤起幼儿的兴趣和注意力,让他们热情地投入为春姑娘寻找朋友的活动中去。

艺术活动：水果歌（小班）

在幼儿园小班的艺术活动"水果歌"中,老师希望幼儿在钢琴曲《水果歌》的伴奏下,感受音乐的节奏和律动,并学唱歌曲。为了调动幼儿的兴趣,老师设计了大树哥哥这样一个形象,以大树哥哥找弟弟妹妹的故事导入活动。老师说："今天,我为大家带来了一个新朋友,他就是大树哥哥（出示图片）。可是大树哥哥今天好像不是特别高兴,为什么呢？他说,我觉得很孤单,我的身上只有绿色的叶子,看起来呀空荡荡的。小朋友们,请你们给我找个伴儿吧！原来呀,大树哥哥有很多的弟弟妹妹,他们都是一些可爱的水果宝宝。是哪些水果宝宝呢？他们就藏在老师要唱的歌里面,小朋友们,竖起你们的小耳朵,仔细听一听,第一个出现的是什么水果？"

分析：虽然幼儿对音乐的感受是具体的、感性的,但这种感受是看不见、摸不着的,所以教师很难把控教学。在这个活动中,教师将看不见、摸不着的音乐具体化、形象化、故事化,让幼儿化身为大树哥哥的小帮手——幼儿通过对音乐、歌曲的感受来寻找相对应的水果。

（二）语调亲切温和，富有引导性

幼儿教师是一个需要爱心与耐心的职业，在教学中尤其如此。幼儿处于启蒙阶段，还没有形成较好的学习习惯，掌握的知识少，理解力不强，这些都要求教师在教学时用亲切温和的语言耐心引导。

小示例

科学活动：夏天真热（大班）

在幼儿园大班的科学活动"夏天真热"中，为了让小朋友们了解夏天的季节特征，初步懂得防暑降温的方法，老师先讲了一个故事《小狗不热了》。"小狗黄黄夏天去旅行，他穿着小背心，可是还感到很热。他戴上一顶太阳帽，感觉凉快多了，可走了一会儿，又热了。他拿出一把小扇子，扇一扇，凉快多了。继续向前走，又热了。他又拿出一瓶橘子汁，凉凉的橘子汁喝下去，感觉凉快多了。"进而，老师引导："小朋友们，小狗采用了哪些方法来让自己凉快呀？"当小朋友们说了穿小背心、戴太阳帽、扇扇子、喝橘子汁之后，老师又引导孩子们："小狗黄黄有这么多办法让自己凉快，小朋友们还有哪些不一样的办法呢？"

分析：在本示例中，教师通过讲故事的方法引导幼儿学习防暑降温的方法。故事的主人公是一只名叫黄黄的可爱小狗，他在夏天避暑的方法就是幼儿常用的方法，如穿小背心、戴太阳帽、扇小扇子、喝凉凉的饮料等。教师用讲故事的方式，将避暑的方法呈现出来，引导幼儿去思考、去留意自己生活中常用却可能不大注意的方法，这样能让幼儿更易理解和接受科学避暑的方法，也更容易激发他们的思维。此外，教师并没有止步于此，她还用语言进一步去拓展幼儿的思维——"小狗黄黄有这么多办法让自己凉快，小朋友们还有哪些不一样的办法呢？"这样的语言引导，会让幼儿进一步思考更多的避暑方法，让他们的思维更加开阔。

数学活动：小羊请客（小班）

在幼儿园小班的数学活动"小羊请客"中，老师要让小朋友们学习、体会数学中的一一对应关系，发现一一对应的方法，并运用一一对应的方法发现物体的集合。为了让小朋友们理解，老师选择了小朋友们喜爱的小动物，并以游戏的方法来进行活动。游戏开始了，老师用语言导入游戏："小羊要请客了，他给前来做客的好朋友们准备了许多好吃的食物，有胡萝卜、青草、肉骨头、虫子。"接下去，老师继续引导："猜一猜，小羊的客人都有谁呢？"小朋友们通过自己的经验可以猜到：喜欢吃胡萝卜的是小兔子，喜欢吃青草的是小牛，喜欢吃肉骨头的是小狗，喜欢吃小虫子的是小鸡。这样，小动物形成一个集合，食物形成另一个集合，这两个集合之间是一一对应的关系，每一种小动物对应一种食物。

分析：集合、一一对应在数学的语言中都是抽象的概念，是幼儿难以理解的。为了便于幼儿理解与接受，首先，教师设计了"小羊请客"的游戏，利用幼儿喜爱的方式，帮助他们学习数学的抽象概念，让抽象概念具体化。其次，在游戏过程中，教师设计了具有引导作用的道具,比如胡萝卜等,还运用了引导性的教学语言,如"猜一猜,小羊的客人都有谁呢?"这样可引导幼儿去思考,将要出场的小动物与这些好吃的食物对应起来。在活动中,教师不是向幼儿直接讲授什么是一一对应、一一对应的方法是什么,而是通过符合小班幼儿年龄特点的游戏活动,通过他们喜欢的小动物,让幼儿自己去发现。这不仅有利于幼儿认知能力的发展,也有利于他们思维的发展与建构。

在实际教学过程中,教师的引导不一定都能马上奏效,这是教学过程中的常见现象,也是正常现象,如会出现在教师的一遍遍启发和引导之后,幼儿就是启而不发的情况。教师应当理智地接受,不要急切地逼迫幼儿,甚至情绪暴躁。因为越是这样的时刻,越需要教师的耐心、细心、贴心,越需要教师用温和亲切的话语去安慰幼儿。教师的引导语言没有发挥应有的作用,反思的应当是教师,而不是幼儿。反思大致包括这样几个方面:一是引导的切入点是否有问题,是否直接切入问题的关键所在;二是引导的语言是否准确,是否能让幼儿理解;三是引导的方式、方法是否适合幼儿。

(三) 情感真挚热情,富有激励性

幼儿时期是培养孩子自信心的关键时期,教师和家长的不断肯定、赞扬、鼓励,有利于孩子自信的建立。所以,在幼儿教师进行教学活动时,所采用的语言要富有激励性。当然,幼儿并不能将所有问题都回答正确,事事都做得特别好,回答错误或做得不好的情况在教学中也会常常出现。这时候,教师真诚、恰当的回应和鼓励就显得难能可贵。这里并不是指教师一定要正面肯定,不能否定幼儿,而是指要恰当地回应和鼓励幼儿,要根据幼儿的具体情况来回应。如果幼儿的性格外向阳光,当他做得不好时,教师可在鼓励他的同时,引导他吸取教训,并为他指出具体的方向。如果幼儿的性格较为怯懦,那么他愿意回答教师的问题或主动去做就需要很大的勇气了,因此即使他回答错误或做得不好,教师也不能直接否定他,而是要先真诚地表扬他,肯定他主动回答问题的勇气,然后再继续引导他、鼓励他,并希望他以后能保持勇气,树立信心。总之,教师要在幼儿表现良好时,用真挚的情感去肯定、赞扬他;在幼儿表现不尽如人意时,要热情地鼓励他,让他能够不断进取,保持对学习的兴趣与好奇心。

小示例

社会活动:爱

在幼儿园社会活动"爱"中,老师对孩子说:在家里爸爸妈妈爱小朋友,小朋友也爱爸爸妈妈;在幼儿园,小朋友们之间也要相互关爱。于是,老师让小朋友们用抱抱的动作表达爱。当小朋友们相互抱抱时,老师及时肯定他们:"抱一抱,我们都是好朋友,你们做得真棒!"后来,老师又讲到了小鸟学飞的故事,问小朋友们:"鸟妈妈爱小鸟吗?"有些小朋友回答不爱,这种答案显然不正确。这时,老师并没有直接否定幼儿,而是给予鼓励与引导。老师继续说:"小朋友是这样想的呀。那咱们再动一动小脑筋想一想,小鸟不会飞会怎么样?"当小朋友能够列举出小鸟不会飞的一系列后果后,老师给予了及时

图 6-2　小朋友用拥抱表示关爱

的肯定与表扬："小朋友的小脑瓜转得真快，想得真远，能说出这么多的后果——它找不到食物，会饿死；它躲不过老鹰，会被吃掉；冬天它飞不到南方，会冻死。那是不是小鸟一定得学会飞，才能活下去？鸟妈妈爱小鸟吗？"小朋友明白道理后会得出正确结论："鸟妈妈爱小鸟，她不救小鸟，是为了让小鸟更快地学会飞。"老师表扬："小朋友说得真好！"

分析： 在这个活动中，教师始终采用具有激励性的语言：当幼儿有精彩表现时，及时地肯定他们说得好、做得棒；当幼儿回答不正确时，教师没有直接否定，而是鼓励他们，然后从更细致的方面一步步地引导幼儿思考，直到幼儿得出正确结论。

（四）因人因境施教，富有针对性

幼儿处于不同的年龄阶段，身心发展具有不同的特点，幼儿教师要根据不同年龄段孩子的特点采用不尽相同的教学语言。不仅如此，即使是同一年龄段的幼儿，由于他们身心发展状况各异，性格特点不同，在教学中，教师所采用的教学语言也应有所不同。

1. 小班

小班的幼儿处于具体形象思维的初期阶段，生活经验不足，掌握的知识量、词汇量少，理解力不强，所以，教师在进行教学时，要选用精练的短句、单句，多采用浅显、富有生活性的词汇，语速要稍慢，语气要夸张，情感表达要鲜明具体，多用体态语，多重复。

2. 中班

中班的幼儿处于具体形象思维的发展阶段，生活经验、知识量都强于小班的幼儿，理解力相对较强，所以在教学中，教师采用的词汇要更丰富，句式也要灵活有变化，如陈述句、疑问句、祈使句等句式都可采用，单句、复句都要应用，这时的教学内容丰富了。

3. 大班

大班的幼儿虽仍处于具体形象思维阶段，但抽象思维已开始萌芽，所以在教学中，教师可以引入一些抽象的概念，增加复句的使用，使教学语言更加成熟。

下面来看幼儿园大班与小班两个不同年龄层次的语言活动，体会一下活动中教师的教学语言有何不同。

小示例

语言活动：好孩子自己走（小班）

在幼儿园小班的语言活动"好孩子自己走"中，教师试图通过谈话活动，引导小班的幼儿自己走路上幼儿园。针对小班幼儿对语言、对事情的理解水平，老师从幼儿自己的情况说起。首先,老师问:"今天来幼儿园,是谁送你们来的?"因为幼儿对自己的家人很熟悉,对他们的称呼也很熟悉,所以,大家都能回答老师的提问。接着,老师由幼儿身上转到课程内容中,让他们看图片并提问:"图片中的小朋友是如何上幼儿园的?"(有奶奶抱着的,有爸爸妈妈抱着的)老师又接着问:"你们是让家长抱着来的,还是自己走的?"然后再出示一些新图片,图上的幼儿是在家长的陪伴下自己走着来园的。老师问:"这些图片上的小朋友是怎样来幼儿园的?""你们觉得哪一种来幼儿园的方法更好呢?"

语言活动：小花籽寻找快乐（大班）

在幼儿园大班语言活动"小花籽寻找快乐"中,老师化身为小花籽,带着幼儿寻找什么是真正的快乐。首先,老师介绍自己的新身份并进行首轮提问:"我是一颗小花籽,把我种在土里,能开出美丽的、香香的花朵。今天,我悄悄地从妈妈的怀里蹦出来,要出去寻找快乐。小朋友,你们快乐吗?那谁来说一说,在生活中有哪些事情会让你感到快乐呢?"幼儿根据自己的情况回答老师的问题。接下去,小花籽看到太阳公公,问太阳公公是不是快乐,他说快乐,他给大家带来阳光和温暖,大家喜欢他。这时老师又提问:"小朋友,刚才谁听到太阳公公说话了? 太阳公公是怎么说的呀?"在幼儿回答后,教师继续讲故事。小花籽又看到小鸟、蜜蜂、青蛙,问他们是不是快乐,故事情节与遇到太阳公公类似,老师也提出相应的问题。最后,小花籽通过自己的努力开出漂亮的花朵,让大家闻到了花香,自己也很快乐。在教师的引导下,幼儿得出结论:小花籽知道了,只有用自己的本领为大家做事,才能得到大家的喜欢,才能感到快乐。

分析：小班与大班的幼儿不同,教师教学时提出的问题、采用的语言也不尽相同。小班幼儿的理解能力、语言能力有限,所以教师在设计问题时,用的是最简单的问句,这类问句的回答也只需要几个字,如是或不是、好或不好。比如,对于"今天来幼儿园,是谁送你们来的"这个问题,幼儿只需回答"爸爸""妈妈"等简单、熟悉的词句即可。而大班的教师所设计的问题则不同,提问的语言明显更加复杂,甚至有连问,比如:"小朋友,刚才谁听到太阳公公说话了? 太阳公公是怎么说的呀?"幼儿需要有更好的理解能力和语言的复述能力才能回答好这些问题。很明显,相对于小班的提问,大班的提问难度增加了,回答问题的要求也提高了。从教师提问的语言本身来看,小班教师的语言简单,基本没有修饰性词语,而大班教师的语言就丰富多了,修饰性词汇明显增多,如小花籽能开出"美丽的、香香的"花朵,"悄悄地"从妈妈的怀里蹦出来。

（五）用语准确规范，富有知识性

幼儿教师组织教学的一个很重要的目的是传授知识,所以教学口语要包含一定的信息量,让幼儿长见识、开眼界。教师在传授知识时,语言要准确。

小 示 例

科学活动：健康过冬（中班）

在幼儿园中班科学活动"健康过冬"中,老师让幼儿到室外感受冬天,在组织幼儿讨论冬天的风吹到身上、脸上、耳朵上时的感觉后,老师总结道:"冬天到了,冬天的风可厉害了,吹在身上很冷。"回到室内,老师让幼儿讨论有什么办法可以让自己暖和起来,这时老师又总结道:"冬天天气很冷,小朋友要穿厚厚的衣服,外出时要穿外套,戴帽子、手套、围巾,还可以通过使用取暖器、空调等电器提高室内温度,另外要多运动,多锻炼身体。"

分析: 在这个活动中,教师的目的是教会幼儿在冬天正确保暖,并将这些知识通过幼儿对冬天的直观感受引入,从而使幼儿更易记忆。

科学活动：奇妙的声音（中班）

在幼儿园中班的科学活动"奇妙的声音"中,老师准备了鼓、三角铁、木鱼、碰铃。老师敲击不同的乐器,会产生不同的声音,然后让幼儿听声音猜乐器。接着出示乐器,幼儿自由实验、交流:怎样可以让乐器发出声音。之后,老师让幼儿交换手中的乐器,再次实验,以感知不同材料的物体所发出的不同声音。最后,老师小结:"物体发生碰撞后会因振动发出声音;不同材料的物体,在经过打击碰撞后发出的声音不一样。"

分析: 科学活动往往需要揭示科学道理,而科学道理的表达需要准确的语言。在活动中,尤其是在教师的最终总结部分,所用的语言应科学、准确,能够很好地说明实验结论。总结的第一句话"物体发生碰撞后会因振动发出声音",这里实际上有两个关键词——"碰撞"与"振动",很准确地阐明了物体碰撞后会产生振动,振动后会产生声音。在幼儿的观察中,碰撞是很容易看到的,大部分幼儿都会观察到,但是振动这一细节,一些幼儿是看不到、感受不到的,即使看到了、感受到了,也不知怎样表达。但振动又是发声的重要环节,所以教师在总结时,用简洁的语言突出碰撞、振动。第二句话在第一句话的基础上又进一步拓展:不同材料的物体,在经过打击碰撞后发出的声音不一样。这里需要强调,第一句是基础,第二句是基于第一句知识之上的拓展,两句的顺序有很强的逻辑关系,不能颠倒。这也是教师教学语言准确性的表现。

练 一 练 6-1

1. 情境模拟:

幼儿园要求各位小班老师根据给出的儿童诗《吹泡泡》设计一段具有引导性的教学用语,还要求教学用语要符合小班幼儿的特点。请你来试试吧。

吹泡泡

呼——

吹泡泡,吹泡泡,

吹出一串大泡泡。

像西瓜,像气球,

像太阳,像脸蛋,

还像乌黑的大眼睛。

小朋友,想一想,

泡泡还像什么呢?

2. 情境模拟:

　　小丽老师要带幼儿园小班的幼儿认识圆形和方形,她很发愁。如果单拿一个圆形和一个方形的东西让幼儿认识的话,感觉缺少趣味性,幼儿肯定不喜欢。那么,用什么样的教学方法、教学语言才能既把圆形、方形的相关知识讲清楚,又能让幼儿喜欢呢? 请你来帮帮她吧。

知识岛

各阶段幼儿语言发展的特点

1. 小班幼儿语言发展的特点

　　这一阶段幼儿的发音器官尚未发育成熟,听觉的分析能力较差,语音的准确程度还不够,其语音听觉表象与语音动觉表象之间并不是吻合的,需要不断实践和调整。这一期间,成人的语音模式是非常重要的。在词汇上,该阶段幼儿能够运用并理解常用的词,如表示周围常见物体和各种活动的名词和动词。在形容词方面,他们可以掌握一些易于理解的、能直接感知的、能说明物体具体特点的词。在句式上,他们能用简短的语言表达自己的请求和愿望,能在集体面前讲述自己感兴趣的事。

2. 中班幼儿语言发展的特点

　　这一阶段幼儿的语音器官已发育成熟,能意识到自己和别人语音中的问题。如果幼儿对个别容易混淆的音发不准,应该及时矫正。教师应重点培养幼儿吐词清楚、调整声音强弱、富有声音表现力和支配自己呼吸等能力。教师对幼儿言语的质量要不断提出新的要求,使幼儿逐步做到大声、清楚、不慌不忙地说话。对于幼儿说话中出现的语病,要及时予以纠正。在词汇方面,该阶段幼儿词汇量大幅度增加,在掌握物体整体名称的基础上,可转入对事物各部分名称的认识。在动词方面,除了让他们能正确运用与日常活动相关的各种动词外,还要掌握一些意义相近的动词。在形容词方面,让幼儿学习运用多种形容词来描述事物。5 岁的幼儿已能按句法正确理解大部分的简单句,还能用完整的句子较连贯地讲述自己经历的事或图片上的内容,会有表情地朗诵儿歌和复述故事,能大胆、清楚地用语言表述自己的意见等。

3. 大班幼儿语言发展的特点

　　幼儿词汇的丰富、概念的形成需要通过大量的语言实践才能得到巩固。这一阶段幼儿的语言发展要以语音为基础丰富词汇,但幼儿掌握的词汇常常落后于思维的发展。要让幼儿从消极词汇状态过渡到积极词汇状态并非一次活动就能达到,需要多反复才能达到效果。该阶段幼儿以无意注意为主,有意注意为辅,因此,色彩鲜艳、形象生动、会发出声音的东西特别能引起幼儿的兴趣和注意。总之,教师在这一时期要正确引导和培养幼儿的注意力。

第二节　幼儿教师教学口语的基本技能训练

课前五分钟

> 想一想,说一说。
>
> 　　暑假结束了,幼儿园又要开学了。在家休息了整整两个月的小朋友们一下子不能适应幼儿园的生活,有许多小朋友在被送到园后就开始哭闹了。为了平复小朋友们的情绪,帮助他们再次适应幼儿园的生活,老师设计了一个谈话活动"我不想上幼儿园"。请你说一说,如果你是老师,你会怎么做呢?

案例导航

散文教学活动: 很大很大的爸爸

1. 谈话开始,引发兴趣,引入散文

(1) 小朋友们,大家好! 今天呀,先请小朋友们谈一谈自己的爸爸。你的爸爸是长什么样子的?

(2) 老师今天介绍一位小朋友眼中的爸爸,看一看,他的爸爸长什么样子。小朋友们将这位爸爸和自己的爸爸比较一下,看看他们之间有什么相同之处,又有什么不同之处。让我们来听一听儿童散文《很大很大的爸爸》。

2. 听散文

教师放配乐散文录音,让幼儿整体感受文章。

图6-3　很大很大的爸爸

3. 朗读散文

教师先示范朗读,然后带领幼儿逐句反复朗读三遍,再逐句讲述,引导幼儿体验散文的语言美及父子间的亲情。(同时播放课件)

(1) 散文的题目,小朋友们还记得吗? 题目是《很大很大的爸爸》。很大很大的爸爸,到底有多大呢?

(2) 他站着的时候,像一座高楼。小朋友们见到过的高楼有多高? 这位小朋友的爸爸就像高楼那么高,你们说,他的爸爸大不大? 更有意思的是,这位小朋友说,他爸爸这座高楼,脚是第一层,手是第二层,肩是第三层。这位小朋友的爸爸比三层楼还高呢。

（3）这位小朋友说,要爬爸爸这座楼,爬呀爬,要使出爬山的劲儿,才能爬上去。小朋友们中有谁爬过山? 在爬山时费力不费力,山高不高,你花了多长时间爬上去?

（4）山太高了,小朋友个子小,爬山要用好长时间,还出了好多汗,费了好多劲儿。爬爸爸这座楼也是一样费劲儿,为什么呢? 爸爸这座楼太高了,太大了,而小朋友和爸爸相比较就太小了。小朋友站在爸爸面前,就好像站在一座大山或一座大楼面前。当小朋友们站在很大很大的爸爸面前时,会有什么感觉?

（5）爸爸很强大,爸爸很有劲儿。这样的爸爸,小朋友们喜欢吗? 如果这样强壮的爸爸时刻站在你的背后,保护着你,你心里会怎样想?

（6）小朋友们都喜欢这样的爸爸。被这样的爸爸保护着,心里会想谁也不敢欺负我。我是安全的。

（7）很大很大的爸爸躺着的时候,像一艘大轮船。大轮船,小朋友们见到过吗? 爸爸怎么能像大轮船呢? 那哪是船头,哪是船尾?

（8）这位小朋友说,爸爸的脚是船尾,头是驾驶台,身体是又宽又大的甲板。大轮船是在大海航行的,船上的人们不能只在船舱中,他们活动的时候,就会来到甲板上,甲板是轮船上人们活动的地方。既然爸爸这艘船的甲板又宽又大,这位小朋友会不会在上面活动活动手脚呢? 他会做哪些游戏呢?

（9）"无论我在甲板上翻跟头、跑步、跳高,爸爸这艘船总是稳稳的。"这位小朋友在爸爸身上做了什么游戏?

（10）"更有意思的是,爸爸这艘船还有汽笛,要是我一按他的鼻子,他还会发出和大轮船一样的汽笛声:呜呜——"小朋友们,汽笛在哪里?

（11）咱们也按一按自己的小鼻子,小朋友们这些小轮船也要出发了。小朋友们也和这位小朋友一样,在自己的爸爸身上爬来跳去吗? 你们一起玩过什么游戏? 玩得高兴吗?

（12）是的,和自己强壮的爸爸一起玩,在他身上玩耍,是小朋友们很喜欢的事,玩得很开心。爸爸那时是什么样的? 也和小朋友们一样开心。小朋友们爱这样的爸爸吗? 爸爸爱你们吗?

（13）很大很大的爸爸可以和小朋友一起玩,他还可以为小朋友遮风挡雨呢。"我的爸爸真的很大很大,大到下雨出门时,我可以躲到他的口袋里。"这写得简直跟变魔术一样,这位小朋友说的是真的吗? 小朋友们信不信?

（14）不信呀? 这位小朋友邀请咱们去他家里亲眼看看他爸爸。还警告咱们要千万小心,不要光顾着看他爸爸的脸而不当心往后倒地。看他爸爸怎么会往后倒地呢? 小朋友们看大高楼时会怎样做? 抬起头,身体往后仰。小朋友的爸爸太高了,我们使劲儿抬头,使劲儿往后仰身体,看看会不会倒地。小朋友们小心尝试一下。这位小朋友在吹牛吧! 他爸爸至于高成这样吗? 你们说他在吹牛吗? 看来咱们还真得去他家看一看。他家在哪里呀?

(15)"最后告诉你我家的地址:太阳路 5 号,一座很大很大的房子里。"咱们一起到这位小朋友家去看一看。

4. 活动拓展

这位小朋友的爸爸很高大,会和他一起开心地玩儿,会保护他。让我们一起来谈一谈自己的爸爸,谈一谈爸爸和我们一起玩的游戏,一起做过的开心的事情。然后画一画自己心目中的爸爸,比较一下自己的爸爸是不是也和那位小朋友的爸爸一样呢?

分析: 为了让幼儿更好地理解这篇散文,教师将幼儿生活中的具体生活情景、生活体验再度唤醒,并将其成功迁移到对文章的理解中,取得了较好的效果。

学海泛舟

幼儿教师在运用教学口语进行教学时要做到:声音清晰悦耳,既让幼儿听清,又不会让幼儿感到刺耳或模糊;语速适宜,既让幼儿跟得上,又能很好地表达教学内容;语句通顺,语言流畅,为幼儿口语表达的学习做一个好榜样。此外,作为幼儿教师,还有一项重要的基本技能是语言的儿童化。采用儿童化的语言,是适应幼儿身心发展特点的要求。儿童化的语言,可以引发幼儿学习的兴趣,可以让幼儿更容易理解教学内容。那么,如何将语言儿童化呢?

一、 运用各种修辞手法,让语言更加形象生动

在幼儿园教师的教学口语中,修辞手法的运用是常见的。因为修辞能让语言更加具体形象,这符合了幼儿形象思维的特点。

(一) 比喻的训练要求

(1)比喻是一种常用的修辞手法,用跟甲事物有相似之处的乙事物来描写或说明甲事物,是修辞学的辞格之一。在运用比喻这种修辞手法时,最重要的就是抓住甲、乙两种事物之间的相似点,并将其突出地呈现出来。

(2)训练要求:根据下面的小示例,两个同学为一组,一个同学说出身边的事物,另一个同学说它像什么,然后轮换。

小示例

比喻训练

同学甲:下雨天,雨从天上落下来的样子。

同学乙:像无数根银线从天上垂下。

同学甲:女同学长长的披肩发像什么?

同学乙:像一帘黑色的小瀑布。

分析：同学乙抓住了"雨线"与"银线"垂落时的相似点，即从形状上来说，都是细长的，从色泽上来说，都是有亮光的；"披肩发"与"小瀑布"的相似点是都给人直上直下的垂落感。

（二）拟人的训练要求

（1）拟人是一种重要的修辞手法，就是把事物人格化，将本来不具备人的动作和感情的事物变成和人一样具有动作和感情的样子。

（2）训练要求：根据下面的小示例，两个同学为一组，一个同学说出需要拟人的事物，另一个同学进行表演，然后轮换。

小示例

拟人训练

同学甲：小兔子来了。
同学乙扮演小兔子蹦蹦跳跳的样子。
同学甲：小金鱼来了。
同学乙扮演小金鱼游来游去的样子。
分析：同学乙抓住了小兔子、小金鱼运动时的动作特征。

（3）说明：在幼儿园教学活动中，拟人是最常用的修辞手法。因为在幼儿的思维中，万物都和自己一样有着鲜活的生命，有着丰富的情感。它们高兴了会哈哈大笑，伤心了会呜呜大哭，生气了会瞪大眼睛火冒三丈。所以，在教学活动中，教师可以很好地利用幼儿的这一思维特点，将所要讲授的知识故事化、人物化，如万物都可以有爸爸妈妈和宝宝，都可以有好朋友，可以将幼儿的生活故事赋予它们，让它们成为幼儿的化身，将幼儿的情感表达出来。

（三）夸张的训练要求

（1）夸张也是一种修辞手法，是为了达到某种表达效果的需要，对事物的形象、特征、作用、程度等方面有意夸大或缩小的修辞方式。夸张这种修辞手法主要借助人们丰富的想象力，在客观现实的基础上有目的地放大或缩小事物的形象特征，以增强表达效果。运用夸张这一修辞手法的关键之处是：抓住事物最突出的特点，将其加倍地夸大或缩小，以这样超常规的方法吸引人的注意。

（2）训练要求：根据下面的小示例，两个同学为一组，一个同学说出具体情境和需要夸张的事物，另一个同学说出运用夸张修辞手法的句子，然后轮换。

小示例

夸张训练

同学甲：故事《大怪物》中有一个大大的怪物，它长得特别可怕，尤其是它那张血盆大口。请用夸张的手法描写一下怪物的嘴。

同学乙:那怪物有一张大大的嘴,差不多占到了它那张脸的一半。那张大嘴张开时,就像一个黑漆漆的大山洞,让人害怕。

分析: 同学乙抓住了怪物最具特征的部分——大嘴,并用夸张、比喻的修辞手法进行描写,生动形象。

二、 设置具体情境,让幼儿能更好地感受

幼儿生活经验有限,他们的思维属于典型的形象思维模式。要想使幼儿更好地理解教学内容,除了运用各种修辞手法让语言形象生动起来外,还可以设定具体的情境,使抽象的教学内容具体可感,从而有效地唤醒幼儿有限的生活经验,使他们更好地理解教学内容。

训练要求:根据下面的小示例,每五位同学为一组,然后按照老师布置的任务分工合作,商量所要设置的具体情境,模拟幼儿园教学。

小示例

数字活动:小动物搬家(中班)

1. 课题引出

告诉小朋友一个好消息!森林里的小动物们要搬新房子啦!它们还请小朋友去帮忙分房子呢。看!森林小区有这么多颜色漂亮的新房子,它们都是什么颜色的呀?

2. 活动过程

图6-4 小动物搬家

(1)别着急,我们从左到右,一座一座地说。(绿的、红的、蓝的、黄的,还有紫色的)

(2)咦,这些小房子怎么没有门牌号码呢?一会儿小动物们来了可别迷了路呀。这样吧,我们一起动手帮它们做好门牌并钉上去,好吗?

(3)先数数一共有几座房子,看看要做几块门牌。(在幼儿数好后,教幼儿操作:数五张空白卡片,在卡片上分别写上数字1、2、3、4、5)

(4)现在开始钉号码。告诉我,绿色的房子排在第几座?(第1座)可以用数字几表示?(幼儿举起数字"1"的卡片,选择一幼儿的"1"号门牌并钉在房子上)

(5)紫色的房子排在第几座?请小朋友们好好数一数。(第5座)可以用数字几来表示?(举数卡并钉在房子上)

(6)黄色的房子排在第几座?(第4座)

(7)红色的房子排在第几座?(第2座)

(8)蓝色的房子排在第几座?(第3座)

　　(9) 小房子上钉了号码,小动物们就不会迷路了。我去把它们请来,好吗? 看,谁来了呀?(小鹿、小猪、小熊、小狗、小兔)

　　(10) 一共有几只小动物?(数数:5只)5座小房子正好够住。分房子啦! 快排好队。(出示"钥匙")

　　(11) 小鹿排在第几个?(第1个)我们给它挂上第一座房子的钥匙"1"。

　　(12) 小兔排在第几个?(第5个)

　　(13) 小熊排在第几个?(第3个)

　　(14) 小狗排在第几个?(第4个)

　　(15) 小猪排在第几个?(第2个)

　　(16) 请5位小朋友把它们送到房子前。(钉上)

3. 活动小结

　　小鹿、小猪、小熊、小狗、小兔,都欢欢喜喜地搬进了新家,它们可高兴了。它们在新房子前的绿草地上唱着歌,跳着舞。

　　分析: 在具体的故事情境中,教师引导幼儿将小动物们的门牌号(数字)与各种颜色的房子一一对应。教师将抽象的数字与具体的事物、有趣的故事情节相结合,效果良好。

三、 多用拟声词，让语言更加可感

拟声词又称为象声词、摹声词、状声词,它是模拟自然界声音的一种词汇。

小示例

科学活动：大自然的声音

　　为了让幼儿园的小朋友了解大自然,老师设计了科学活动"大自然的声音"。在活动中,老师播放自然界的各种声音,然后运用拟声词描绘声音,讲述声音的故事。

1. 课题引入

　　师:小朋友们都长着一对小耳朵,可不要小看你的这对小耳朵哟,它们的本领可大呢,能听出各种各样的声音。咱们一起跟着老师,来听一听大自然中美妙的声音,听一听声音们的故事吧。

2. 活动过程

　　师播放水流的声音、一只小鸟的叫声、多只小鸟的叫声。

　　师:小朋友们听到了什么声音?

　　师:哦,水哗啦哗啦地流着,是山间的小河,水流的声音那么清脆,哗啦哗啦的,好像高兴地在唱着歌。一只小鸟飞来了,叽叽喳喳地叫着,它在呼唤小伙伴们,听,小伙伴们来啦,它们一起叽叽喳喳地叫着,一起在山间自由地玩耍,好高兴呀,小河看着小鸟们也很高兴,哗啦哗啦地应和着小鸟,哗啦哗啦,叽叽喳喳,多好听的声音呀,它们玩得多高兴呀。

师播放大风的声音、打雷的声音、下雨的声音、小鸟的声音、小河的声音。

师:小朋友们又听到了什么声音?发生了什么事情呢?

师:正在小河、小鸟们玩得高兴的时候,大风突然呼呼地刮起来了,呼呼的大风招呼来了乌云,轰隆隆,轰隆隆,雷声响起来了,声音越来越大,越来越近,要下雨了,小鸟们叽叽喳喳地赶紧飞回家了。大雨哗哗地下了起来,还不断地传来轰隆隆的雷声。过了一会儿,哗哗的雨声渐渐地小了,更小了,轰隆隆的雷声也越来越远,呼呼的风声也没有了。哇,天晴了,雨停了,太阳出来了,小河又哗啦哗啦地唱歌啦,小鸟又叽叽喳喳地出来玩啦。

分析: 大自然有各种声音,教师在教学活动中一次次地运用拟声词让幼儿感受各种事物发出的独特声音;同时,将声音故事讲述得声情并茂,让幼儿身临其境,收到良好的教学效果。

训练要求:根据下面的小示例,两个同学为一组,一个同学说出大自然中的现象,另一个同学给出拟声词,然后轮换。

小 示 例

拟声词训练

同学甲:风声。

同学乙:呼呼。

同学甲:雨声。

同学乙:滴答。

分析: 大自然中的同一种现象可以用多个拟声词来表达,平时应注意多积累。

练 一 练 6-2

情境模拟:

张老师要设计一个适合于大班幼儿的科学活动,讲授水循环的科学道理。她想用拟人的手法,带幼儿即兴表演这一过程。下面是张老师的一些简单设计:

给定题目:小水珠的旅行

给定人物:小水珠若干、太阳、云朵等。

给定情境:小水珠在太阳的照射下蒸发,随云飘移,再随雨、雪、雹等返回地面、海里、河里……

请你帮助张老师完成整体的教学设计。

知识岛

幼儿的无意注意和有意注意

1. 幼儿的无意注意

3—6岁幼儿的注意主要是无意注意。但是和3岁前的幼儿相比,他们的无意注意有了较大发展。主要有以下两个特点:

(1)刺激物的物理特性仍然是引起无意注意的主要因素。强烈的声音、鲜明的颜色、生动的形象、突然出现的刺激物或事物发生了显著的变化,这些都容易引起幼儿的无意注意。

(2)与幼儿的兴趣和需要有密切关系的刺激物,逐渐成为引起幼儿无意注意的动因。幼儿的生活经验比以前丰富了,有了自己的兴趣和爱好,因此,符合幼儿兴趣的事物容易引起他们的无意注意。

3—6岁幼儿随着知识经验和认知能力的发展,能够发现许多新奇事物和事物的新颖性,即与原有经验不符合之处。在整个幼儿期,对象的新颖性对引起幼儿注意有重要作用。

2. 幼儿的有意注意

幼儿的有意注意处于发展的初级阶段,水平低,稳定性差,而且依赖成人的组织和引导。主要有以下特点:

(1)幼儿的有意注意受大脑发育水平的局限。有意注意是由脑的高级部位控制的,大脑皮质的额叶部分是控制中枢之所在。额叶的成熟,使幼儿能够把注意指向必要的刺激物和有关动作,主动寻找所需要的信息。额叶在儿童大约到7岁时才达到成熟水平,因此,3—6岁幼儿的有意注意开始发展,但远远不能充分发展。

(2)幼儿的有意注意是在外界环境,特别是在成人的要求下发展的。儿童进入幼儿期,也就进入了新的生活环境和教育环境。幼儿在幼儿园必须遵守各种行为规定,完成各种任务,对集体承担一定义务。所有这些都要求幼儿形成和发展有意注意,注意服从于任务的要求。因此,各种生活制度和行为规则,是使幼儿有意注意逐步发展的主要因素。

幼儿的有意注意需要成人的指引。成人的作用在于:①帮助幼儿明确注意的目的,产生有意注意的动机,即自觉地、有目的地控制自己的注意,并且通过意志努力去保持注意。如果幼儿能够在头脑中形成目的和任务的表象,认识到其必要性,就能产生完成有意注意活动的强烈愿望,一切与完成任务有关的事物都能吸引他们的注意。②用语言组织幼儿的有意注意。成人提出问题,往往能够引导幼儿有意注意的方向,使幼儿有意地去注意某种事物。

(3)幼儿逐渐学习一些注意方法。由于有意注意是自觉进行的,保持有意注意需要克服一定的困难,因此幼儿的有意注意要有一定的维持方法。幼儿在成人的教育和培养下,能够逐渐学会一些有意注意的维持方法。

(4)幼儿的有意注意是在一定的活动中实现的。由于幼儿有意注意的发展水平不足,需要依靠活动进行。因此,把智力活动与实际操作结合起来,让幼儿能够完成一些既具体又明确的活动任务,有利于他们有意注意的形成和发展。

第三节　主要教学环节的口语表达

⏰ 课前五分钟

想一想,说一说。

　　有一天,幼儿问老师,什么是自以为是？请同学们编一则小故事,通过小故事,将自以为是的意思讲明白。

🚌 案例导航

数学活动：我会看时钟（大班）

1. 猜关于时钟的谜语,激发幼儿关注时钟的兴趣

师：小朋友,今天老师给大家请来了一位好朋友,猜猜它是谁？仔细听：嘀嗒嘀嗒,嘀嗒嘀嗒,会走没有腿,会说没有嘴,它会告诉我们什么时候睡,什么时候起。

2. 认识时钟,学认整点

图6-5　我会看时钟

师：你知道钟面上有什么吗？时钟上到底有什么呢？小数字是怎样排队的？指针是怎样跑的？请小朋友仔细看一看。

师引导幼儿重点了解：

（1）时钟上有数字 1—12,知道数字的排列规律,了解数字之间的关系,如 12 与 6 在一条直线上等；引导幼儿扮演时钟上的 12 个数字,模仿小时钟站好,体验时钟数字的排列规律。

（2）有两根指针,黑色长针是分针、黑色短针是时针。了解时针与分针的关系,分针跑一圈,时针走一个数字；知道指针是顺时运转的。

3. 自主探究,学认整点

教师依次出示表示 1 点、2 点、3 点的钟面,问道："这是几点？为什么？你是怎么知道的？"

引导幼儿通过观察、推理找出规律,知道表示整点时,分针指向 12,时针指着几就是几点整。以游戏的方式引导幼儿操作练习。比如,教师拨出时间,幼儿快速说出时间；教师说出时间,幼儿快速拨出时间。

4. 改编游戏"老狼老狼几点了"

教师与幼儿商讨游戏玩法,鼓励幼儿自主游戏。

规则:老狼说时间,幼儿扮演小时钟正确表示。

分析: 通过谜语导入,可激发幼儿的好奇心,增强他们的探索欲望;通过提问,可引导幼儿进一步观察思考;通过游戏,一方面能让幼儿体验学习的乐趣,另一方面可以检验学习的效果。

🛥 学海泛舟

幼儿教师在组织教学活动时,通常都有导入、讲解、总结等环节。在口语应用上,要运用导入语、提问语、讲解语、过渡语、总结语等。

一、导入语

导入语是教师在开始讲授新课之前,精心设计的一段简练、概括的教学语言。导入语可激发幼儿的学习兴趣、调节教学气氛、衔接新旧知识,为一节课的顺利展开打下良好的基础。在幼儿园教学中,导入语有很多种方式,如谈话式、讲故事式、猜谜式、提问式等。

小示例

语言活动:芽（大班）

教师从提问入手,请幼儿回忆自己所观察植物的发芽生长情况:从土里钻出来的芽像什么? 怎样才能让小芽快快长大? 然后引出散文《芽》的教学内容。

分析: 通过提问式的导入语,引发幼儿的思考。

美术活动:小蝌蚪（托班）

教师采用讲故事的方式引入教学内容。首先,教师出示背景图片,讲述青蛙妈妈找小蝌蚪的故事,然后出示小蝌蚪的图片,让幼儿观察,正式进入教学内容。

分析: 一般来讲,幼儿都爱听故事,通过故事式的导入语,能激发幼儿的兴趣,引起他们对于学习内容的关注。

音乐活动:唱春天（大班）

教师先和幼儿谈话,谈到春游时的所见所闻,然后教师问道:"春天来了,外面的景色真漂亮,老师想用一首歌唱出来,你们能听出我唱了哪些东西吗?"以此引入教学。

分析: 通过谈话式的导入语,从幼儿熟悉的生活着手,向新内容渗透,为幼儿感受新内容做好铺垫。

手工活动：折飞机（中班）

手工活动前，老师首先给小朋友们出了一则谜语让大家猜："有人说我像老鹰，我说我像只大蜻蜓。请你到我的肚里来，我带你去到北京。"在揭晓谜底是飞机后，老师给出教学内容："小朋友们，今天我们就来自己动手，折一个飞机，让它带着我们去北京，去看天安门，去看升国旗，好不好？"

分析：猜谜语是幼儿喜欢的一项活动。教师通过让幼儿主动地开动脑筋（猜谜语），将注意力集中到教学内容上来，顺理成章地进入学习状态。此外，谜语揭示了飞机典型的外形特征及独特的功能作用，这些经验都会被应用和体现在幼儿折飞机的过程中。

通过以上小示例，我们可以看出，不管是哪种类型的导入语，一般都具有两种作用：一是激发幼儿的学习兴趣，吸引他们的注意，使他们以更好的状态进入学习；二是为正式的教学内容做好铺垫，打好基础。

在教学中，导入语的运用需要注意：一是导入语不能太长，不能喧宾夺主，影响正式的教学内容。二是导入语的内容不能与教学内容完全割裂，它要服务于教学内容，为教学内容做好铺垫。

二、提问语

提问语是幼儿教师以发问的形式唤起幼儿思维活动而使用的语言。提问语的种类很多，主要有以下四种：

1. 填空式提问语

所谓填空式提问，就是幼儿教师运用填空题的方式提出问题，要求幼儿补充空缺处，让教师的话成为一句完整的表述，而幼儿填补的词语正是语句需要表达的关键性词汇。所以，填空式提问的优点在于，它能将教师要表达的关键信息以空缺的方式引起幼儿的注意，更好地激发他们进行感知与思考。教师在运用填空式提问语时，应当发挥这种提问方式的优点，注意关键信息的选择。

小示例

艺术活动：画苹果（小班）

在幼儿园小班的艺术活动"画苹果"中，老师先拿出一个大苹果让小朋友们观察，老师问："大苹果是什么形状的呀？大苹果的形状是——"小朋友们回答说："圆圆的。"老师又问："大苹果是什么颜色的呢？大苹果的颜色是——"小朋友们回答说："红红的。"

2. 选择式提问语

所谓选择式提问，就是幼儿教师在提出问题时，给出两个或者多个选择项供幼儿做选择。选择式提问的过程是：让幼儿在两个或多个具有迷惑性的选项中进行甄别，排除迷惑项，最终选择正确的选项。因此，选择式提问的优势在于：幼儿可以在回答问题的过程中进行去伪存真的辨别,从而增强对已有知识的筛选能力。

> **小示例**
>
> ### 语言活动：我喜欢的车（中班）
>
> 在幼儿园中班的语言活动"我喜欢的车"中,老师对小朋友们说:"在我们身边,有许多车,它们是不同的车,有自行车、三轮车、公共汽车、出租车,在这几种车中,你们最喜欢什么车呢?"

3. 反馈式提问语

所谓反馈式提问,就是当教师讲述过一些内容之后,为了解幼儿的掌握情况,就所讲内容提出一些问题,或是教师为了解幼儿对与学习内容相关的一些背景知识的掌握情况而提出问题。反馈式提问的优势在于便于教师掌握幼儿的学习情况,以决定后面所要讲述内容的进度与深度。在运用反馈式提问时,教师要把握好提问的时机,一般设在讲解到一个相对完整的段落之后,或者在幼儿走神需要引起其注意时。

> **小示例**
>
> ### 语言活动：爱的祝福（小班）
>
> 在幼儿园小班的语言活动"爱的祝福"中,老师带着幼儿学习了儿歌《爱的祝福》。在学习完毕后,老师问幼儿:"咱们今天学习了一首儿歌,小朋友们,你们还记不记得儿歌的名字叫什么? 在儿歌里,把爸爸妈妈的爱比作什么?"

4. 探究式提问语

所谓探究式提问,就是教师针对某种现象,引导幼儿思考这种现象发生的原因。探究式提问的优点在于能积极引导幼儿主动思考,培养他们形成自主学习、主动探究的良好的学习习惯。教师在运用探究式提问语时要注意:一是在开始时,问题设计的难度不要太大,要符合幼儿的理解规律;二是问题之间要一环扣一环,层层深入,讲究逻辑关系,这样便于引导幼儿逐步找到问题的答案。

> **小示例**
>
> ### 绘本活动：鼠小弟的小背心（小班）
>
> 在幼儿园小班的绘本活动中,老师为小朋友们带来了好看的绘本《鼠小弟的小背心》。妈妈给鼠小弟织了一件好看的小背心,鼠小弟很喜欢,它把小背心借给很多小动物试穿,最后,小背心被大象试穿,这时小背心已严重变形了,鼠小弟已经穿不成了。讲到这里的时候,老师提问:鼠小弟看到自己心爱的小背心穿不成了,它会高兴还是伤心? 为什么鼠小弟会产生这样的情绪呢?
>
> **分析:** 活动中,教师首先引导幼儿体验鼠小弟的情绪感受,用了一个选择性提问,让

幼儿做选择。提问中,选项只明确了两种情绪(二选一),降低幼儿回答问题的难度,这与幼儿的理解规律相符合。如果教师问:"小朋友们,鼠小弟看到自己心爱的小背心穿不成了,它会有什么样的情绪呢?"问题的难度一下子就高了很多,因为小班的幼儿很难对情绪这一抽象的概念进行把控。所以,教师在运用选择性提问时,将情绪这样的抽象概念换成两个截然相反的具体感受,这是幼儿在生活中体验过的,问题的难度就降低了,符合小班幼儿的生活经验,他们也能比较顺利地回答出来。接下来,在明确了鼠小弟的情绪的基础上,教师用了一个探究式提问:为什么鼠小弟会产生这样的情绪呢?引导幼儿回想故事的来龙去脉,在梳理故事的过程中寻找鼠小弟为什么会伤心,从而对故事进行更深入的理解与思考。

科学活动:认识黄瓜(中班)

在幼儿园中班的科学活动"认识黄瓜"中,首先,老师提问:"小朋友们在家都吃过黄瓜吗?"接着,老师拿出一根黄瓜,说:"小朋友们看一看,黄瓜是什么形状的,它和你们见过的什么东西长得很像?"然后,老师说:"小朋友可以用手摸一摸,手上有什么感觉?也可以用小嘴尝一尝,嘴里是什么味道?"最后,老师问幼儿:"你们为什么吃黄瓜?吃黄瓜有什么好处呢?"

分析: 在该示例中,教师首先运用一个反馈式提问,了解幼儿对于黄瓜的认识情况。接下来,教师运用了几个填空式提问,让幼儿在看、摸、尝之后进行回答。最后,教师运用了一个探究式提问和一个填空式提问,引导幼儿探究吃黄瓜的好处,填空式提问还起到了提示作用,提醒幼儿从吃黄瓜的好处这一角度进行思考。

三、讲解语

在教学过程中,讲解是教与学的核心部分。讲解语是幼儿教师对教学内容进行讲授时所采用的语言。讲解语一般有独白式、提问式和对话式三种类型。通过教师讲解,幼儿能够更好地明白事情的发生、发展,体验人物的情绪、情感,掌握科学道理,有利于理解教学内容。幼儿教师的讲解语要求深浅适度,规范、明了、准确,生动形象且富有情感。

1. 独白式讲解语

独白原意指在文学中,尤其在戏剧中对人物的自言自语进行描写的一种写作技法。人们有时在激动、兴奋、得意、悲伤等心理状态下,即使面前没有听话对象,也会说出话来。在教学中,独白式讲解指的是教师针对教学内容进行介绍和讲解,且在这一过程中,幼儿不需要参与对话交流,只需要认真听教师的讲解。独白式讲解适合于对较为复杂的知识点进行介绍。所以,独白式讲解的优点在于知识密度大,传授效率较高。但它也有缺点,即缺乏与幼儿的更多交流,幼儿的理解和接受情况如何,教师不能及时了解。

教师在运用独白式讲解时需要注意:一是在设置运用独白式讲解的教学内容前,需对幼儿的相关学习情况进行了解,以便把握讲解的难度与深度;二是在讲解时,虽然与幼儿不进行语言交流,但可以通过眼神、表情等体态语了解幼儿的接受情况,从而及时调整讲解的节奏;三是可以运用独白式讲解与其他讲解方法的"组合拳",利用其他讲解方式的优点补足独白式讲解的不足。

小示例

节日活动：中秋节（小班）

师:今天是农历八月十五中秋节。中秋节的晚上月亮特别圆、特别亮。我们中国人有个习惯,中秋节这一天,圆圆的月亮挂在天上,一家人一边看月亮,一边吃月饼,也可以玩花灯、放烟花,一家人团团圆圆,真快乐,所以中秋节也被叫作团圆节。又香又甜的月饼也被人们做成圆圆的,像月亮一样,"月饼"在古代被人们叫作"团圆饼"。中秋节是我们中国的传统节日。秋天是收获的季节,粮食丰收了,水果丰收了,所以中秋节也叫丰收节。

图 6-6　教师进行独白式讲解

分析: 在幼儿园中班的节日活动"中秋节"中,教师要带领幼儿了解中国传统节日——中秋节。在教学过程中,教师运用了独白式讲解,对中秋节的风俗、节日气氛等进行了介绍。

2. 提问式讲解语

提问式讲解是指教师在进行教学活动时,以提问的方式推进教学活动的方法。这种讲解方式,需要幼儿紧跟教师的思维,及时回答教师提出的问题。所以,相对于独白式讲解,提问式讲解的优点在于教师能及时了解幼儿对知识的掌握情况,并能通过提问及时吸引幼儿的注意力。但它的缺点也很明显,即新知识的传授密度小,课堂教学的效率比较低。

教师在运用提问式讲解这种方式时需要注意:一是及时把控课程进度,提高教学效率;二是设置问题时需要考虑幼儿的实际情况,难度不宜过小或过大;三是与其他讲解方式相结合,取长补短。

小示例

绘本活动：鼠小弟的小背心（小班）

(1)这件小背心是鼠小弟的妈妈织的,穿在鼠小弟身上大小刚合适,鲜艳的红色也特别漂亮。穿着小背心,鼠小弟的心情是怎样的?

(2)小朋友们试着学一学鼠小弟的动作和表情,体验一下它的心情。是呀,穿着妈妈新织的漂亮小背心,多美呀!它跟朋友们说:"妈妈给我织的小背心,挺好看吧?"

(3)小鸭子看见鼠小弟穿了这么漂亮的小背心,心里可羡慕了,它对鼠小弟说:"小背心真漂亮,让我穿穿好吗?"

（4）小朋友们看一看小鸭子和鼠小弟，比一比谁的身材高大？

（5）如果你是鼠小弟，你会答应吗？为什么？

（6）鼠小弟很爽快地答应了："嗯。"它很快脱下了小背心给小鸭子，自己走开了。

（7）小背心穿在身上，小鸭子感觉怎么样？

（8）有点紧，不过还挺好看吧？

（9）穿着鼠小弟的小背心，小鸭子可高兴了，它会干什么呢？

分析：这节课教师采用了独白式讲解与提问式讲解的"组合拳"。在讲述鼠小弟的故事时，教师用到的是独白式讲解。当将故事讲到某个阶段时，教师暂时停止了故事的讲述，引导幼儿体验故事当下鼠小弟的心情，之后采用提问式讲解的方式与幼儿进行互动。如果幼儿能较准确地体验到鼠小弟的情感，说明他们已经理解了故事，可以继续进行教学；反之，教师则需要及时调整下面的讲解内容。采用独白式讲解可以高效推进故事讲述的进程，保证教学的效率，中间穿插的提问式讲解可以让教师及时了解幼儿的理解情况，以便调整教学节奏，还可以引起幼儿的注意，提高他们的学习效率。

3. 对话式讲解语

对话式讲解是指教师在教学过程中，与幼儿以平等对话的方式交流所讲解的内容，并与幼儿共同完成教学讲解任务的方法。这种讲解方式最大的好处在于能够调动幼儿参与教学活动的积极性，让幼儿为教学讲解做出一份贡献。

教师运用对话式讲解需要注意两点：一是需要对幼儿贡献的知识进行把关，肯定对的部分，以合适的方式纠正错的部分；二是需要把控讲解的时间、进度、深度，以保证取得最优效果。

小示例

科学活动：恐龙（六班）

师：小朋友们好！我们今天来认识一种古老的动物，它们就是恐龙。老师这里有几张恐龙的图片，我们一起来认识一下它们。如果有认识它们的可以说一说。

小刚：这是霸王龙，它吃肉，它是肉食恐龙中最大的。

师：小刚说得特别好，这确实是霸王龙，它是一种食肉恐龙，在食肉恐龙中，它的体形最大。

小明：这是梁龙，它吃草，它长得最长。

师：小明说得也很好。这是梁龙，是一种食草恐龙，它的身长可超过 25 米，是最长的恐龙。

四、过渡语

过渡语是教学过程中教师从一个教学环节转向另一个教学环节所采用的过渡性用语。在教学中，过渡语起到了承上启下、提醒幼儿注意、温故知新等作用。过渡语可以分为许多类型，主要有以下几种：

1. 直入式过渡语

所谓直入式过渡就是教师直接引入施教的内容，一般用于教学的开始环节。直入式过渡的优点在于能够快速进入课程教学，效率高。缺点是因幼儿年龄小，可能无法那么快地进入上课的状态，使学习效果受到影响。

小示例

科学活动：我爱吃水果（小班）

在幼儿园小班科学活动"我爱吃水果"中，老师引导幼儿认识水果及其对身体的好处。在刚开始上课时，老师就直接问幼儿："小朋友们，你们爱吃水果吗？"直接切入课程主题。

分析： 活动中，教师采用了直入式过渡。为了解决幼儿不能快速进入学习状态的问题，教师又设计了问题，通过提问引起幼儿的注意，以提高学习效率。

语言活动：家（小班）

（1）每个小朋友都有自己的家，小朋友们喜欢自己的家吗？

（2）小朋友们来说一说自己的家。

（3）今天我们学一首儿歌，名字叫作《家》，让我们来看一看，儿歌中的家是怎样的吧。

分析： 该示例运用了直入式过渡，由幼儿谈自己的家直接转向学习儿歌《家》的教学内容。

2. 承上启下式过渡语

所谓承上启下式过渡，就是在教学过程中，教师从一个教学环节进入另一个教学环节前，运用语言概括上一环节并开启下一环节的过渡方式，这种过渡语是一种基本的教学用语形式，被广泛地运用于课堂教学的各个环节。承上启下式过渡的优点在于能让教学的各个环节进行得特别顺畅，使之成为一个整体。对幼儿来讲，承上可以让他们简要回顾已学内容，启下可以提示他们注意转入新内容。

小示例

语言活动：守株待兔（中班）

在幼儿园中班的语言活动"守株待兔"中，老师要带幼儿学习《守株待兔》这个成语故事。故事讲到一个阶段后，老师说："在刚才讲的故事中，农夫没费力气就得到了一只兔子，他真的很幸运。那之后，他还有没有这么幸运呢？他还会这么容易得到兔子吗？我们接着讲下面的故事。"

分析： 该示例运用了问题式过渡、承上启下式过渡。

3. 小结式（归纳式）过渡语

所谓小结式(归纳式)过渡,就是指在某一教学环节之后,将这一环节的重点内容加以归纳和概括,以便于幼儿学习与记忆。这种方式一般用于教学环节之间或课堂教学环节之末,其优点在于能够加深幼儿的印象,巩固教学效果。

> **小示例**
>
> #### 科学活动：我眼中的秋天（大班）
>
> 在幼儿园大班的科学活动"我眼中的秋天"中,老师带领幼儿去感受秋天的树林、秋天的原野。当讲完秋天的树林这一环节后,老师说:"在秋天的树林里,有的叶子黄了,有的叶子红了,风一吹,有些树叶像蝴蝶一样飞了起来,落到地上。小朋友脚踩在上面,软软的。"
>
> **分析：** 在活动中,教师运用了小结式过渡,对上一环节中幼儿对秋天树林的感受进行了简单的归纳和总结。

4. 问题式过渡语

所谓问题式过渡,就是指教师用一句话把上一环节的内容说出来,然后提出问题,引入下一环节的施教内容。这种方式的优点在于可以提高幼儿的注意力,启发思维,激发学习兴趣。

> **小示例**
>
> #### 科学活动：我眼中的秋天（大班）
>
> 在幼儿园大班的科学活动"我眼中的秋天"中,老师在讲完秋天的树林这一环节,并准备进入秋天的原野这一环节时,老师说了一段话:"刚才小朋友们感受了秋天树林的美丽,你们感受过秋天的原野吗？秋天的原野是什么样子的呢？"
>
> **分析：** 活动中,教师采用了问题式过渡,以提问的方式引起幼儿的注意,让他们将关注点转入新的教学环节中来。

5. 复述式过渡语

所谓复述式过渡,就是把上一环节或几个环节所学的主要内容复述出来,然后过渡到下个环节的施教内容中。这种方式的优点在于通过复述可以及时巩固已学知识,提高效率。

> **小示例**
>
> #### 语言活动：小红帽（中班）
>
> 在幼儿园中班的语言活动"小红帽"中,老师说:"刚刚老师讲过了,小红帽要去外婆家,妈妈嘱咐她路上要走大路,注意安全。那小红帽安全到达外婆家了吗？"
>
> **分析：** 该示例运用了复述式过渡、问题式过渡。

此外,过渡语的方式还有很多,比如,评论式、悬念式等,这里不再一一介绍。

五、 总结语

总结语是在教学过程某一环节或教学活动结束时,总结概括教学内容所采用的语言。总结语要求重点突出、精练简洁,表达时语速要放慢,让幼儿能边听边回顾,以达到更好的教学效果。总结语有讲解式、问答式、延伸拓展式等类型。

1. 讲解式总结语

讲解式总结是指在教学过程中,教师运用独立讲解的方式对前一阶段或整体的教学内容进行总结概括。这种总结语的优点在于知识归纳得清晰、有条理、系统性强,幼儿可以形成较为清晰的知识系统。缺点是总结是教师进行的,不能有效发挥幼儿的主动性。

小 示 例

科学活动：我们的城市（大班）

在幼儿园大班的科学活动"我们的城市"中,老师引导幼儿对上海这座城市进行认识,让幼儿找出上海不同于其他城市的地方。在幼儿回答相应的问题后,老师进行了总结："上海有特色的小吃,有外滩、东方明珠等,好多呀,上海真是一座特别的城市呀!"

分析: 在活动的最后,教师进行讲解式总结,将所有幼儿的答案汇总到一起。

2. 问答式总结语

问答式总结是指在教学活动中,以教师提问、幼儿回答的方式对知识进行归纳和总结。这种方式的优点在于能调动幼儿的主动性,督促他们积极思考问题,将零散的知识进行整合。

小 示 例

健康活动：怎样保护我们的大脑（大班）

在幼儿园大班的健康活动"怎样保护我们的大脑"中,老师引导幼儿学习保护大脑的相关知识。活动结束之际,老师问："小朋友们,刚才我们讲到了保护大脑的方法,有三个方面,第一个方面是什么? 第二个方面是什么? 第三个方面是什么?"

分析: 在活动中,教师运用了问答式总结语,引导幼儿主动思考,总结所学知识,使之系统化。

3. 延伸拓展式总结语

所谓延伸拓展式总结是指在完成所有教学内容后,教师又将课内的教学内容在广度或深度上进行延伸拓展,以开阔幼儿的眼界。

小示例

社会活动：给妈妈写信（大班）

在幼儿园大班的社会活动"给妈妈写信"中，当老师让幼儿给妈妈写了信之后，教学内容也就完结了。但老师并没有止步于此，她说："在幼儿园里，小朋友们都给自己的妈妈写好了信，那回到家中，请小朋友们将这封信读给爸爸妈妈听吧，也请爸爸妈妈给小朋友们写一封回信。"

分析： 活动中，教师采用了延伸拓展式总结语，让幼儿园的活动延伸至家庭，推动家长与孩子的交流互动，这样既能促进良好亲子关系的形成，又有利于巩固教学成果。

练一练 6-3

1. 情境模拟：

在幼儿园办公室，我遇到了小李老师，看到她一副垂头丧气的样子，就问她："你怎么这么没精打采的，生病了吗？"小李老师说："我上课，小朋友都不容易进入学习状态，我都要愁死了，怎样才能让他们喜欢上我的课呢？"我告诉她："那就先从写一段精彩的导入语开始吧。"她不知如何写起，请你帮她为小班语言活动"家"编写导入语。

家

蓝蓝的天空是白云的家，
密密的树林是小鸟的家，
绿绿的草地是小羊的家，
清清的河水是小鱼的家，
红红的花儿是蝴蝶的家，
快乐的幼儿园是小朋友的家。

2. 情境模拟：

幼儿园正在举办教师教学基本功大赛，其中一个项目是为中班科学活动"树木是我们的好朋友"编写一段精彩的讲解语，你也来试一试吧。

知识岛

上课怎样吸引幼儿的注意力

1. 课前通过律动或手指游戏来吸引幼儿的注意力

在教学活动开始时，如果没有课前准备活动，幼儿很难集中注意力，如做小动作、说话等，难以进行教学。如果课前有一个律动活动，幼儿就会跟着音乐节奏做律动，当音乐停止时，他们会坐得非常端正，等待上课，注意力一下子就集中了，不需要教师反复强调。

2. 运用新颖直观的教具来吸引幼儿的注意力

创设良好的教育环境、制作新颖直观的教具能够吸引幼儿的无意注意。一切新颖、直观、具体、形象的刺激物都能引起幼儿的注意力。

3. 善用语言吸引幼儿的注意力

教师形象化的语言是稳定幼儿有意注意的重要手段。幼儿教师的语言应当形象生动、有趣活泼,并且根据需要加上适当的表情,突出所要说的重点。语言还要有针对性,要符合幼儿的年龄特点。一般来说,小班教师说话需注意语速缓慢、语气亲切,角色意识强;中班教师说话需生动、有趣,注意游戏的情境性;大班教师的语言可更加富有启发性、诱导性、激励性和知识性。此外,语速不能太快或太慢,要注重个别对待。对于性格较急的幼儿,教师的语调要显得沉稳,语速适中,使幼儿的焦急情绪得以缓和;对于理解能力差、反应慢的幼儿,教师的语速应该适当放慢,显得更有耐心。

4. 从兴趣入手,吸引幼儿的注意力

培养幼儿注意力的关键是找到兴趣点,当幼儿对事物产生兴趣时才有可能注意它。因此,要经常有目的地发现幼儿的兴趣点,让他们持续不断地产生兴趣,这样可以让他们保持较高的注意力。

5. 适当地给予鼓励与表扬,促进幼儿注意力的养成

适当的鼓励与巧妙的表扬,有助于培养幼儿的良好习惯,增强自信心。表扬也是对幼儿行为的肯定,会激发幼儿的学习意识。

6. 引导幼儿积极动手动脑,有助于注意力的养成

让幼儿在游戏、操作等活动中积极地动手动脑,从而培养幼儿的探索精神,增强他们主动发现问题的能力,并且能集中幼儿的注意力。

7. 利用多媒体教学,有助于幼儿注意力的发展

在教学中可多运用多媒体自制课件,包括图片、视频等数字素材,让幼儿有一种身临其境的感觉,以此加深他们对知识的认识和了解。

8. 增加幼儿的生活经验,丰富幼儿的知识

在活动开展前,可与家长一起组织一些相关的实践活动,使幼儿有一定的经验,这有助于幼儿注意力的集中,从而更积极地参与活动。

9. 培养倾听,发展注意力

在课堂活动中,教师要引导幼儿安静倾听别人讲话,不打断同伴或教师的话,并进行思考。具体方法主要有眼神暗示法和动作暗示法。眼神暗示法指教师在课堂上通过眼神提示来引起幼儿注意,使其能耐心听讲。动作暗示法指教师在课堂上通过动作提示来引起幼儿注意,使其能耐心听讲。例如:把手放在嘴巴前表示轻声说话;用手拉嘴巴的"拉链"表示不要说话。

第七章 幼儿教师教育口语训练

第一节 幼儿教师教育口语的特点

🕐 课前五分钟

想一想，说一说。

在幼儿园户外活动时，小强与小刚打起来了。老师见到了，赶紧将他们拉开，并且询问他们发生了什么事情。小强说小刚抢了他的玩具，而小刚则说小强抢了他的玩具。作为一名幼儿教师，你会怎么处理这件事情？

🚌 案例导航

不乱涂、乱画

新学期开学没几天，李老师就发现假期中刚刚粉刷过的墙壁上、涂过油漆的桌椅上，留下了幼儿用彩笔、油画棒画过的痕迹。午休时，李老师把幼儿都集中起来，讲了一个《小猪找朋友》的故事。故事讲完后，李老师问："大家说说，小狗、小猫为什么不愿意和小猪做朋友？"

"小猪在小狗、小猫家门口乱画，别人就不喜欢和他做朋友。"

"现在，老师想请小朋友找一找，我们活动室里有没有乱涂乱画的地方。"

幼儿在墙上、桌椅上找到了乱涂的痕迹，纷纷告诉老师"这儿有""这儿也有"……

"那咱们能不能想个办法，把这些脏东西去掉。"

"用毛巾擦，还要用洗洁精。"

李老师给每个幼儿一块小抹布，并蘸上洗洁精。幼儿发现只有瓷砖上能擦干净，其他地方都不行，就找老师想办法。

"这些痕迹擦不干净了，要用油漆和涂料重新粉刷，可是这只能等放假的时候才能刷。整洁干净的活动室是老师和小朋友一起学习和

图7-1 教师引导幼儿将乱涂的痕迹擦干净

游戏的地方,大家都要爱护它。以后,小朋友想画画,请到老师这里来拿纸,画在纸上,我们一起欣赏,好不好?"幼儿听了,纷纷表示再也不乱画了,而且还真做到了。

　　分析: 针对幼儿的一些不文明行为,教师运用故事引导他们认识到这种行为的错误,并启发他们想办法解决问题,纠正错误。

学海泛舟

一、什么是幼儿教师教育口语

　　幼儿教师教育口语是幼儿教师在对幼儿进行思想品德、行为规范教育的过程中所使用的工作口语。幼儿园教育的任务是保教结合,对幼儿进行德、智、体、美、劳等方面的教育,促进其身心和谐发展,主要目标是培养幼儿诚实、自信、好学、友爱、勇敢、爱护公物、克服困难、讲礼貌、守纪律等良好的行为和习惯,以及活泼开朗的性格,使幼儿具有初步的感受美和表现美的情趣和能力。因此,幼儿教师教育口语在完成幼儿园教育任务和目标的过程中起到非常重要的作用。幼儿教师教育口语与其他教育阶段的教师口语相比较,因其教育对象的特殊性而具有自己独有的特点。

二、幼儿教师教育口语的特点

(一) 具体鲜明,富于针对性

　　幼儿的年龄偏小,思维处于具体形象思维阶段,生活经验不足,对语言的接受理解能力较弱,听不懂教师的抽象说理。所以,在对幼儿开展教育时,教师所用的语言应当具体鲜明,富有针对性。其中含有两层意思:①针对具体事情,及时教育,且所用语言要具体化。也就是说,如果幼儿做了好事,教师要及时表扬。在表扬时,不能只讲某某小朋友真棒,虽然这也是表扬,但幼儿不明白哪里棒、怎么棒。所以,教师要具体指出幼儿哪里做得好、怎样做得好,或哪点值得表扬。相反,如果幼儿做了错事,教师要及时批评指正,并且具体指出哪里错了。②针对不同性格气质的幼儿采用不同的教育方式。对于胆小的幼儿,要以鼓励表扬为主;对于活泼好动的幼儿,要发挥他的长处,让他为班级做事情,并对他提出相对严格的要求。

小 示 例

爱动的小民

　　幼儿园中有个孩子叫小民,特别爱动,安静不下来。上课时,他即便好不容易坐下来了,也坚持不了多久,一会儿又跑开了。王老师很耐心地一次次提醒他,可效果不佳。有一天,王老师发现小民在座位上坐了五分钟没有动,她当着全班小朋友的面表扬了小民:"小民今天安静地坐了五分钟还没动,比昨天、前天安静的时间长了两分钟,他有了

图 7-2　教师鼓励小民

进步,小朋友们一起鼓掌,给他一个爱的鼓励。"小民在老师的不断鼓励与表扬下,一天比一天做得好了。

分析: 针对小民这种性格活泼好动的孩子,让他安静地坐下来听课是不容易的。当看到小民安静地坐在座位上五分钟不动时,教师及时给予了表扬,并且具体指出小民比昨天、前天多安静了两分钟,有了进步。这样的表扬语非常具体,幼儿能够明确地了解到自己为什么受到表扬。不仅如此,教师还让大家鼓励他。这时,小民心里会很高兴,也会明白他明天需要安静更长的时间,即他内心的努力方向是清晰的。也许对一般幼儿来讲,静静地坐五分钟是简单的事情,但对小民来说却是一个进步。本示例中的教师能够针对不同的孩子及时采用相应的教育方法。

慢慢的雅雅

幼儿园里有个叫雅雅的小姑娘,属于典型的黏液质孩子,做任何事情都特别认真,但都特别慢。有一次午睡后,老师要小朋友们自己穿衣服,于是老师对雅雅说:"你看军军穿衣服又快又整齐,你穿得一定比他还要好!"听了这话,雅雅的动作明显加快了很多。当然,不管她穿得比别人快,还是比别人慢,穿好之后,老师都会给她一个大大的拥抱。慢慢地,雅雅做事效率提高了很多。

分析: 教师针对雅雅的性格气质特点,采取相应的教育措施,并收到了较好的效果。

(二) 潜移默化,富于诱导性

幼儿教师应有一双善于观察幼儿的眼睛,能随时注意到幼儿的行为,并能机智地运用各种方法去肯定或调整幼儿的行为举止,在生动有趣而又富有启发性的语言中,让幼儿潜移默化地受到教育。

小示例

坏了的布娃娃

班上的幼儿把布娃娃弄坏了,老师告诉幼儿:"布娃娃刚才告诉我了,她最大的愿望就是每天和小朋友们一起玩,可是有人把她的腿弄坏了,她特别疼,不能和小朋友们玩了,她很伤心。"

分析: 在幼儿园中,玩具被损坏是常见的现象。如果教师仅凭生硬的说教,是很难获得理想的教育效果的,那么怎样才能有效地处理这类事情呢?这需要教师的教育智慧。示例中的教师就是一个有着教育智慧的人,她懂得幼儿的心理,了解幼儿的形象思维特点,所以,她采用拟人化的方法,赋予布娃娃人的情感和思想——布娃娃很伤心,想和小朋友一起玩却做不到,因为她被小朋友弄坏了腿。这会引起幼儿对布娃娃的同情,让幼儿感同身受。教师在运用拟人化手法的过程中,并没有明明白白地批评任何人,没有说哪个孩子做得如何不好、不爱护玩具不是好孩子等言辞,而是通过幼儿对布娃娃的同情引导他们,潜移默化地起到教育的作用。

不午睡的小猴子

天天没有养成午睡的好习惯,老师经常给他讲小猴子的故事。小猴子有个坏习惯,每天中午都不休息。他的好朋友们——小猫、小兔、小熊都休息了,而他还总是玩个不停,一会儿在树上蹿来蹿去,一会儿摘果子。他不仅自己不好好休息,有时还打扰好朋友休息。他总是或摸摸小猫,或碰碰小兔,或挠挠小熊,惹得小伙伴也睡不踏实。日子一天天过去了,小猴子下午上课总没精神,身体也壮实不起来,经常生病。

分析: 在这个教育案例中,教师并没直接批评天天,如"你没有养成良好的午睡习惯""你打扰别的小朋友午休"等,而是将天天的行为编进一个故事,故事的主人公实际上就是一个像天天一样不午睡的小猴子。小猴子因为不午睡经常生病,身体不够壮实。教师通过故事教育幼儿:不午睡就得不到足够的休息,身体就容易生病。

(三) 简洁规范,富于条理性

由于幼儿的心智发展还不成熟,所以教师应当用规范简洁的语言,有条理地将事情说清楚,让幼儿真正听得懂。

小示例

只顾玩玩具

幼儿园今天增加了新玩具,幼儿玩得特别高兴,以至于户外活动时间到了,有一些幼儿还是不肯罢手,老师说了好几遍都不起作用。这时,刘老师灵机一动,温和地对幼儿说:"老师知道你们特别喜欢玩这些新玩具,那老师允许大家再玩一会儿,你们看那个大钟表,长针指到 12 时,老师请小朋友将玩具归位,然后到教室外参加户外活动。"

分析: 在案例中,针对幼儿因为喜欢玩玩具而不去户外活动的问题,教师没有一遍遍地唠叨,赶幼儿去户外,也没有因幼儿不活动而生气,而是非常理解幼儿的心理,但又不是没有原则地迁就幼儿。规则是必须遵守的,但执行规则可以有一定的弹性。于是,教师用简洁、有条理的语言表明了处理问题的具体做法:第一,幼儿可以继续玩玩具;第二,玩的时间限制到 12 点;第三,玩后须将玩具归位;第四,玩具归位后,参加户外活动。

图7-3　幼儿教师的工作需要爱心

（四）温和真诚，富于情感性

幼儿园工作内容烦琐，且幼儿年龄小，教师需要关注到很多细微之处，因此，幼儿教师的工作是一项需要爱心、耐心、细心的工作。在对幼儿进行教育的过程中，教师需要带着一份爱心，细心地观察幼儿的一言一行，耐心地倾听他们的心声，真诚地与他们交流和沟通。

小示例

小画书的冲突

在幼儿园里，小丽与小军发生了冲突，两人又吵又打，扭在了一起。李老师走了过来，温和地问清了事情发生的经过。原来小丽带了一本很好看的小画书，小军想看，但小丽因为自己正在看，不想让小军看，小军就开始抢书，结果书被撕破了一页，小丽很生气，两人就开始吵了起来，后来又动了手。明白事情发生的前前后后，李老师耐心地拉起小军的手，盯着小军的眼睛，温和地对小军说："小军，老师知道你特别想看这本小画书。可是，小画书是小丽的，你应该先得到她的允许。"小军也知道自己不对，但还在辩解："我向她说了，可是她不想让我看，我才抢的。"李老师仍然温和地说："小画书是小丽的，如果她允许，你才能看。小丽没有允许你看，你就动手抢书，把书撕坏了，这是不是你不对？"小军不好意思地点点头。"老师知道，小军知道错了，这真的很棒。老师还知道，小军是个勇敢的孩子，做错了事情能勇敢地承认错误，还能勇敢地道歉。那跟小丽说声对不起吧。"小军看着小丽，小声地说："对不起。"想到心爱的书被撕坏了，小丽仍然高兴不起来，所以她不愿意接受道歉。这时，李老师走到小丽面前蹲了下来，目光温和地望着小丽，说："老师知道，小丽还在为撕坏的书不高兴，老师可以帮你想办法用胶水修复呀。小军知道错了，道歉了，小丽是个善良的好孩子，是不是该接受道歉呀？来，拉拉手，和好了。"小丽听后，和小军拉了拉手，笑了。

分析： 在幼儿园中，幼儿之间会因为各种各样的事情发生小的冲突矛盾，这是正常的现象。教师在处理这样的事情时，不能简单粗暴地进行惩罚，而应该像案例中的教师一样，温和地对待双方。那么，如何能做到理智、温和、坚定地面对双方幼儿呢？首先，教师要能切身地体验到冲突双方幼儿行为背后的心理动机——小军原本的想法是看小画书，而不是破坏书，只是没有达到目的，又不知怎样处理才动手抢书，导致书被撕坏一页。正因为教师看到了小军行为背后的动机，才相信小军不是个坏孩子，才会更加耐心、温和地对待他，才能充分地理解他，做到同理共情，在肯定他动机的基础上，温和地教他怎样去看待和处理这件事情，并鼓励他去道歉。教师的理解、真诚和鼓励，孩子都能感受到，所以才会发自内心地接受教师的教育。对小丽也是一样，通过教师的共情与劝解，小丽与小军和好了。这样一个冲突解决的过程具有典范作用，幼儿会学到一些处理问题的方法，也会学到一些为人处世的规则。

练一练 7-1

基于以下情境，根据所学知识设计对话。

幼儿园的有些小朋友只爱吃肉，不爱吃菜，尤其不爱吃绿叶菜。张明作为一名幼儿教师，当他看到这一现象后非常着急，想要说服小朋友吃菜，并让小朋友爱上吃菜。那么，他该如何说服小朋友们呢？如何让小朋友们爱上吃菜呢？

知识岛

幼儿园教师的不当用语案例

（1）我看谁是最后一名？我看谁忘记了？

分析：这类语言属于反面恐吓类语言，言外之意是，如果谁是最后一名或达不到要求，谁就将受到批评或惩罚。这种语言违背了幼儿教育所提倡的正面激励原则。试想，幼儿在这样一种被恐吓的情境下，能主动、发自内心地去完成教师所提的要求吗？即使完成了，他们的心情又会如何？大概只能是压抑、紧张与恐惧了。教育的重点在于过程而非结果，在这种情境下，幼儿只能以一种简单的消极态度去应对，而不能从中得到任何乐趣。对于更小一些的托、小班的幼儿来说，他们不能像成人一样理解教师的话，往往以为教师真的在比谁是最后一名。

对策：变反面恐吓为正面激励。教师应以充满热情和积极向上的语言激励幼儿。比如：我们看看谁完成得又快又好？比比谁记得最牢？甚至还可以许诺对完成情况良好的幼儿进行奖励，如贴小红花、点小红点、获得优先游戏权等。这种正面激励利用了幼儿喜欢成功、追求上进、乐于竞争的特点，能够调动幼儿的积极性、主动性，使幼儿变被动接受为主动竞争，从而促使幼儿更好地达成目标。

（2）不许说话（或不许……）；赶紧吃（或赶快做……）。

分析：这是一种强制性命令语言，教师高高在上地对幼儿发号施令，拥有绝对权威。在这种高压环境下，幼儿没有发言权，没有主动地位，只能绝对服从。久而久之，就会使幼儿感到压抑，进而形成唯唯诺诺、唯命是从、胆小怕事、缺乏主见等负面性格，又如何谈得上创设自由宽松、平等尊重的精神环境，培养乐观向上、敢于创新的良好性格？况且这种简单的指令真的能让幼儿发自内心地遵守和接受吗？答案显然是否定的。

对策：变强制命令为游戏诱导。幼儿最主要的特征之一就是热爱游戏。在游戏中，他们会全身心地投入，从中获得巨大的乐趣，得到有益发展。教师应充分利用这一点，在组织日常活动或教学活动时，想办法将指令变成幼儿感兴趣的游戏，让幼儿在游戏中完成指令。比如，在课前准备环节玩"神奇胶水"的游戏，请幼儿用想象中的神奇胶水"粘"好自己的小手、小脚、小嘴巴、小屁股，使他们坐好不乱动，以集中注意力；当希望幼儿注意看某处时，可以告诉幼儿用小眼睛做聚光灯找到某处；当希望幼儿原地不动时，可以让他们比比谁最像木头人。通过这些游戏情境，能使幼儿更好地完成指令。

（3）××，去把抹布拿来。

分析：这类语言属于普通祈使句，从表面看来似乎没有什么不妥，但它其实缺少了最基本的礼貌用语。许多教师经常教育幼儿要懂礼貌，可自己在与幼儿交往的过程中却常常忽略了这一点。礼貌用语表面上反映的是礼貌问题，其实本质却是人与人之间相互尊重的问题。这类语言说明，尊重与平等的关系并没有在师幼之间真正建立。这种人与人之间尊重与平等的概念的形成及礼貌习惯的养成，需要的不是呆板的说教，而是需要教师在日常生活中的言传身教。

对策：变普通用语为礼貌用语。比如，"××，请你把抹布拿过来，谢谢！""请你明天把那本书带来借给老师用一下，可以吗？"教师要注意自己的一言一行、一举一动，从生活中的一点一滴中体现出师幼之间相互平等、相互尊重的关系，注重言传身教、率先垂范，在与幼儿的互动过程中努力为他们创设一个真正平等的精神环境和文明礼貌的语言交往环境。

第二节　幼儿教师教育口语的基本技能训练

课前五分钟

想一想，说一说。

　　新学期开学后，细心的刘老师发现：原来活泼开朗的茜茜不爱说话了，特别安静，但有时又会特别暴躁，甚至出现了伤害小朋友的行为。如果你是刘老师，你会如何在不伤害茜茜自尊心的情况下向她了解出现这种情况的原因，又该如何与她的家长沟通这个问题呢？

案例导航

认识小手

　　"老师，睿睿在家又含手指了，真拿他没办法。"今天早上入园时，睿睿妈妈愁眉苦脸地对老师说。睿睿是班里最小的一个孩子，入园时还不到两岁半，在班里比较乖巧，大家也都非常喜欢他，可是他有一个含手指的坏习惯，很让人头疼。在家，睿睿的父母想尽了各种办法都不管用，睿睿还是照含不误。睿睿入园快两个月了，老师想要尽快帮助他改掉含手指的习惯。一天下午，有一节"认识小手"的活动，老师在每个幼儿的手指上画上五官，并起上名字，让他们和手指娃娃做好朋友，要爱护它们，不能咬或者含它们，因为这样手指娃娃会不舒服。接着，老师又启发幼儿说出手指娃娃有哪些本领。幼儿争先恐后地说出很多答案,当然睿睿也很积极地进行了回答。借此机会,老师接着问:"手指娃娃做了这么多的事情,那么它们的身上脏吗? 在显微镜下观察一下就知道了。"幼儿通过观察,发现指甲里藏了许多用肉眼看不见的细菌。老师告诉幼儿,这些细菌如果吃到嘴里,就会生病,因此一定要及时给手指娃娃洗澡,做个讲卫生的好孩子。从此以后,老师细心地观察着睿睿的一些变化,并及时地鼓励他。一周下来,睿睿含手指的习惯慢慢改掉了。

图7-4 "认识小手"活动

分析: 教师基于手指娃娃的情境,引导幼儿观察显微镜下指甲中的细菌,告诉幼儿细菌吃到嘴里会生病,要及时给手指娃娃洗澡。教师通过具体的活动指导了幼儿,也让睿睿改掉了坏习惯。

🛥 学海泛舟

在幼儿教师教育口语中,通常会用到沟通语、说服语、表扬语、批评语、劝慰语等。

一、沟通语的训练

沟通语是一种在特定的语境中,在体察对方特定处境的前提下,选用恰当的语言,以达到与对方进行信息和情感交流目的的策略性用语。沟通分为语言沟通和非语言沟通两种方式:非语言沟通是指教师用体态语与幼儿交流,教师的一个眼神、一个拥抱、一个微笑就能起到很好的作用,它是语言沟通的有益补充;语言沟通是以语言为媒介进行的沟通,这是教师与幼儿沟通的最主要的方式。教师在与幼儿进行语言沟通时,要尊重幼儿,善于倾听,关注他们内心真正的声音。

与幼儿进行沟通是幼儿教师日常工作中的一个重要环节,如在处理幼儿的一些问题时就需要与其进行沟通。能够与幼儿进行良好的沟通也是作为一名合格的幼儿教师的基本条件。在幼儿园中,教师与幼儿的良好沟通具有多方面的作用:可以拉近师幼之间的心理距离,帮助教师了解幼儿的兴趣爱好、性格特点、心智发展水平及真实需求,为教育教学的展开打下良好的基础;在进行教育教学活动时,教师可以根据幼儿的情况调整教学策略,使教育教学取得良好的效果;在处理幼儿的一些问题时,能够切中要害,提高工作效率。最重要的是,教师与幼儿良好的沟通可以培养幼儿敢于表达自己、具有独立性与创造性的优秀品质。

教师在与幼儿沟通时,要遵守三大原则:

(1)发自内心地尊重幼儿,平等地对待幼儿。这里包含两层意思:一是教师要把幼儿看作是与自己一样平等的人,尊重他们,不要因幼儿年龄小而轻视甚至嘲笑他们;二是教师要平等地对待所有幼儿,不能厚此薄彼。只有在内心真正地做到这些,与幼儿交流时才会有良好的情绪与心态,沟通才能顺畅、高效。

(2)真诚耐心地倾听幼儿,关注他们行为背后的声音。学习沟通最重要的就是学会倾听,尤其是对于幼儿。幼儿年龄小,语言表达能力有限,理解能力较差,因此,教师在面对他们时要有耐心,态度要真诚,这样幼儿才会敢于表达自己的想法。此外,教师的倾听不止于此,还要听其言、观其行,真正听懂幼儿内心的声音,这样才能全面地理解幼儿及他们的行为或问题,才能更有效地解决问题。

(3)温柔淡定地表达。真正的倾听能让教师较全面地理解幼儿,看清楚幼儿某种行为或问题背后的原因,这样,教师在处理问题时才会不急不躁、同理共情,做到用温柔的语言、淡定的态度去和幼儿及当事人沟通与交流。同时,教师对待幼儿的这种平和的做法,反过来也能够让幼儿更敢于表达、乐于表达。如果教师不能平和、理性地对待幼儿,即带着情绪处理问题,那只会让幼儿越来越害怕,让他们不知如何表达或不敢表达了。

在这三大原则之下,教师在日常工作和生活中可以运用以下几个实用的沟通小技巧。

第一,抓住每个可能的机会,积极主动地和幼儿说话。在幼儿来园、吃饭、游戏时,教师都可以与幼儿进行交流,比如:早晨主动和来园的幼儿打招呼,互问早上好;吃饭时关注幼儿的用餐情况,叮嘱他们多吃点;游戏时主动参与其中,一起说笑;等等。这样,幼儿会感受到教师的爱和关心,增强他们的安全感,使他们逐渐变得活跃,愿意与教师交流。

第二,寻找幼儿的兴趣点,引导他们多说、爱说,使沟通真正发生。有些幼儿比较内向,不大爱说话。针对这些幼儿,教师可以通过观察来找到他们的兴趣点。比如,他们喜欢哪种玩具,教师就可以带着这种玩具与他们一起玩,一边玩一边与他们聊天,创造一个宽松的活动环境,让幼儿在放松的状态下表达自己,这样会让幼儿的胆量逐渐变大,变得喜欢与教师说话。

第三,幼儿说话时,不轻易打断他。听别人把话说完是尊重对方的表现,即使说话的人是幼儿。当幼儿有说话的欲望,想与教师分享时,教师要做一个耐心的倾听者,让幼儿把话说完。这样做体现了教师对幼儿的尊重,有助于教师更全面地了解幼儿的情况。如果教师在中途打断幼儿的表达,会打击幼儿说话的积极性,也会让教师失去了解幼儿情况的机会,为后续的问题处理带来不良的影响。

第四,教师要允许幼儿为自己辩解,因为这是他们的权利。有些幼儿在因犯错误而被教师批评时,会为自己辩解,教师不要为此火冒三丈,要给幼儿辩解的机会,让他从自己的角度说出事情的来龙去脉。这不仅是教师公平公正地处理问题的前提,也是幼儿自己整理思绪、反思自己问题的过程,当然,这也有利于他们的语言表达。

第五,对幼儿多赞美,少批评。每个幼儿都是不同的个体,都有自己的特点。作为幼儿教师,要有一双敏锐的眼睛,看到每个幼儿特点中的长处,多表扬和强化,让他们自信地成长,成为内心阳光的孩子。当然,多赞美、多表扬并不是说只能顺着幼儿,一点不能批评或否定他们,而是说要以赞美为主。当幼儿犯错时,教师也需要批评,但是要注意方式方法,不能言辞过激,以免伤害幼儿。

第六,选择适当的机会和地点解决幼儿的问题。教师在处理幼儿的问题时,需要尊重幼儿的个性。当教师意识到幼儿的问题需要单独处理时,应选择合适的机会和地点。当与性格内向的幼儿进行沟通时,需要考虑营造一个较为轻松的氛围,采用轻松闲聊的方法,以缓解幼儿的紧张情绪。

小示例

稀奇古怪的小利

小利总是有许多稀奇古怪的想法和做法。

"老师,小利把毛巾扯坏了!"小朋友们告状说。

老师来到厕所里一看,可不是嘛,原来很平整的新毛巾已经皱在一起了,毛巾上还拖着几条长长的线,地上也有几根。"老师,这毛巾都不好用了。"孩子们嚷着。

"我想,小利这样做一定有他的理由,让我们听一听他为什么把毛巾弄成这样,好吗?"老师说道。

图7-5　揪线头

孩子们都静下来了。"我看见毛巾上有根线头不好看,就想把它揪下来,可是越揪越多,怎么也揪不完,毛巾就成这样了。""原来是这样,小利并不是故意的,他不知道毛巾是用许多线横竖织成的。"一场风波就这样平息了。

分析: 面对幼儿的告状及乱糟糟的毛巾,这位教师的态度非常平和亲切,她相信小利这样做一定有他的理由。教师的态度让幼儿平静了下来,这样小利就能较自如地说清事情的经过。教师通过真诚耐心的倾听,了解到小利的良好动机,从而温和地平息了一场风波。在处理这场风波的过程中,教师做到了尊重幼儿、真诚倾听、温和亲切,这是一位富有教育智慧的教师。

争强好胜的丽丽

为了培养小朋友们良好的生活和学习习惯,幼儿园规定:对于表现好的小朋友,每受到一次老师表扬可得一枚小贴纸,每10枚小贴纸可以换一面小红旗。有一天,丽丽跑到老师面前,高兴地对她说:"老师,我有10枚小贴纸了,可以换成一面小红旗了。"旁边立马有小朋友告状:"老师,丽丽骗人,她把小贴纸撕了又贴在墙上!"小朋友们都围了过来,大家看到墙上被撕贴过的小贴纸,纷纷指责丽丽,丽丽一下子哭了起来。小朋友们也不知所措地看着老师,叽叽喳喳地说着。老师没有批评丽丽,而是问小朋友们:"丽丽为什么将小贴纸撕了又贴上去呢?""她想得到小红旗!"有小朋友回答。"老师,可是她骗人!""丽丽不能用这种方法得到小红旗。"有的小朋友说。"是的,这种骗人的方法是不对的。"小朋友们纷纷提出自己的看法。老师又进一步引导小朋友们:"那要怎么做才对呢?""认真回答老师的问题。""好好睡午觉!""多吃菜!""好好表现,多让老师表扬!"这时,丽丽也平静了下来,老师问:"丽丽,听到小朋友们的话,你想说点什么吗?"丽丽不好意思地说:"我错了,以后我要好好表现,让老师多表扬我,得到更多的小贴纸。"最后,老师说:"小朋友们想多得到小红旗,这是一个好的想法,说明你们想让自己变得越来越好。可是,靠什么办法来多获得小红旗才好呢? 就像小朋友们说的,要靠好好地在幼儿园表现自己,靠自己的努力。丽丽已经认识到自己的错误了,知错能改就是个好孩子! 大家给她一个爱的鼓励吧!"小朋友们鼓起掌来。

　　分析: 在幼儿园里,经常会遇到好胜心强的幼儿用错误的方法来达到他们的目的。争强好胜是好事,可以让幼儿不断地努力和进步,但是要用正确的方法来获得成功。教师在处理这名幼儿的问题时,采用了引导幼儿自己讨论的方法,这里不仅存在教师与幼儿的沟通,也存在幼儿与幼儿的沟通。在大家一起自由讨论的过程中,使问题及处理方法得以清晰显现。为了突出沟通的结论,教师最终做了一个简单明了的总结,还鼓励犯错的幼儿。因此,案例中教师的沟通语富有智慧性与引导性。

二、 说服语的训练

　　说服语是幼儿在遇到冲突等情况时,教师用来说服幼儿听从意见、建议或主张的语言。说服语可以分为直接说服和间接说服。所谓直接说服就是在面对幼儿时,教师直接采用"摆事实讲道理"的方法说服幼儿,使其接受教师的观点和要求。间接说服是指教师在面对幼儿时,采用比喻、类比、引用等方式暗示幼儿,让他们自己领悟到正确的做法,从而接受教师的观点与要求。那么,在教育活动中,教师如何运用说服语呢?

小示例

是借还是抢

　　户外活动时间,毛毛正高兴地玩着球,小刚也想玩,就对毛毛说:"咱们一起玩球吧。"毛毛同意了,把球传给小刚。可没想到的是,小刚捡起球就大笑着跑开自己玩了。这可把毛毛气坏了,他向小刚要回球,小刚不给,毛毛气得大哭起来,向老师告小刚的状。老师来了,让两个小朋友面对面地说出事情的经过。在基本掌握事情的真实情况后,老师对小刚说:"小刚,你抢毛毛的球是不对的。"小刚还是不服气,理直气壮地说:"我不是抢的,我是向毛毛借的球,是他亲手给我的,我没有抢。"毛毛也不示弱,申辩说:"我没借给他,他骗我说一起玩,我才把球给他的。"老师问小刚:"是不是毛毛说的那样?他同意一起玩,但没说借给你?"小刚没之前理直气壮了,承认是这么回事。老师继续说:"小刚,什么是借球? 你跟毛毛说'把球借给我玩一会儿吧',毛毛同意后把球给你,这叫借球。你是这样做的吗? 毛毛同意把球借给你了吗? 毛毛只是同意和你一起玩球,并没有把球借给你,对吧?""反正我也没抢。"小刚还是不服气。"你是没有亲手抢,可是你是用骗人家一起玩的方式拿到球的,这种方式跟抢不一样吗?"老师进一步说:"小刚,你想玩球是没错的。可是,你得用正确的方法达到你能玩球的目的。如果你是毛毛,有人用这种方式抢球,你会怎么样呢? 你会高兴吗?"听到这里,小刚垂下了头,老师又对他说:"你想想,你这样做对不对?"小刚脸红了,不好意思地小声说:"不对。""那是不是应该给毛毛道个歉呢?"小刚虽然淘气,但也是个小机灵,他当即对毛毛说:"对不起,球还给你,但这次我真的想和你一起玩球,真的不骗你了。"

分析:在处理毛毛与小刚的冲突时,教师直接指出小刚的错误。在小刚狡辩时,教师凭借事实驳回了小刚似是而非的说法,又利用身份互换的方法让小刚体验毛毛的感受,最终说服小刚承认错误并道歉。

不争抢

老师在给小朋友分点心时,大家一哄而上,纷纷抢着去拿自己最爱吃的点心。一时间,教室里乱哄哄的。老师尽力让小朋友们安静之后,便讲了《孔融让梨》的故事。小朋友们听得很认真。老师讲完后,问道:"孔融的做法好不好? 如果是你,你会怎么做? 听了这个故事有什么想法?"从此,小朋友们在分东西时不再那么自私了。

分析:面对哄抢的场面,教师没有指责、批评幼儿,而是采用了讲故事的方法,将道理寓于其中,起到了说服的良好作用。

讲秩序,排排队

户外活动结束后马上要吃午饭了,小朋友们都纷纷去洗手。洗手间一下子拥挤了起来,有小朋友喊:"老师,小方推我!""那是他们都推我,我都要站不住了!"老师听到喊声,赶紧过去察看情况,并让小朋友们排队洗手。洗完手,小朋友们准备用餐,老师在餐前讲了一个故事,名字叫作《小蚂蚁搬豆》,故事中的小蚂蚁讲究秩序、团结合作。讲完故事后,老师问小朋友们:"小蚂蚁那么小,却能搬动比它们身体大好多的豆子。小朋友们想一想,如果小蚂蚁也像你们刚才上厕所一样,挤作一团,它们能搬动豆子吗?"吃完饭后,小朋友们又去洗手间洗手,这次他们一个接一个,排成了一队,像小蚂蚁一样讲究秩序。

分析:在这个案例中,教师在面对幼儿洗手互相推搡的问题时,没有直接对幼儿进行教育,如告诉他们洗手要讲究秩序,不然挤倒了会受伤等,而是讲了一个关于遵守秩序的故事,然后引导幼儿去思考,最终成功地解决了问题。

教师在运用说服语的过程中,需要注意以下几点:

(1)在说服前,要充分调查、积极倾听,这样才能有的放矢地说服幼儿。教师要全面地掌握问题发生的全过程,厘清问题产生的原因,找到解决问题的关键点和切入点,这样才能有效地解决问题。

(2)在说服的过程中,要以正面引导为主,不能简单粗暴。教师可通过说服的过程,帮助幼儿逐渐树立起处理事情的正确观念。教师要以理服人,让幼儿心服口服,不能以自己的身份强迫幼儿接受。

(3)从幼儿的身心特点、兴趣与接受能力出发,不能单一说教。

三、 表扬语的训练

表扬语是对幼儿的思想、行为进行肯定时所用的语言。在教育活动中,表扬语非常重要,它具有激励作用,能促进幼儿身心的健康成长,以及良好品行的形成。同时,它还是师幼之间思想沟通、感情亲近的黏合剂。此外,表扬还具有强化作用,能对幼儿生活中的好与坏、是与非、对与错的行为进行正面强化,起到良好的正向引导作用。

虽然表扬语在教育教学中起到了很重要的作用,但不能滥用。教师在运用表扬语时应当注意以下几点:

(1)表扬要及时。教师需要在幼儿有了积极的思想或行为的当下进行表扬,因为幼儿的这一行为或思想可能并不是有意为之的,教师需要把握住这个闪光点,这是一个强化契机。当教师敏锐地捕捉到这一闪光点时,如能利用表扬将这一瞬间放大,让班上的幼儿有意识地看到,这无疑能为他们树立一个正向的榜样,引导他们朝这一方向努力。

(2)表扬要具体。正如前文所说,幼儿的良好行为或思想的出现可能是无意识的,他并不明白自己到底哪里做得好、哪个想法好,所以教师在表扬幼儿时,除了需要及时外,还需要具体、明确地指出他的哪个行为、想法是对的,以及为什么是对的。幼儿只有明白了这些,才能保持或发扬积极的行为和思想,才可能继续进步。

(3)表扬要真诚、恰当,不能夸张。所谓真诚,就是教师的表扬和鼓励一定是基于幼儿身上的闪光点而发自内心地对其提出的。所谓恰当,就是教师对幼儿的表扬是恰如其分的,不能为了表扬而表扬,甚至是夸张地表扬。比如,对于大班的幼儿,当他能顺利地完成小班幼儿就能完成的任务时,教师依然给予了大大的表扬,这样的做法会让幼儿觉得"这么简单还表扬,老师是假装的,不是发自内心的"。所以,表扬要在点上,这也是教师教育智慧的体现。

(4)注重表扬幼儿的努力和取得的进步,而不仅仅是好的结果。比如,教师在表扬小明故事讲得精彩时,就会说:"小明是我们班的故事大王,他讲的故事小朋友们都特别爱听。他为什么能讲得这么好,他为什么会讲那么多的故事呢? 大家可以看到,小明每天到幼儿园后都会去图书角看故事书,有些故事书他都看了好多遍了,有些甚至都能背出来了。他会讲故事,并且讲得好,就是因为他天天都在努力、认真地读书,我们是不是应该向他学习呢?"

(5)在幼儿失败后,也要对其进行鼓励。幼儿做得好应当表扬,而当他失败时,教师更应当及时地对其进行肯定与鼓励。比如,幼儿园举办跑步比赛,阳阳是选手,可是他却跑在了最后。阳阳很伤心,也很沮丧。教师看到后,给了阳阳一个大大的拥抱,鼓励他说:"阳阳是好样的,坚持到了最后。我为你的勇气和坚持而骄傲。"教师的及时肯定和鼓励让阳阳重新振作了起来。教师这样的做法可以让幼儿在失败中看到自己做得好的地方,坚定自己的信心。

小 示 例

表扬后的进步

琪琪小朋友是从外地转学过来的,性格内向,很少与同伴接触,在集体中显得郁郁寡欢。户外活动时,他总是自己躲在一个角落,不愿和小伙伴一块做游戏,很多的活动技巧也掌握不了。刘老师在注意到这些后,经常用目光关注他,并时不时地牵他的小手,摸他的头或抱一下他。一天,孩子们说琪琪会跳绳了,刘老师高兴地抱起他,说道:"你跳绳跳得太棒了,能连续跳 10 下呢!"后来,刘老师又不失时机地在全班孩子面前表扬了他:"琪琪原来不会

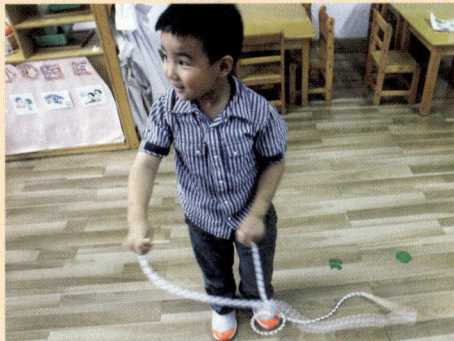

图 7-6 表扬后的进步

跳绳,现在经过努力,跳得特别好,进步特别大,咱们让他表演给大家看,好不好?"从此以后,琪琪便会经常展示跳绳的本领,别的活动也能积极参加,人也变得开朗起来了。

分析: 在这个案例中,教师能细心地关照特别的孩子,有爱心,也很贴心。琪琪性格内向,不自信,教师通过细心观察,及时发现他在跳绳方面的进步,并给予表扬,使幼儿逐渐自信和开朗起来。

四、 批评语的训练

批评语是当幼儿有不恰当的行为时所采用的教育语言,它是对幼儿的一种否定性评价,目的在于纠正幼儿的不当行为,从而使幼儿从小养成良好的行为习惯和品质。批评同样是为了让幼儿健康成长。

教师在运用批评语时,有一个最为重要的原则就是尊重幼儿,保障幼儿的身心健康。具体来说,教师需要注意以下几点:

(1)选择合适的时机和场合。幼儿虽小,但一样有自尊心,所以教师在批评幼儿时,一定要选择合适的时机和场合,保护好幼儿的自尊心。此外,对不同的幼儿也要有不同的做法。比如,对胆小内向且自尊心特别强的幼儿,要创造轻松的环境,与其单独聊天,对其错误点到为止。对性格执拗,不愿认错的幼儿,可以在办公室严肃、认真地对其进行批评。另外需要注意,只有是全班幼儿都存在的具有代表性的错误,且教师希望对幼儿起到警示作用的,才可以在班里公开批评。

(2)选择恰当的批评方式。批评的形式主要有四种:①一针见血式的批评,即直接明了地指出幼儿所犯的错误,具有很强的针对性。这种方法适用于总是犯错误却一直不在乎的幼儿,他们往往不能清晰地认识到自己的错误,需要教师明明白白地指出来,让他们对自己的错误有清晰的认识,这样才有利于其改正错误。②启发暗示式的批评,即采用启发、暗示、诱导等方式,用委婉的语言达到批评的目的。这种方法适用于所犯错误不太严重、悟性好的幼儿,他们能够理解教师的启发、暗示,也会很快意识到自己的错误,并改正错误。③点到为止式的批评,

即只需要指出问题所在即可,不用任何批评的语言。这种方式适用于那种自尊心特别强的幼儿,一般这样的幼儿都是很认真的,在他们犯错后,教师只要一句话甚至一个眼神,幼儿便能准确地感受到教师传递的信息,及时地调整自己的行为。④以鼓励、建议代替批评,即以鼓励、建议的方式让幼儿意识到自己的不足,自觉地做出改进。这种方法适用于性格特别内向,心理承受力较差,自信心不强的幼儿。这样的幼儿在犯错后容易产生较大的心理压力,如果这时教师再去批评他,幼儿可能会承受不住,打击了他原本就不强的自信心。所以,教师要用鼓励、建议的方式为这类幼儿指明努力的方向,让幼儿改善自己的行为。比如,教师可以对幼儿说:"如果咱们多去参加读书活动,是不是就会讲更多的故事了?""老师相信,你能把小桌子整理得很干净。""小永是个有勇气的好孩子,能自己去向小明道歉。"

(3)批评要及时,且就事论事,不能翻旧账。与表扬一样,批评也要求及时,即在事情发生的当下就进行。因为时过境迁,幼儿对这件事情的感受就不一样了。另外,批评时要就事论事,只针对当下的事情和问题,不要重新提起幼儿曾经犯的错误,因为这会分散幼儿本就有限的注意力,影响他们对于当下问题的认识。另外,教师经常旧事重提会让幼儿觉得啰嗦。

(4)批评要态度明确、语言具体。在批评幼儿时,教师的态度要鲜明,且批评的语言要具体,如哪里错了、哪个行为错了、为什么错了等。

小示例

批评的语言要具体

教师 A:"你表现得怎么这么差劲!"

教师 B:"小明,你要注意哟,上课时眼睛看着老师,不能左看看右瞧瞧的。"

分析: 教师 A 使用的是责怪式的批评,且幼儿哪里表现得不好、怎么算不好都没说清楚。幼儿在接受教师的批评后,仍然没弄明白自己的错误之处,这样的批评只会伤害幼儿,不能起到纠正幼儿不良行为的目的。教师 B 的批评很具体,小明在听到提醒后,能马上明白上课要怎样做,自己刚才哪里做得不好。

(5)批评要客观。教师不能将自身的负面情绪带进批评幼儿的过程中。因为当教师带着情绪去批评幼儿时,幼儿会很敏感,进而认为"我不好,老师不喜欢我",这样会打击幼儿的自信心,也会让幼儿本能地从心理上远离教师。比如,"你总是犯错,说了多少回了,就是不改"这样的批评语,显然教师是被激怒了,属于情绪发泄式的批评。幼儿听后,一是不明白哪里错了,二是觉得自己总犯错,不是好孩子。这样的批评起不到应有的作用,所以教师要情绪平和,客观、具体地批评幼儿。

小示例

爱插嘴的强强

强强是一个非常聪明的小男孩,但他有一个令人头疼的"毛病"——爱插嘴。有一天,老师刚说:"小朋友喝水……"他便叫道:"一组去,二组别去。"可是全班小朋友并不听他的话,一起拥向了杯子柜。老师让小朋友们先回座位上去,然后宣布:现在请强强来当小老师。孩子们见状,都觉得好玩,嘻嘻哈哈吵成了一团,强强大声喊:"一组去喝水。"小朋友们依然在吵,丝毫没有用处。这时,老师对强强说:"你一个人的声音怎么能比他们那么多人的声音大呢? 老师上课的时候你总是讲话,别人还能听得见吗?"他红着脸摇了摇头。经过这件事,强强的"毛病"改了许多。

分析: 在这个案例中,聪明的教师采取了换位体验的方法,让爱插嘴的强强体会了大家纷纷插嘴不听他说话的痛苦,帮助他改掉了坏习惯。

五、劝慰语的训练

劝慰语是指幼儿在幼儿园因感到不适应或与同伴发生冲突等情况而产生负面情绪时,教师进行安抚所采用的语言。当幼儿由家庭走向幼儿园之时,教师就接过了家长手中的接力棒,承担着照顾幼儿的责任。当幼儿在园中遇到冲突、矛盾等不愉快的事情时,教师要对其进行及时的劝慰、安抚,以保证幼儿能够身心健康地成长。

教师在使用劝慰语时,需要注意以下几点:

(1)同情、理解、接纳幼儿的负面情绪,并为之命名。0—6岁是婴幼儿情绪认知、情绪发展的重要时期,当然也包括负面情绪。当幼儿处于负面情绪的状态中时,教师要耐心倾听幼儿的心声,并为其负面情绪命名,比如,你生气了、你感到很委屈、你愤怒了、你看上去有些沮丧等。幼儿对自己的内在情绪认识得越好,他成长得就会越好。当教师真诚地同情、理解、接纳幼儿的情绪,并耐心地陪伴幼儿时,幼儿也会接纳自己的情绪,慢慢平静下来。同情、理解与接纳幼儿的情绪,是平复幼儿情绪的重要一环,也是与幼儿接近甚至走进幼儿内心的重要手段。

(2)弄清幼儿负面情绪产生的原因。幼儿的负面情绪不会无故产生,所以在处理他们的负面情绪时,教师需要先了解这件事情为什么会产生、是如何产生的,然后才能有针对性地对幼儿进行安抚,从而取得较好的劝慰效果。

(3)教师要帮助幼儿学会表达、调整情绪的正确方法。在我们的传统教育中,情绪是受到压抑的,比如,男孩子不能哭,不然会被嘲笑。然而,所有的情绪与感受都是正常的,即使是负面情绪,也需要正常地表达。当幼儿的情绪缓和下来之后,教师要教他们表达与调整情绪的方法。

(4)劝慰幼儿,不要责怪幼儿。当幼儿处于负面情绪中时,他自己的心里会有压力和伤痛,需要教师的安慰,帮助他舒缓情绪。这时,如果教师还一味地责怪幼儿,这无异于雪上加霜,不利于幼儿健康成长。

小示例

上幼儿园的第一天

在孩子第一次离开妈妈上幼儿园时,要怎样安慰他呢? 老师怀抱着孩子,轻轻拍着他的后背说:"老师知道你离开妈妈很害怕。你哭吧,哭会让你好受一点。老师陪着你!"

孩子听后,就大声地哭了出来……哭过,恐惧便自然地流淌了出来。老师又说:"你现在很安全。老师会照顾你、保护你,一直陪着你,不离开你,直到妈妈来接你,不管哭多久,都会有老师陪着。"一会儿,孩子因恐惧而哭变为了因伤心而哭。此时,孩子有的只是离开妈妈的伤心,而不再是恐惧。他和这个新世界就在这样的哭声中,逐渐靠近……正常的感觉逐渐开始回归,心情开始平复,慢慢地,妈妈的离开也被接纳了。

分析:大部分刚上幼儿园的孩子都会面临分离焦虑的问题。在面对幼儿的分离焦虑时,这位教师能理解并平静地接纳幼儿的哭闹,且能清晰地对幼儿的情绪进行命名,耐心地采取共情的方法,让幼儿的情绪得到释放,最终得以平复。

最心爱的画被毁了

中班的明明是画画能手,他最心爱的一幅画被老师当作范本贴在了班里最显眼的位置。可是有一天,小军却在这幅画上涂鸦,一幅好好的画被糟蹋了。明明看到后特别伤心,哇哇大哭。老师知道后,赶紧过来劝慰明明。老师把明明抱在怀里,轻轻地拍着他的后背,真诚地说:"老师知道,明明现在特别伤心。因为那幅画是明明最心爱的画,自己最心爱的东西被别人弄坏了,谁都会伤心的,老师也一样。"老师一直陪着明明,直到他慢慢平静下来。老师说:"哭一会儿是不是心情好一些了?老师和你一起去找小军,问一问到底是怎么回事。"小军见老师和明明来找他,眼睛都不知道看哪儿了。老师对小军说:"老师知道,现在小军已经知道自己做得不对了,心里还有些害怕,不想见到老师,怕老师批评,是吗?"小军不好意思地点点头,也没说话。老师又说:"你知道这样做不好,为什么还要去做呢?"小军小声地说:"老师每次都表扬明明画得好,还把他的画贴到墙上,我就在他的画上乱涂了。""老师明白了,你心里是有点妒忌明明。你也想画得像明明一样好,也想把自己的画贴到墙上,也想受到老师的表扬,是不是?"这话显然说到小军的心坎里了,他狠狠地点着头,强烈地表示认可。老师话题一转:"这些都是好事,说明你想画得更好,想努力上进。可是你把明明的画涂乱了,你就能画好了吗?你就能得到老师的表扬了吗?没有吧?"小军听到老师说的话,低下了头,一会儿,他又抬起头说:"老师,我知道错了。"老师又说:"做错了事情后,该怎么做呢?""我向明明道歉。明明,对不起,我不该在你的画上乱涂。"明明是个非常懂事的孩子,他接受了道歉。

分析:在这个案例中,教师本着先处理情绪后处理事情的原则,先安抚了明明的负面情绪。在这一过程中,教师以同理心去帮助明明描述他的具体感受,并明确地为情绪命名,让明明认识自己当下的情绪。当明明平静了之后,教师带明明去处理具体的事情。在与小军的交谈中,教师同样先处理的是小军的情绪,很准确地描绘了小军当时的心理感受,得到小军的认同,然后才去处理小军的错误行为。

练一练 7-2

情境模拟：

　　在今天的户外活动中,我和小班的孩子们准备练习双手交替拍球。活动之前,我和孩子们一起进行了热身——自由拍球活动。然后我告诉孩子们,现在我们来练习双手交替拍球,要求是左右手交替进行,边拍边数数,按"二八拍"进行。在活动刚开始,还没拍几下球时,一个孩子喊了声:"老师我没……"在孩子们啪啪的拍球声中,我没有听清楚,走近了问他:"你的球没气了?"他很认真地说:"不是,我没劲了。"孩子的小脸蛋红彤彤的,不像是生病了。

　　在这种情境下,你作为幼儿园老师,你该怎样处理呢?

图 7-7　自由拍球活动

知识岛

表扬和鼓励幼儿要讲究方法

1. 发自内心、真诚地表扬

不要为表扬而表扬,不能因表扬会让幼儿开心而盲目地表扬。不要受自身心情的影响而吝啬表扬,如总想到幼儿的坏习惯和小毛病而否定他。即使幼儿之前做了令人生气的事,但此刻如果做了值得表扬的事,就应该给予表扬。发自内心的真诚表扬,会让幼儿意识到自己的长处,从而不断努力。

2. 表扬幼儿的具体行为

教师应指出幼儿做得好的地方并加以表扬,不要用"宝宝真棒"一概而论。例如:"宝宝真棒,能自己穿衣服了。"就事论事地表扬幼儿,可以让他们明白是因为自己能够自己穿衣服而得到了表扬。表扬越具体,幼儿越容易明白哪些是好的行为,越容易找准努力的方向。

3. 表扬要及时,要有一致性

在幼儿有好的表现时要马上表扬。得到及时的表扬是幼儿表现出好的行为后所期待的,教师不要让他们失望。此外,表扬要体现出一致性,让幼儿能更容易地领会自己的行为是对还是错。

第三节 适应不同对象的教育口语训练

🕐 课前五分钟

想一想,说一说。

军军是个慢性子的孩子,他吃饭慢、动作慢,干什么都比别的孩子慢,而且他参与活动也不积极。作为一名幼儿园教师,应该如何对待这类孩子呢?

🚌 案例导航

拉钩

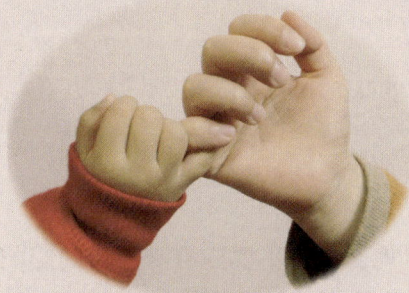

图7-8 拉钩

鑫鑫最近在幼儿园不愿意做早操,有时排到队伍中来也是有气无力的,想做就做,不想做了就蹲着,甚至找旁边的小朋友一起说话。老师看到这种情况后,就要求他跟着自己重新做,并教育他第二天早上一定要做好,但效果并不明显,他依然是听了就忘。离园时,老师请鑫鑫到小朋友面前来,当着大家的面,和他拉钩,告诉他拉了钩后就一定要做到!鑫鑫很感兴趣,伸出小指跟老师"拉钩上吊,一百年不许变"。第二天早操时,老师提醒鑫鑫:"还记得昨天我们拉过钩吗?"鑫鑫做起操来果然精神抖擞,老师也在全班小朋友的面前表扬鼓励了他。

分析:对于幼儿而言,"拉钩"是游戏,具有良好的约束力。"拉钩"是培养幼儿责任感的一种有效手段:和幼儿约定好一件事情,然后幼儿为了实现自己的承诺而愿意为之付出努力,这就是一种很好的责任感。

⛵ 学海泛舟

一、面对不同个性幼儿的教育口语训练

每一个幼儿都具有不同的性格气质特点,教师要根据他们不同的个性特点,实施与之相应

的教育策略,采用不同的教育口语。人们常说的四种气质类型及其典型心理特征主要包括:胆汁质(兴奋型)、多血质(活泼型)、黏液质(安静型)和抑郁质(抑郁型)。性格气质没有好坏之分,它们各具特色、各有所长,幼儿教师应清楚这一点,理性平等地接受各种性格的幼儿。在了解不同幼儿的气质特征和气质类型的基础上,教师需因势利导、扬长避短,培养他们良好的个性品质。

(一) 胆汁质

胆汁质的幼儿直率热情、精力旺盛、反应迅速、思维敏捷,情绪强烈且外露,但持续时间不长。他们还容易激动、急躁、粗心,不善于控制自己,安静不下来。所以在幼儿园里,胆汁质的幼儿通常能很好地适应幼儿园的生活,很容易结交朋友。在教师眼中,他们机灵活泼、热情勇敢、主动性强、乐于与人合作。但他们也容易冲动、任性,自制力较差,做事情容易毛躁,不细心。因此,对于胆汁质的幼儿,教师应注意对其进行自我控制能力的培养及情感平衡的教育,这样,既能保持他们行为主动、热情和敢于创造的精神,又能帮助他们克服急躁、粗暴、易激怒的不足。在对这类幼儿进行教育的过程中,要适度关注,可以直接与幼儿讲道理,并指出他们存在的问题与不足。但是要注意尽量放慢语速,和风细雨地摆事实讲道理,以培养幼儿理智的控制力。当这类幼儿能够准确而耐心地完成一项任务时,一定要给予及时的表扬,以培养他们较为稳定的专注力与平和的性情。

小示例

快嘴毛毛

小朋友毛毛是个急性子,常常在课上忍不住表达自己的想法,老师多次提出批评,但效果不是太好。在某一天的课上,老师向小朋友们提出了一个问题,但老师话音未落,就听见快嘴毛毛回答问题的声音。老师走到毛毛面前,对他说:"你的问题回答得不错。要是你能举手回答,就是个有礼貌的孩子了。下次记住好吗?"毛毛点了点头。老师又进一步说:"来,咱们拉钩。"后来,每当毛毛不抢答时,老师就会用赞赏的目光对毛毛加以肯定。

分析: 在案例中,毛毛是一个性格开朗、直率机灵、思维敏捷的孩子。针对急性子毛毛的抢答,教师既肯定了他的回答,保护了孩子的积极性,又明确指出了更好的做法,让毛毛知道自己以后该怎样做才更合适。

(二) 多血质

多血质的幼儿活泼热情、充满朝气、行动敏捷、灵活机智、善于交际、适应性强,他们常常是教师的小帮手。但这类幼儿注意力不太集中,做事浮躁、有头无尾,怕吃苦。对于此类幼儿,教师需要有相对严格的要求。当幼儿做错事情时,可以直接讲道理,对其进行批评教育,且态度要明确,语言要简洁,可直接用指令性的语句;当幼儿做得好时,可及时地给予表扬,鼓励他继续努力。

小 示 例

讨人喜欢的乐乐

乐乐是中班的孩子,她聪明伶俐、活泼大方,小嘴特别甜,很可爱,老师们都很喜欢她,甚至在她犯错时也舍不得批评她。一天,乐乐和几个孩子一起打扫卫生,没扫完就出去玩滑梯了。一个孩子来告状:"老师,乐乐没扫完就玩去了。"老师正在忙着整理教具,孩子声音又轻,所以没听到,也没在意。那个孩子噘着小嘴和其他几个孩子说开了:"老师真偏心,乐乐没扫完地就走了,老师也不说她。"这一句话引起了孩子们的共鸣,七嘴八舌地说:"就是,就是,老师就偏向乐乐。"听到孩子们的话,老师突然意识到孩子们的眼睛是雪亮的,以前在各项活动中,给乐乐"开绿灯",使乐乐在不知不觉中养成了骄傲自满、不守纪律的毛病。孩子们觉得老师偏心,只喜欢乐乐不喜欢自己。老师的做法既害了乐乐,也伤了其他孩子。

分析:作为一名幼儿教师,无意识地对某个孩子的偏爱可能会伤了其他孩子。所以,在教育教学中,教师要保持足够的理性,在遇到讨自己喜欢的幼儿犯错时,不能偏心。为了幼儿的健康成长,教师要公平、公正。

(三) 黏液质

黏液质的幼儿安静稳重、反应缓慢、沉默寡言、情绪内向、不易激动,注意稳定且难以转移,沉着坚定,善于自制。这种性格的幼儿比较踏实,但参与性差,不太关心他人,沉闷、守旧、固执,不爱讲话,个性不突出,随大流,依赖别人,没有追求。在对这类幼儿进行教育的过程中,教师要多表扬、多肯定、多鼓励,让他们多发言,多参加集体活动,多表现自己。当他们做错事情时,教师要以暗示等委婉的方法让他们意识到自己的错误,使他们学会约束自己,不断培养他们敏捷、果断、雷厉风行的作风,避免养成拖拉懒散的习惯。

小 示 例

不爱动的龙龙

龙龙是个很乖的孩子,但是他总是不愿意自己做选择和决定。有一天在幼儿园,老师对小朋友们说,你们可以选一样玩具玩。别的小朋友都抢着去拿自己喜爱的玩具,而龙龙却坐在自己的位子上没有动。老师走过去问他:"龙龙,你是喜欢玩飞机,还是火车?"龙龙满不在乎地说:"随便。"老师又进一步要求:"你必须从这两样玩具中选出一个你更喜欢玩的,选择时间是一分钟。"说完后,老师开始计时。时间一秒秒地过去了,龙龙最终选择了火车。

分析:针对龙龙这种主动性较差的幼儿,教师在引导他参与活动时,运用了一个选择句,缩小了选择范围,减小了选择难度。

(四) 抑郁质

抑郁质的幼儿行为虽孤僻,但对事物的反应敏捷,善于观察别人易疏忽的细节,情感发生较慢,但持续时间长久。这种性格的幼儿胆子小,学习效率较低,不合群。在对这类幼儿进行教育时,教师一定要给他们更多的关爱,积极与他们沟通,对他们要有足够的耐心,因为他们特别需要教师的鼓励和理解。

> **小示例**
>
> ### 不愿说话的丽丽
>
> 丽丽是一个非常内向的女孩,她不愿与小朋友交往,也不愿与老师交流,更不愿参加幼儿园的各项活动。一天,幼儿园的孩子们在一起玩得不亦乐乎,可是这些好像与丽丽没有任何关系。老师走过去说道:"你看,小朋友玩得多开心呀,你也跟小朋友一起去玩呀。"她摇摇头。"来,老师和你一起去玩吧!"老师拉住丽丽的小手,想让她加入小朋友的活动中,却没想到丽丽突然哭了起来,嘴里说:"我不要玩,我不要玩。"之后,老师便会有意识地多与她交流,了解丽丽感兴趣的事情,在交谈中运用亲切的语气和她说话。此外,老师会经常拍拍她的小手、摸摸她的头等,老师的不断关注与耐心关爱,让丽丽慢慢地愿意与老师互动。之后,老师只要发现她与小朋友说话了,就马上表扬。老师还主动创造了一些让丽丽融入集体的条件,使她慢慢愿意和同伴交往。
>
> **分析:** 对属于抑郁质类型的丽丽,教师给予了格外的呵护与关注。通过不断努力,使丽丽最终融入了集体。

二、面对不同水平幼儿的教育口语训练

(一) 小班

小班的幼儿处于具体形象思维的初期,生活经验少,语言表达能力、理解能力也有限。对于这样一群孩子,教师在对他们进行教育时的重要原则就是要有足够的爱心和耐心,能敏锐地体验到幼儿的心理感受与需求,理解、接纳、陪伴他们。教师的态度要温和亲切,语调变化多样,语言浅显生动,多用体态语、象声词,多表扬鼓励。

对幼儿来讲,进入幼儿园是他人生中的一大步,是他走出家庭、走向社会的第一步。小班幼儿在初入园时会遇到分离焦虑的问题,需要了解、适应、熟悉幼儿园的环境、规则,学习与同伴、教师相处。作为教师,在面对幼儿人生跨出的这一大步时,需要思考如何让他们跨好这一步。因此,教师需要帮助幼儿缓解分离焦虑,疏导他们的情绪,带领他们熟悉幼儿园的环境,让他们逐步建立起规则意识,学着遵守幼儿园的各种规则,同时还要帮助他们适应幼儿园的集体生活,学会一些交往的方法与技巧。

> **小示例**
>
> ### 打电话
>
> 小班幼儿刚入园时,有些幼儿会哭闹,老师便和他们一起玩"打电话"的游戏。老师一会儿扮作妈妈:"喂,是××吗?妈妈正在上班,下班后我会去接你。"一会儿又做回老

图7-9 通过打电话来缓解焦虑

师:"喂,是××小朋友的妈妈吗? 我是幼儿园的李老师,××小朋友是个好孩子,正在听老师讲故事呢,你安心上班吧。"××小朋友听后就真的不哭了。

分析: 对于刚入园的幼儿,教师应积极引导他们,关心他们并成为他们的依恋对象,态度要温和亲切。

归位

户外活动时间到了,小朋友们一把手中的玩具放下就跑到教室外面去玩了,教室里到处都是玩具,十分混乱。老师看到后,并没有帮小朋友们收拾。等到小朋友们结束户外活动回到教室时,老师指着乱七八糟的玩具说:"小朋友们,看看咱们的教室,看看大家乱放的玩具,大家觉得乱不乱? 你们喜欢这样的教室吗?""不喜欢。"小朋友们回答。"那我们该怎么办呀? 是不是应当把玩具归位呀?""是!"小朋友们异口同声地说道。"那让咱们的玩具宝宝回家吧!"小朋友们纷纷将玩过的玩具放了回去。

分析: 在这个案例中,当教师看到幼儿乱放玩具的现象时,就想到他们的归位意识还没有建立起来。所以,针对这种现象,教师采用提出问题的方式,让幼儿自己思考,从而强化他们的归位意识,并让幼儿付诸行动——将玩具放回原来的位置。

(二) 中班

中班幼儿的有意注意增强了,注意时间也有所延长。小班的集体活动时长为15分钟左右,中班则可以达到25分钟左右。幼儿能接受成人的指令,完成一些力所能及的任务。在情绪方面,他们的情绪更稳定,并开始学着控制自己的情绪。在集体生活中,幼儿的规则意识开始萌芽,懂得要排队洗手、依次玩玩具等。与人相处的时候,幼儿会主动说"谢谢""对不起"等礼貌用语。他们喜欢受到表扬,当被批评时会不高兴或感到难为情。他们对周围的事物充满了好奇,总爱问"为什么",用各种方式探索新鲜事物。幼儿的想象力更丰富,语言表达能力、理解能力提高了,可以和教师更好地进行交流。中班时期,幼儿还有强烈的同伴交往需求,喜欢和同伴一起玩,交往能力提高了。

根据中班幼儿的发展特点,教师需要关注的问题有:与幼儿交往过程中的冲突解决问题及交往的技巧问题、探索事物过程中遇到的问题、自觉地遵守规则的问题、情绪管理的技巧问题等。

小示例

飞飞的车轮

一天,昊昊来找老师告状:"老师,飞飞抢我的积木了!"老师走到飞飞面前问道:"飞飞,你抢昊昊的积木了吗?""我又还给他了。"飞飞胆怯地说。"以后不能抢小朋友的积木,知道吗?""知道了。""能不能告诉老师,为什么要抢别人的积木? 你自己不是有吗?"老师进一步问道。"我少了一个车轮。"飞飞不高兴地说。老师看了看他手中的那辆小汽车,果然只缺一个车轮,又对他说:"老师教你一个办法,你照老师的办法去做,一定会得到一个车轮!"飞飞把耳朵凑过来,听了老师的"秘诀"后来到昊昊面前说:"昊昊,我的小汽车缺一个车轮,你能借给我用用吗? 我用完了会还给你的!"昊昊看了看他手中的小汽车,爽快地答应了。

分析: 中班的幼儿已适应了园里的生活,个性完全显露了出来,他们能较快地理解教师的语言。所以,针对中班的幼儿,教师可依据其个性,更多地用语言去交流。

谁先拿到谁先玩

中班的小朋友们都特别喜欢娃娃家,他们在这儿玩得不亦乐乎,常常不愿意离开。一天,小花拿着一把"切菜刀"在给自己心爱的娃娃准备一道大餐。这时,淘气的小轩过来了,一把将"刀"抢了过去,说:"我也要做饭。"小花委屈地大喊:"老师,小轩抢我的'刀'!"老师走了过来,问:"这把'刀'是谁先拿来玩的?""是我。"小花说。"那小轩,你是也想玩吗?"小轩点头。"小轩,'刀'是小花先拿到的,还记得咱们说过,谁先拿到谁先玩的规则吗?"小轩又点了点头。"按照这个规则,谁应当先玩?""小花先玩。"小轩说。"那你应当怎么办呢?"老师又问。"我等小花不玩了,我才能玩,我得等待。""嗯,小轩说得真好。那你是不是应当把'刀'还给小花,向小花道歉呀?"小轩拿着"刀",心里还是有点舍不得。"如果你特别想玩,可以去问一问小花,是不是可以一起玩?"于是,小轩对小花说:"对不起,我想和你一起玩,我不抢了。"小花高兴地说:"我们一起给娃娃做大餐吧。"

分析: 教师在解决问题的同时,要把规则融入其中,帮助幼儿强化相应的规则意识。这些规则意识能促进幼儿掌握交际技巧,帮助他们更好地与同伴交往。在这个案例中,教师帮助小轩强化的规则有:谁先拿到谁先玩;学会等待;想和别人一起玩要先征求别人的意愿,人家同意才可以一起玩。

我没有推她

早上排队时,莹莹排在第一,她很高兴。可是妍妍过来了,想站到莹莹的前面,莹莹见状便一把推开了妍妍,可能用力比较大,妍妍吓了一跳,哭着向老师告状。老师实际上已经看到了整个过程,于是把莹莹叫到一边,对莹莹说:"你为什么推妍妍?""我没推她,她不排队,我想让她排队。"老师又提示莹莹说:"如果不用手,还可以怎样让妍妍知道要排队?""我还可以告诉她要排队。""我就知道莹莹是个聪明的孩子,能想出解决问题的好办法。"老师夸赞说。"以后,和小朋友一起玩,心里有什么想法,咱们不要用手,而是要用嘴巴说出来,是不是?"莹莹点了点头,说:"老师,我知道了。"

分析: 在幼儿园,有的幼儿偏向用行动而不是用语言去与同伴交流及表达他们的想法,案例中的莹莹就是这样的。所以,这类幼儿常常会被其他幼儿告状,说打人了。可是,这类幼儿并不认为自己打了人,他们在主观上也并没有打人,而是用了不恰当的沟通交流方式。在案例中，教师引导莹莹要用语言表达想法，与人交流，让莹莹学会正确的交往方式。

（三）大班

大班的幼儿虽仍处于具体形象思维阶段，但抽象思维已开始萌芽，所以在对该年龄段幼儿开展教育时，教师可以引入一些抽象的概念，增加复句的使用。另外，他们的合作意识增强了，可以开展合作性游戏，同时他们渐渐明白要遵守游戏规则。由于规则意识的形成，大班幼儿对违反规则的同伴，会群起而攻之。但是，他们还没达到自律的水平，在实践中往往会表现出以自我为中心的特征。此外，大班幼儿已初步形成自己的个性。对于大班幼儿，教师需要关注的问题有：自我中心；与同伴交往的问题，尤其是冲突问题。

小 示 例

看不到优点

在幼儿园里，老师采用民主评议的方式颁发"小红花"，孩子们对此反响强烈，发表了许多看法。有的说"××往小朋友身上吐口水"，有的说"××刚刚欺侮了小班小朋友"……孩子们说起别人的缺点来头头是道，眼瞅着"评比"就要变成"揭短"，老师赶紧启发他们："哪些小朋友最近有进步，请小朋友们也来说说！"想不到班上顿时鸦雀无声。老师觉得问题有点严重了，在孩子们的眼中，他们看到的只是同伴的缺点，而看不到优点。为了引导孩子善于发现别人的闪光点，老师根据他们爱"打报告"的特点在班上多次强调："老师最想知道发生在小朋友中的好人好事和小朋友进步的消息。"在晨间谈话的时候，安排了"夸夸我班的好人好事"小栏目。这样，孩子们开始关注起周围同伴的长处和进步了。

分析：大班幼儿的语言发展得更成熟了，教师可以加以引导，让幼儿进行自我教育。

被嫌弃的乐乐

乐乐是个活泼好动的男孩。上课时，他总是坐不住，时不时地会"骚扰"周围的孩子，打断老师的活动；老师布置的任务，他常常不能很好地完成；他想参与其他孩子的活动，也总是被拒绝；孩子们还经常告他的状。老师对此很伤脑筋，怎么让乐乐的状况好起来呢？经过老师的观察，乐乐是一个小车迷，他认识很多类型的车。于是，老师与乐乐及其家长商量，办一个特殊的活动——乐乐车展，将乐乐收集到的各种关于车的模型、图片、车标等都带到园里，让孩子们一起了解车、认识车。孩子们都震惊了，原来被大家嫌弃的乐乐知道那么多关于车的故事。老师对孩子们说："老师感到特别意外，乐乐居然有这么丰富的关于车的知识，还有这么多的关于车的故事，这真让我佩服呢。这次车展，我也从乐乐身上学到了好多东西。你们呢？"显然，老师的话起到了示范作用，孩子们也纷纷称赞乐乐。这一刻，乐乐不再是被大家嫌弃的人了。此后，老师耐心地帮助乐乐，乐乐也有了信心，他变得越来越好了，和其他孩子也能融洽相处了。

分析：大班的幼儿已经非常熟悉幼儿园的各种规则，大部分幼儿也会自觉遵守，因此，对于个别的总是破坏规则的幼儿，班上的其他幼儿会不喜欢，甚至孤立他。乐乐就是这样一个被大家嫌弃的孩子。对于这样一个自控能力比较差、缺乏耐心的幼儿，教师不能要求他一下子全都改变。案例中的教师抓住了乐乐的长处，让他当众进行表现，并表扬他，让他树立信心，同时也让其他幼儿对他的看法有所改观。以此为基础，教师再一点点地帮助乐乐，使他最终被大家接纳。

练一练 7-3

情境模拟：

（1）一天早上，牛牛小朋友没吃早饭，妈妈给他送来了饭团，他吃剩下一块，顺手扔在纸篓里。作为一名教师，你怎样教育这位幼儿呢？

（2）吃饭的时候，小朋友都会很认真地听老师的指挥。吃饭前唱餐前歌，老师说："小朋友请吃！"小朋友才会开始吃饭。可是磊磊不一样，老师只要一把饭端在他的面前，他就会看有没有不喜欢的菜，如果有，就立马把椅子转向一边，一边玩鞋子一边吃手指头，任由老师怎么说、怎么哄他都不吃。面对这样一位偏食的幼儿，作为教师该怎么办？

知识岛

在幼儿园如何帮助幼儿建立自信

1. 创设与同伴交往的机会，鼓励幼儿大胆与同伴交往

多创造让幼儿在幼儿园表演的机会，有条件的话，还可以将幼儿表演的过程用摄像机记录下来，给幼儿自己欣赏。此外，还可以举办"礼物分享"派对，请班里的每个幼儿准备一份小礼物，在欢快的气氛中互相交换礼物。幼儿在送别人礼物的同时，也得到了其他幼儿的礼物，这种惊喜可以帮助他们走出社交的第一步。另外，可以让幼儿轮流表演唱歌、舞蹈或朗诵，最好是幼儿感兴趣或擅长的，鼓励他们和同伴分享自己喜欢的图书等。幼儿会从同伴的微笑、教师的赞许中获得快乐和满足。

2. 让幼儿在幼儿园充分表现，增强自信心

教师可以给缺乏自信的幼儿多提供一些在班级里表现的机会。当然，帮助幼儿建立自信的过程是需要一段时间的，教师要有耐心。需要注意的是，无论幼儿出现何种状况，都不要打击他们的自尊心，鼓励和支持是幼儿最需要的。当幼儿碰到交往中的小难题时，不妨换个积极的角度去看待。教师可多创造机会让幼儿在一起游戏，鼓励他们在与同伴的互动中提高交往

技能。

3. 关注幼儿内心的需求，引导幼儿合理宣泄情绪

如果幼儿比较内向胆小，不愿意向教师或伙伴表达自己的想法和感受，那么教师不妨利用他的兴趣爱好，鼓励他大胆表达。例如：有的幼儿很喜欢卡通人物，不妨给他与卡通人物独处的时间，鼓励他将想说的心里话通过录音的方式传递给卡通人物。等幼儿离园时，教师再仔细收听他与卡通人物的对白，并模仿卡通人物的声音录下帮幼儿解决问题的录音。几次以后，幼儿会从中学到好的交往方法，从而试着与同伴交往。

第八章　幼儿教师交际口语训练

第一节　幼儿教师交际口语的特点

🕐 课前五分钟

读一读，想一想。

淘淘小朋友真是个淘气包。一天中午，小朋友们都上床午睡了，可他却在床上又叫又笑。尽管老师一再提醒，但他仍然很兴奋。突然，淘淘一不小心摔下了床，额头立马起了一个大包，疼得大哭起来。面对这样的突发事件，作为一名幼儿教师，你该怎么办？

🚌 案例导航

安抚家长

小刚才入园没几天，小脸蛋上就被其他小朋友划了一道深深的指甲印。下午放学奶奶来接小刚时，看到孙子脸上的划痕，便心疼地吵了起来，非要找出抓孙子脸的小朋友。老师见到后立即走过去，拉住小刚的手，摸摸他的小脸蛋，与奶奶打招呼："都是我们的工作不够细心，让小刚被抓了。我们已经用消毒药水给他做了清理，以后我们一定注意！"见老师这么说，奶奶反而觉得不好意思了，说："这么多孩子，你们也顾不过来。"

图 8-1　被划伤的小刚

分析：刚入园的幼儿没有形成一定的规则意识，在争抢玩具的过程中常常会发生互相抓、咬一类的事情。教师应及早通知家长帮幼儿剪指甲，自己也要配备指甲钳，帮幼儿剪掉过长的指甲。如果幼儿受伤了，要及时帮他处理伤口，诚恳地向家长道歉，以取得家长的谅解。

学海泛舟

一、 什么是幼儿教师交际口语

幼儿教师交际口语是幼儿教师为了达到交流信息、达成一致意见等目的,与同事、幼儿家长等人进行的一种言语交流活动。幼儿教师交际口语与一般交际口语一样,包括四个要素:口语交际的对象、口语交际的目的、口语交际的语境、口语交际的方式。

二、 幼儿教师交际口语的特点

幼儿教师交际口语除了具备一般交际口语的交流性、即时性和情境性的特点之外,还因其职业的特殊性而具备独有的特点。

(一) 教育性与科学性

幼儿教师作为从事幼教事业的专业人士,对幼儿的身心发展规律及科学的教育方法进行过系统的学习与研究,因此,在围绕幼儿的教育工作与他人进行沟通交流时,具备更加专业化的素质与视角。尤其是在与幼儿家长的沟通上,教师不仅要通过了解幼儿的家庭状况来更好地选择教育方法,还要通过沟通交流与家长达成共识,真正做到家园共育。由此,教师运用的沟通语言,不仅应具有科学性,而且要能为家长提供有关家庭教育的建议,即具有教育性。

小 示 例

体弱多病的宏宏

宏宏从小体弱多病,家长对于孩子在幼儿园的情况常常感到不放心。每天接送孩子时,总是不厌其烦地询问孩子:在幼儿园喝了多少水? 睡觉被子盖好了吗? 小便后裤子是否穿好? ……老师在了解了孩子的各种情况后,首先做起了孩子妈妈的工作,并回答了家长的各种疑问,然后上门给爷爷、奶奶做工作,向他们保证会尽心照料孩子,并建议家长对孩子适当放手,鼓励他做一些力所能及的事情。老师通过一次次的家访,不仅打消了家长的顾虑,而且还让家长主动配合自己,在家锻炼孩子的自理能力。在幼儿园里,班级中的三位老师紧密配合,关心和照顾宏宏,同时引导他做力所能及的事:想喝水自己取,热了脱衣、冷了穿衣,有困难可以请求老师帮助。一段时间过去了,家长看见孩子每天都是高高兴兴、健健康康的,便转变了对幼儿园工作的看法。与此同时,老师利用递小纸条、打电话、网络互动等途径及时向家长汇报孩子的点滴进步,使家长从事实中对老师的各种工作更加信任,也更积极主动地配合幼儿园做好孩子的教育工作。

分析:宏宏体弱、家长担心,面对这种情况,教师不是一味地埋怨家长不放手,而是从做好本职工作入手,与家长沟通,让家长放心,真正做到了家园共育。

(二) 交互性与可接受性

幼儿教师在从事口语交际活动时,交流沟通活动的双方都会从自己的角度提出想法,因而具有双向互动的特点。此外,作为一名幼儿教师,在与同事、上级及幼儿家长进行交流沟通时,不仅要站在教师的立场上看问题,维护教师的形象,还要考虑到对方的感受、立场和可接受的程度。尤其在与家长沟通时,幼儿教师作为专业人士,为了更好地达到家园共育的目标,要有角色转换的意识,即考虑如何与幼儿家长沟通才能更好地被理解和接受。

小示例

想跳舞的馨馨

家长:老师,我可以进来和您谈谈吗?

师:欢迎! 请坐到这儿吧。(微笑着用手势示意家长坐下)

家长:你们老师真是辛苦,每天要带那么多孩子,真是不容易啊!

师:(一边给家长倒茶,一边说)是呀。孩子小,自控能力弱,而家长的期望值又那么高,我们的压力真是不小!

家长:(接过茶杯)谢谢! 是啊,现在的孩子都是家里的宝,每个家庭都对孩子宠爱有加。

师:是的。现在孩子存在的问题确实比较多,不仅生活自理意识薄弱,而且各种良好习惯也没能养成。家长一边宠爱孩子,一边又对孩子寄予高期望。哎,可怜天下父母心哪!(摇头,很无奈的样子)哦,我忘了,你是不是有什么话要对我讲?(笑)

家长:(微笑着)是的。我家馨馨最近对跳舞的兴趣特别浓厚,每天嚷着要跳舞给我和她爸爸看,她爸爸看她这么感兴趣就特地给她买了一面大镜子,她对着镜子跳舞可开心了。

师:哦? 可是在幼儿园,我问她想不想跳舞,她告诉我说"不想"。

家长:会不会馨馨在幼儿园跳舞跟不上同伴,不够自信?

师:说实在的,大多数女孩子都喜欢跳舞。考虑到她最近腿脚不方便,我就让她坐在旁边看。

家长:谢谢您为馨馨想得那么多。我和她爸爸看她在家里那么喜欢跳舞,实在不忍心让她只看着同伴跳。我们猜想她内心还是喜欢跳舞的,您说是不是?

师:看来是的。

家长:我想,馨馨可能因为最近腿脚不灵便怕在老师和同伴面前丢脸才说不想跳舞的,她说的可能并不是心里话。

师:可能是吧。馨馨在幼儿园表现欲得不到满足,就想在家里得到满足,有这种"补偿"心理是很正常的。是我太大意了,我应该考虑到这一点的。对不起,馨馨妈妈,从明天起我就让馨馨"归队"。

家长:(起身)谢谢了! 再见!

分析: 这是一次教师与家长间的良好沟通。在交谈中,双方能互相体谅对方、理解对方,沟通收到了较好的效果。

(三) 灵活性与主动性

幼儿教师的交际口语在大多数的情况下是即时发生的,具有临时性,所以要求教师在交流时灵活应变,能掌握谈话的主动权,控制谈话的节奏和过程。

小 示 例

激动的奶奶

图 8-2　激动的奶奶

有一天,幼儿要离园了。奶奶去接娜娜,接到孩子时,她发现孩子的裤子是湿的,于是她很生气,心想:这老师真不负责任,得找她去说说。于是,她找到娜娜的老师,大声责备道:"孩子的衣服都湿了,老师你也不给换,让孩子穿着湿衣服,多难受呀!"老师听到这话,赶紧关心地问:"娜娜,你没事吧?"但奶奶还是不依不饶,继续说:"你们老师还有没有责任心呀?"老师见到老人这么激动,感觉她一时也平静不下来,于是灵机一动,抱起娜娜和气地说:"娜娜是个聪明的孩子,老师们都很喜欢你,是不是?"娜娜高兴地点着头。孩子高兴了,奶奶见状,也不再纠缠下去,平静了下来。老师抱着娜娜和奶奶一起来到办公室,给孩子换上了干净的裤子,又给奶奶倒了一杯水,真诚地对奶奶说:"真对不起,我没注意到娜娜的裤子湿了,我太粗心了。娜娜,你的裤子是什么时候湿的?"老师一边回忆一边说:"中午起床时裤子没湿,我帮她拉拉链时注意过。下午游戏前我帮她整理衣服时,也没有湿。下午吃点心前,娜娜的裤子也没有湿。那一定是等待家长来接时……"娜娜低下头红着脸小声地说:"是的。"奶奶这时倒不好意思起来,连声道歉说:"对不起了,老师,刚才是我误会您了。"

分析: 面对家长的指责,教师灵活主动地运用孩子的影响力,让孩子亲口说出事情的真相,从而在沟通中掌握了主动权。

练 一 练 8-1

情境模拟:

一天,妈妈带着圆圆找到老师,生气地向老师告状,说有小朋友在幼儿园欺负圆圆,并掀开袖子让老师看伤口。圆圆妈妈要求老师惩罚欺负圆圆的小朋友,为圆圆出口气。作为一名幼儿教师,你如何处理这件事情,如何与家长沟通?

知识岛

面向全体家长的推荐用语

(1)您的孩子最近表现很好,如果在以下几个方面改进一下,孩子的进步会更大。

（2）您有什么事情需要特别交待吗？

（3）您有特别需要我们帮助的事情吗？

（4）这孩子太可爱了，老师和小朋友都很喜欢他，继续加油！

（5）谢谢您的理解，这是我们应该做的。

（6）您的孩子最近经常迟到，我担心他会错过许多好的活动，我们一起来帮他好吗？

（7）您的孩子最近没有来园，老师和小朋友都很想他，真希望早点见到他。

（8）请相信孩子的能力，他会做好的。

（9）幼儿园的食谱是营养配餐，为了他的身体健康，让我们一起来帮他改掉挑食的习惯，让他吃饱吃好。

（10）近期我们要举行××活动，相信有您的参与和支持，会使活动更精彩。

（11）幼儿园公众号的内容丰富多彩，欢迎您经常浏览，及时和我们沟通。

（12）我们向您推荐的育儿知识读物都是精心挑选的，您阅读后一定会有收获，孩子也会受益的。

面向个体家长的推荐用语

（1）请家长不要着急，孩子偶尔犯错是难免的，我们一起来慢慢引导他。

（2）谢谢您的提醒！我查查看，了解清楚了再给您答复，好吗？

（3）您有什么想法，我们可以坐下来谈谈，都是为了孩子好。

（4）孩子之间的问题可以让他们自己来解决，放心吧，他们会成为好朋友的。

（5）很抱歉，孩子受伤了，老师也很心疼，以后我会更关注他。

（6）这件事是××负责的，我可以帮您联系一下。

（7）我们非常欣赏您这样直言不讳的家长，您的建议我们会认真考虑的。

（8）您有这样的心情我很理解，等我们冷静下来再谈好吗？

第二节　幼儿教师与家长沟通的技巧

课前五分钟

想一想，说一说。

妞妞妈妈不满意老师给妞妞安排的床位，多次找老师提要求：她一会儿说孩子个子高，比较好动，爱爬床；一会儿说幼儿园的床不好，孩子每天中午都睡不着。作为一名幼儿教师，你如何与妞妞妈妈沟通，让她安心呢？

🚌 **案例导航**

逃避吃饭

图8-3 边上厕所边玩的晨晨

晨晨是幼儿园小班的孩子,他每次吃饭时都要去厕所,时间还很长,等他从厕所出来,别的孩子都基本吃完饭了。老师向家长反映过这件事,家长也带孩子去医院做了检查,可什么病都没有。家长向老师反映孩子在家也这样,还说确实是拉大便。但依据多年的教学经验,老师觉得孩子是以这种方法逃避吃饭或者是为了单独玩一会儿。于是,老师在观察孩子后发现,只要一离开老师的视线,晨晨就会悄悄地去上厕所,有时甚至并没有真的在上厕所,而是在里面玩。因此,老师确定孩子是以这种方法逃避吃饭。于是,老师找来晨晨妈妈,因为妈妈是一个性格特别好,很开朗的人,所以老师开门见山地说:"我想给晨晨改改吃饭上厕所的不良习惯。"妈妈说:"好啊!"于是,老师把近期观察到的情况告诉了晨晨妈妈,并请她在明天送孩子入园时带一套换洗的衣服来。妈妈不解这是为什么。老师开玩笑地说:"要强制执行噢!万一孩子哪天拉裤子里了,你可别怪我啊!"妈妈说:"不会,信得过你!知道是为了我儿子好。"于是第二天,在晨晨又提出上厕所时,老师告诉他吃掉一半的饭后再去;接下来几天,又让他全吃完再去。当然,在老师看到他确实想上厕所时,会允许他去,只是提醒他动作要快。即便其他孩子都吃完了,也不允许晨晨把饭菜倒掉。当晨晨吃得好且在吃完饭才去上厕所时,老师就会表扬他。慢慢地,晨晨改掉了不良习惯,妈妈也很开心。

分析: 基于细心的观察,教师向家长反映孩子的不良习惯。经有效沟通后,家长积极配合教师,共同帮助孩子改掉了不良习惯。

⛵ **学海泛舟**

一、 来园和离园时的交际口语

幼儿的来园、离园时段,是教师与家长最常见的沟通交流时机。这时,教师会把幼儿在园的表现情况向家长进行介绍,家长也会向教师反馈一些孩子的问题等。此时,教师与家长的沟通成功与否,决定着教师一日的工作成效。

（一）晨间接待

晨间接待是幼儿园一日活动的开端，是一天中幼儿与教师的第一次接触，它直接影响着幼儿在一日活动中的情绪和积极性，也会对家长的工作和生活产生影响。合理的晨间接待，能使幼儿身心愉悦，实现家园间的无缝连接，促进幼儿园保教质量的提高，增强幼儿园的安全管理效率。晨间（来园）接待看似是一个很平常、很普通的生活环节，但其中却隐藏着很多的教育契机。

图 8-4 晨间接待

1. 主动、亲切地打招呼

打招呼时，教师要能准确地说出每一位幼儿的名字和接送家长的称呼，这是让家长放心的重要一步，可为之后的沟通打下良好的基础。与家长短暂沟通时，教师应尽量回忆幼儿在园中的表现，进一步给予提示和鼓励。同时，教师还要检查幼儿的精神状态、仪容仪表，看幼儿有没有异常情况，如果有的话要及时与家长沟通。

小示例

晨间接待（1）

师：早上好，壮壮！早上好，壮壮妈妈！

幼儿：早上好，刘老师！

家长：早上好，刘老师！

师：壮壮穿新衣服了，可真帅呀！壮壮昨天吃光了所有的菜，真的很棒，今天继续加油哟！（幼儿高兴地笑了）

家长：壮壮加油呀，老师都表扬你了！

分析： 案例中的教师在晨间接待时，主动热情地与幼儿及其家长打招呼，并夸奖、鼓励幼儿，让幼儿和家长在一早就充满了积极的情绪。

2. 对家长关照的特殊事务做必要的记录

幼儿来园时，家长如有事务关照，教师须做好记录，以免遗忘，并与搭班教师沟通。

小示例

晨间接待（2）

师：佳佳早上好！怎么今天有点不太高兴呀？（幼儿无精打采的）

家长：孩子早上起来有点流鼻涕。

师：那在家吃药了吗？让医生看过吗？

家长：早上吃过药了。孩子只是流点鼻涕，不发烧。我们带了点感冒药过来，还有医生的诊断记录，麻烦老师中午让她吃药。

师：好的，您把吃药的剂量、方法填写在表格上，诊断记录给保健老师看一下。今天我会格外注意佳佳的情况,保健老师会按时给孩子吃药的,请您放心吧。

家长:真是麻烦老师了,谢谢您!

师:这是应该的,不客气。

分析: 案例中,教师能细心观察幼儿,仔细询问情况,对幼儿表达关心,并认真记录相关事宜,让家长放心。

3. 引导幼儿与家长告别

幼儿来园时,教师还应引导幼儿同家长告别,提醒幼儿洗手。

小示例

晨间接待(3)

图8-5 来园时安抚幼儿

师:平平,和妈妈说再见吧。

幼儿:妈妈别走,我要妈妈。(妈妈很犹豫)

师:平平,妈妈要去上班啦,下班后妈妈会第一个来接平平,是不是?

家长:是的,下班后,妈妈保证第一个来接你,好不好?

师:平平是妈妈和老师最喜爱的孩子,来,和妈妈说再见吧。

幼儿:妈妈一定要第一个来接我。

家长:妈妈保证第一个来。

师:你看小朋友还等着和平平一起玩捉迷藏的游戏呢!小朋友都着急了。

幼儿:妈妈,再见!

家长:平平,再见!

分析: 案例中,教师在与幼儿及家长的交流中,兼顾了他们双方的需求,同时利用了幼儿爱玩的天性,吸引他离开妈妈,走向幼儿园。

4. 做好同时接待多位家长的工作

当同时接待多位幼儿及家长时,教师要关照到每一位幼儿,不能让任何一位幼儿和家长有受冷落的感觉,可以摸一摸幼儿的头或与幼儿拥抱一下。

小示例

晨间接待(4)

早上,幼儿园开始热闹起来了,婷婷、丽丽和小勇三个小朋友一起到了幼儿园。

师:婷婷、丽丽、小勇,早上好呀!我们一起来一个大大的拥抱吧!(老师微笑着张开

双臂)

　　幼儿:老师好! (三个小朋友伸出手臂跑到老师那里)

　　师:婷婷妈妈、丽丽爸爸、小勇奶奶,早上好!

　　家长:老师早上好!

　　师:看,三个小伙伴多高兴,他们真可爱!

　　分析: 三名幼儿与教师的那个大大的拥抱不仅会温暖孩子,也会同样温暖家长。

图8-6　拥抱幼儿

(二) 离园工作

　　离园工作是幼儿园一日活动的结束曲,与晨间接待一样,也是一个与幼儿及其家长建立积极关系的好机会。这时,教师可以对家长早上交代的事务给予一个反馈。家长来接幼儿前,教师要检查幼儿的仪容仪表,提醒并帮助幼儿整理自己的衣物、玩具等,稳定幼儿的情绪,总结、分享当天活动中的快乐并预想第二天的活动。这一阶段的工作最需要注意的是幼儿的安全问题。

1. 招呼家长

　　主动招呼家长,对幼儿当天的情况做一个简单的说明;与每位幼儿道别,提醒他们带好自己的物品。

小示例

离园工作 (1)

　　家长:老师,我来接宁宁了!

　　师:宁宁妈妈好。宁宁,过来,妈妈来接你了。

　　家长:宁宁今天表现怎么样?

　　师:宁宁在今天的手工课上学习折小狗,自己独立折好了,折得特别棒! 回家后教一教妈妈,好吗?

　　幼儿:这是我折的小狗!

　　家长:真的很棒! 谢谢老师,宁宁和老师说再见!

　　幼儿:老师再见!

　　分析: 案例中,教师将幼儿表现最棒的地方一语点出,既鼓励了孩子,也激励了家长。

2. 注意对幼儿的监护

　　对于个别需要同教师沟通的家长,教师可以与其进行礼貌而简短的交流,或者与他们另外约定交谈的时间,避免疏忽对其他幼儿的监护。

> ### 小示例
>
> #### 离园工作（2）
>
> 一天离园时，老师正忙着和家长交接孩子，一位家长想找老师详细了解孩子的情况。
>
> 家长：老师，我家小伟每次从幼儿园回到家都说有小朋友欺负他，我想详细了解一下他在幼儿园的情况。
>
> 师：小伟妈妈，您好。您看，我现在确实忙得顾不上您，真对不起。关于小伟的一些情况，我也想专门找时间和您好好谈一谈，您稍微晚走一会儿，或者我们另外约定个时间，可以吗？
>
> 家长：那好吧，我在旁边等着您，您先忙。
>
> 师：谢谢您的理解，您稍等。我忙完之后再深入地和您谈一谈小伟的情况。
>
> **分析：** 教师要对全体幼儿负责，不能因为一个孩子而忽略了其他孩子。在拒绝家长当下的要求时，教师的语言要客气，说明客观原因，并请求家长稍候或另约时间，给家长的要求一个合理的说法。

（三） 与家长交流的一般要求

1. 态度热情真诚，语言平实质朴

俗话说，态度决定一切。幼儿教师的工作非常琐碎，且要求细致入微，这需要教师投入百倍的热情，真诚地对待每一位幼儿和家长。真诚热情的态度，不仅可以赢得幼儿的喜爱，还可以赢得家长的信任。面对家长，教师要用平实质朴的语言，描述幼儿在园的状况，表达自己的想法，不要过多地运用艰涩的专业术语，增加沟通的障碍，更不要扮演教育孩子的"权威者"，采用指示命令式的口气，以免引起家长的反感。

> ### 小示例
>
> #### 对话（1）
>
> 师：天天在幼儿园吃饭时总挑食，爱吃的吃得多，不爱吃的一点儿也不吃。
>
> 家长：可是，天天在家吃饭吃得挺好的。他……
>
> 师：我们要培养孩子良好的饮食习惯，你们家长要以身作则。
>
> 家长：哦。
>
> #### 对话（2）
>
> 师：我观察天天吃饭的情况，发现他喜欢吃肉，不大喜欢吃菜。他在家时吃饭的情况怎么样？
>
> 家长：他在家吃得倒不少，但确实是吃肉时吃得多，吃菜时吃得少，尤其不喜欢吃绿叶菜。
>
> 师：孩子肉、菜都得吃，这样营养才全面，身体才能长得好。咱们得想想办法，让孩子

喜欢上吃菜。

家长：我们也想让他多吃点菜，可是他就是不吃，老师，你有什么好办法？

师：可以去网上查一查，尝试丰富一下做菜的方式。比如把绿菜叶切碎一些，做成菜饼，然后夹上肉。

家长：好的，我回去试一试。

分析： 对话(1)中的教师多为指责抱怨，语气不平和，不容家长置疑。对话(2)中的教师语气平和、客观，易于家长接受。

2. 针对具体问题提出意见或建议，注意委婉地表达

幼儿还处于人生的开端，他们在成长的过程中可能会遇到各种各样的问题，做出各种各样的行为，这些问题与行为都是他们成长过程中的财富，教师要从幼儿的长远发展来看待这些问题与行为，不能因为某些问题或行为而轻易地给他们贴上"标签"，让他们失去成长的宝贵机会。作为教师，在与家长沟通这些问题与行为时，要如实地描述事情发生的过程，客观地说明具体事件所反映出来的具体问题，然后与家长一起想办法，提出解决问题的建议。不能因为幼儿的一两次错误，就将其定性为诸如懒惰的孩子、爱打架的孩子、不听话的孩子等。在与家长沟通时，更不能使用这样定性的评价话语，要考虑家长的立场，委婉地表达，使家长更易接受，以此达到良好的沟通效果。

小示例

穿衣动作慢的小杰

师：这几天我一直在观察小杰，发现他穿衣服很慢。别的小朋友都穿好活动去了，就剩下他还在穿。我看他着急得不得了，满头大汗的。

家长：是呀，那孩子着急了，更穿不利索了。

师：我想问一问，他在家里穿衣服时是什么情况？

家长：我早上要上班，孩子起床一般都是奶奶照顾多些。

师：是不是奶奶给孩子穿衣服的时候多些？

家长：是的。

师：奶奶疼孙子，我很理解。可是不让孩子练习自己穿衣服，在幼儿园时，他就不熟练。看着孩子急得满头大汗，我都有点心疼了。

家长：谢谢老师，让您跟着着急了。

师：可不可以回家跟奶奶商量，以后让孩子自己穿衣服，练得多了，孩子自然也会快起来。

家长：好的，我回家一定和奶奶说。

分析： 教师依据观察，客观地向家长反映幼儿的问题，了解幼儿在家的情况，并站在幼儿的立场提出解决问题的办法。

3. 关注平时交流少的家长

大多数家长都乐意和教师沟通,但有些家长或因工作忙没时间,或因本身性格等原因而很少与教师沟通,这些家长需要引起教师的关注。面对这样的家长,教师要积极主动地联系他们并进行沟通,了解幼儿的家庭生活状况、家庭教育情况等,以更全面地了解幼儿,从而采取更有效的方法来教育幼儿,使幼儿健康成长。

小示例

对话(1)

桐桐的父母在外地经商,不能常常回来照顾桐桐。桐桐的妈妈回来后,到园里来接桐桐。

家长:老师好,桐桐近段时间在幼儿园表现怎么样?

师:桐桐太内向了,不愿意和小朋友说话,也不愿意和小朋友一起活动,性格有些孤僻。

家长:可是,她在家里很活泼的,总有说不完的话。

师:你们家长整天忙得不能经常管孩子,孩子都没有安全感了。

家长:那我们怎么办呀? 孩子上学、上特长班都需要花钱,不挣钱怎么行呀?

师:挣钱没个底呀,可别因为挣钱耽搁孩子一辈子。

桐桐妈妈铁青着脸、心事重重地带着孩子回家了。

对话(2)

欣欣的爸爸妈妈在外地工作,所以欣欣从小跟着爷爷奶奶长大。每个月,爸爸妈妈会回来看一次孩子。这天,爸爸来幼儿园接孩子了。

师:欣欣爸爸今天来接欣欣了!

爸爸:老师好,好久不来接欣欣了,欣欣表现得还好吧?

师:欣欣近段时间有很大的进步。她原来吃饭只能吃小半碗,现在能把一整碗吃完,而且吃菜也多了起来。午睡后也能自己利索地穿好衣服了。

爸爸:这些都是老师的功劳,谢谢您了,您辛苦了!

师:欣欣基本上已经适应幼儿园的生活了。我很关注欣欣,因为你和欣欣妈妈不在她身边。我发现,欣欣和老师说话时还是怯怯的,不敢大声。和小朋友玩时,人一多,她就往后退。上课提问时,她也不经常举手,下课后我问她这些问题会不会,她说会,可就是不愿举手回答。

爸爸:欣欣从小胆子就小,又害羞。

师:我也觉得是这样。恐怕孩子胆小与父母不在身边也有一定的关系。你们可不可以多抽出些时间陪陪孩子。

爸爸:真的很惭愧。以后,我们尽量抽时间陪她,也麻烦老师多表扬、多肯定欣欣,让她能胆子大一些、自信一些。

师:我们一起努力吧!

分析: 对话(1)和(2)中的教师虽然面临的是相同的问题,但沟通结果却大不相同。在对话(1)中,教师没有考虑到家长的感受,而是一味指责,引起了家长对教师的反感。在对话(2)中,教师先表扬孩子的进步,让家长很高兴,然后再进一步指出孩子的问题及解决办法,这样家长更易于接受。

二、 面对家长误解时的交际口语

（一） 因教师工作不当而引发的误解

幼儿教师在繁杂的工作中可能会忙中生乱,乱中出错。当教师因为工作方法不当出现错误,从而引发家长的不满与责难时,教师应当怎样与家长沟通?

1. 头脑冷静，真诚认错

在教师发生工作失误时,首先应保持头脑冷静,不能慌乱,要及时解决因失误而发生的问题,总结教训。家长到园时,教师不能回避错误,要如实地说明事情发生的经过,并为自己的错误真诚地向家长道歉,请求家长谅解。

> **小 示 例**
>
> ### 受伤的优优
>
> 优优在幼儿园与小朋友玩时,被小朋友不小心在脸上划了一道伤痕。妈妈来幼儿园接优优时,发现儿子脸上的伤痕,就认为有小朋友欺负儿子。
>
> 妈妈:老师,你看,我儿子脸上怎么会有伤?
>
> 师:是吗? 优优,过来让老师仔细看看。
>
> 妈妈:脸上的伤这么明显,难道老师都看不到? 是不是小朋友抓他了,欺负他了?
>
> 妈妈:优优,别怕,妈妈在这儿呢,是不是有小朋友欺负你了?
>
> 师:优优最听话了。老师问优优,脸上的伤疼不疼? 怎么会有伤呢?
>
> 优优:老师,我不疼。我和小伟一起玩时,他碰到了我。
>
> 师:你和小伟吵架了?
>
> 优优:没有,我和他一起玩。
>
> 师:你们玩得高兴吗?
>
> 优优:高兴。
>
> 师:是小伟不小心碰伤了你,是不是?
>
> 优优:是的。
>
> 师:优优妈妈,优优脸上的伤是小朋友不小心碰的,不是小朋友欺负他。
>
> 妈妈:老师,不好意思,是我想多了。
>
> 师:优优妈妈,真对不起,我没有及时发现优优脸上的伤,这是我的错。以后工作时,

我会更加小心留意孩子们的状况。

　　妈妈:该说对不起的是我,幼儿园孩子那么多,一个老师只有两只眼睛,哪能什么细节都注意到。

　　分析:面对家长的误解,教师头脑冷静,先关注孩子的伤情,然后问原因,让孩子自己说出真相,解除误会。

2. 保持心态平和,转换角色理解家长

　　当家长对教师产生误会时,出于对孩子的爱与保护,经常会火气很盛。幼儿教师在面对情绪激动的家长时,一定要保持心态的平和,不能与家长针锋相对,以怒制怒。

小 示 例

中断的谈话

　　家长:老师,我可以和你谈谈吗?

　　师:欢迎! 请坐这儿吧。(微笑着用手势示意家长坐下)

　　家长:老师,你工作几年了?

　　师:已经四年了。

　　家长:哦,不是很长。

　　师:(沉默了一会儿)你是不是有什么事情啊? 尽管说好了。

　　家长:是这样的。我每天在送玲玲上幼儿园时,她都哭着拉着我的衣服不让我走,她说……

　　师:(打断家长的话)小班孩子刚入园时都这样,因为不熟悉环境嘛,时间长了就好了。

　　家长:可玲玲还说,老师打过她……你们怎么能打孩子呢?!(质问)

　　师:(打断家长的话)打人? 不可能! 我们绝对没有打孩子!(情绪有些激动)有些孩子会因为不想上幼儿园找理由说谎话。

　　家长:我们家玲玲不会撒谎的……(音量提高)

　　师:(打断家长的话)那你是相信孩子,还是相信我们老师?!(语气加重)

　　(局面僵持,沟通中断)

　　分析:案例中的家长与教师都没有保持平和的心态,情绪激动,最终导致沟通失败。

(二) 因家长对教师的教育方法不理解而产生的误解

　　教师与家长之间产生的误解,很多时候是因为双方在教育观念、教育方式上的不同而引起的。在这种情况下,同持有与自己不同教育理念的家长沟通时,幼儿教师需要做到以下几点:

1. 要有丰富的儿童心理学、教育学的知识

　　幼儿教师作为专门从事幼儿教育的专业人士,应具备丰富的儿童心理学、教育学的知识,这不仅能够有效地指导具体的工作实践,而且在与家长的沟通中能够依靠科学理论增强可信度与说服力。如果教师缺少科学的理论支撑,仅凭经验教导幼儿,那么在教育过程中就会有很

大的盲目性。

小示例

选择中的一一

一一刚上了一个蒙氏园,通过摄像头,妈妈看到他总是在教室里走来走去。老师偶尔过来了,带着一一到教具架子前说了些什么,正说着,一一就跑开了,之后继续在教室里走来走去。一天,妈妈去幼儿园接孩子时,和老师聊起这件事情。

妈妈:老师,一一在教室里总是走来走去,什么也学不了,怎么办?

师:一一妈妈,您别着急。一一刚到园里来,要熟悉幼儿园的环境。

妈妈:他在教室走来走去几天了,别的小朋友都在做"工作",就他一个人,什么也不干。

师:他在教室里走来走去,是在熟悉教室中的教具,而更重要的是,他在寻找感兴趣的教具。

妈妈:这样呀。老师你不能给他安排一个教具呀?让他早点学点东西。

师:您急切的心情我很理解。我也尝试过介绍某个教具给他,可是他不感兴趣,走开了。

妈妈:他总不能这样一直在教室走来走去吧?什么也学不到。

师:您的担心我很理解。但孩子在寻找自己感兴趣的教具也是一个学习过程,他在学习如何选择。

妈妈:可我还是有些焦虑。这什么时候是个头呀。

师:孩子找到他感兴趣的教具后,他才能专心地学习这一教具的使用方法,通过对喜爱的教具的学习与练习,才能更好地培养专注力。所以,给孩子一些时间,让他去找自己喜欢的教具。

妈妈:专注力对孩子今后的学习可是很重要的。老师你这样说,我就明白些了。

分析: 在这次沟通中,教师丰富的专业知识及有条有理的解释使家长得以信服。

⒉ 不要当面否定家长,可以与家长协商解决问题

幼儿教师在与产生误会的家长沟通时,最忌讳的就是当面否定家长,这样不仅会让家长心里不舒服,还会让家长觉得教师太强势、太严厉,从而降低对教师的信任度,形成以后的沟通障碍。

小示例

惩罚椅

一天,磊磊从幼儿园回到家就开始大哭,告诉妈妈老师让他坐惩罚椅了。妈妈知道了这事,心里很不高兴,认为老师不能轻易地惩罚孩子,于是来到幼儿园找老师。

妈妈:老师,我想和你谈谈磊磊的情况。

图8-7 惩罚椅

师:磊磊妈妈,您想了解磊磊哪些方面的情况呢?

妈妈:昨天磊磊回到家,很委屈,还哭了,说是老师罚他坐惩罚椅了。我想知道发生了什么事情。

师:是这样的,昨天户外活动时,磊磊看到强强玩小手枪,他很喜欢,也想玩,强强不同意,他就开始动手抢。我看到了,劝阻了他。之后,他仍然惦记着小手枪的事,又两次动手去抢。我就决定让他坐在惩罚椅上冷静一下。

妈妈:老师,我看过好多教育方面的资料,说好孩子是夸出来的,这样对孩子进行惩罚,会不会让孩子有很大的挫折感。

师:磊磊妈妈,您担心孩子的心情我非常理解,如果是我的孩子,我也会有这样的担心。这件事情,我是这样认为的,当孩子特别冲动时,有必要让他冷静一下。当他一而再、再而三地为一件事犯错误,而老师的再三劝阻又不能起作用时,也有必要让他知道,他必须为他的错误行为付出代价。如果他犯的错误总是不用自己承担,那么他就会感觉犯错误也是无所谓的。

妈妈:老师说得也有道理。我会好好思考一下我的教育方法。

分析:在面对具有不同教育理念的家长时,教师可以客观地说明孩子的情况,并坦然地讲出自己处理这一问题背后的想法,从而让家长去思考并比较两种不同的教育理念。

练一练 8-2

情境模拟:

晓雯老师走上工作岗位才半年,就有一件事让她觉得受了很大的委屈。

秋冬之交的一天,小磊的爷爷在送孩子来园时把一件背心交给了晓雯,要求做完早操后给小磊穿上。可是下午爷爷来接孩子时发现,小磊没有穿上背心,爷爷又心疼又生气,冲上去就对晓雯吼道:"我说天冷让你帮我孙子加件衣服,你答应得好好的,怎么就没做呢! 连这点小事都做不好,还配当老师吗? 孩子冻坏了,你负责啊!"面对火冒三丈的爷爷,晓雯委屈地哭着说:"不是这样的,我给他穿的。"爷爷见晓雯还"狡辩",火气更大了。主班教师看到这一情况赶紧过来调解,晓雯这才讲述了事情的经过。原来她确实遵照爷爷的嘱咐在早操后帮小磊穿上了背心,但下午户外活动时,她发现小磊出了不少汗,就帮他脱了,不久爷爷就来接了。如果晓雯一开始就跟爷爷解释清楚,便不会发生误会了。

请你以晓雯的身份,与小磊爷爷妥善沟通,说明事情的前因后果。

与不同类型家长沟通的小技巧

1. 理智型的家长

对于这类家长,教师应尽可能将幼儿的表现如实地向他们反映,主动请他们提出教育的措施,认真倾听他们的意见,充分肯定和采纳他们的合理化建议,并适时提出自己的看法,和家长一起同心协力,共同做好对幼儿的教育工作。有些家长对孩子的家庭教育很有想法,教师可以提供交流的平台,让家长相互激发对家庭教育这一话题的兴趣,相互学习各自不同的家庭教育方法。

2. 溺爱型的家长

在与溺爱型的家长交谈时,教师应先肯定幼儿的长处,对幼儿的良好表现予以真挚的赞赏和表扬,然后再适时指出幼儿的不足。要充分尊重家长,对家长爱孩子的行为表示理解,使家长在心理上能接纳教师的意见。同时,也要用恳切的语言指出溺爱对孩子成长的危害,耐心、热情地帮助和说服家长采取正确的方式来教育孩子,引导家长实事求是地反映孩子在家的情况,千万不要袒护自己的孩子。

图 8-8　溺爱型家长

3. 激动型的家长

在接待这一类型的家长时,教师可以以理服人,面带微笑,克制怨气,宽容大度。

教师与家长之间的沟通方式有很多,除了当面交谈,还有 App 平台、微信、家园联系栏、书信等方式。但是不管采用何种沟通方式,教师都要在心理上树立自信、平等、尊重等正确的观念,这是促进有效沟通的必要条件,也是促进家园合作顺利进行的重要条件。教师与家长的沟通是一门艺术,而保持良好的心理状态是完美表现的技巧,教师只有不断地学习和积累,提高家园合作的有效性,才能进一步促进幼儿健康、和谐地发展。

第三节　幼儿教师与同事沟通的技巧

课前五分钟

> **想一想,说一说。**
>
> 　　小张是幼儿园里新来的老师,虽然之前在幼儿园实习过,但与真正工作的感觉还是不一样的。她内心有些惊慌,不知道该如何与新同事、新领导相处,你可以给她一些建议吗?

🚌 **案例导航**

心直口快

小李是一位心直口快的幼儿园老师,她因为这一点得罪了一些同事。比如有一次,老师们在一起讨论某个孩子的教育情况。王老师说:"这个孩子总是惹事,动不动就打人,不知道家长怎么教的,简直是个小祸害,我都愁死了,也没什么好办法。""你哪能这么说孩子? 他还是个小孩,不能给他'贴标签'。"小李脱口而出。王老师本来只是发牢骚的一句话,却招来小李的指责与否定,心里很不痛快。她虽然没接茬儿说什么,但脸却沉了下来,转身走了。小李心里也不舒服,后悔自己说话不经思考。

分析: 教师在一起讨论幼儿的教育情况时,需要用客观、平和的态度进行商讨,应顾及对方的面子,不能当众指责否定,让对方不舒服。

一个良好和谐的工作环境及与同事友好的工作关系,不仅可以让教师在相互帮助中提高自身的工作技能和效率,还可以让人心情愉快。教师良好的人际环境也会影响幼儿的健康成长,因为教师若有着高涨的工作情绪、平和的态度,那么直接的受益者就是幼儿。

与幼儿园同事相处,一般应遵循的原则有:尊重对方、态度真诚、语境协调、说话得体。下面将结合具体应用场景来说明这些原则。

一、 与幼儿园领导的沟通技巧

幼儿教师与领导的良好沟通可以促进彼此的关系,使双方和谐共事。教师在工作中得到领导的支持、赞赏,不仅能够激发教师的工作热情,而且有利于工作的顺利开展,有利于幼儿的成长。与园内领导的沟通技巧主要包括以下几方面:

(一) 明确沟通目的

在幼儿园,教师与领导沟通的目的通常是让领导了解自己的工作情况、面临的教学问题,希望领导给出具体的意见或建议,得到领导的支持与肯定。所以,在找领导沟通工作之前,教师先要明确目的,即想得到领导在哪方面的支持。

小示例

排练时间

快到六一儿童节了,市里要组织幼儿园举办联欢活动,苗苗幼儿园接到了演出任务。园长将排演任务交给了园里的骨干教师张老师。排演节目可不是个容易完成的工作,需要幼儿、老师、家长共同支持,多方配合才能保证工作顺利进行。因为时间紧、任务重,也为了不影响园里正常的教学,张老师想利用周六上午的时间让大家排练。这下各种问题都出现了,特别不好协调,于是,张老师来到园长办公室找园长汇报工作,请求支持。

张老师:园长,您忙吗?我有点事想和您说说。

园长:来吧,坐下说。

张老师:就是市里联欢活动的事。现在排练时间太紧张,我想最好的办法是让大家周六来排练,可是家长、老师都说有困难,您给出个主意可以吗?

园长:大家工作一周了,周末都不想跑一趟,可以理解。

张老师:可是我们的节目一定得质量高,要给园里争光呀,这需要时间排练。

园长:周一到周五不能抽出一些时间来排练吗?

张老师:我原想利用业余时间,这样可以不影响整个园里的正常工作。

园长:你们节目什么进度了?

张老师:舞蹈动作都教给孩子们了,主唱的孩子也会唱这首歌了,就是要提高熟练度和配合度。

园长:节目正式演出需要多长时间?

张老师:大概 6 分钟吧。

园长:现在排练一遍大概需要多长时间?

张老师:顺利的话得 10 分钟左右,不顺利那就没准了。

园长:张老师,你看这样行不行,每天上、下午的户外活动时间召集参加演出的孩子排练,我来协调孩子所在各班的老师,就不用给家长添麻烦了。

张老师:那太好了,谢谢园长!

分析:张老师求助于园长,目的非常明确,就是确定排练节目的时间,最终在园长的协调下,问题得到了解决。

(二)找准沟通时机

与领导沟通时,要善于抓住良好的时机,不一定要等领导在办公室的时候,有时在其他情境中的沟通也能带来收获。

小示例

意外的收获

宁老师是一个特别爱学习的幼儿园老师,她一直在利用业余时间自费学习心理学的相关课程。一直以来,她都特别想参加幼教行业举办的培训,尤其是幼儿心理学方面的培训。可是,对于幼儿园老师来讲,那是太难得的机会了。有一次,园里举办教师座谈会,主题是"你最喜欢园里为你做什么"。宁老师对园长及同事们说:"我特别喜欢心理学,心理学让我成长,也让我越来越喜欢孩子,让我看到那些所谓问题孩子背后的东西,让我能和家长更顺畅地沟通。所以,我现在特别想参加幼教行业的培训,提高我的教学水平,使孩子受益。"在这次座谈会召开后不久,恰好有一个培训机会,园长给了爱学习的宁老师。

分析: 宁老师之所以能够得偿所愿,就是抓住了表达自己意愿的大好时机和场合。

(三) 沟通不带情绪

在工作中,难免会遇上让人不痛快的事情,这时教师可能会情绪低落。当遇到这样的情况,且需要找领导解决问题时,教师要理性、冷静地与领导沟通,不能大吵大闹,以免失去领导的信任,同时也解决不了任何问题。

小示例

冲动的沟通

年末了,苗苗幼儿园的评优结果出来了。赵老师自认为,这一年中自己兢兢业业地工作,所带班级没有发生任何问题,不仅如此,班级还曾经获得优秀班级称号,所以自己应该能被评优,可是,自己竟然落选了。她接受不了这个事实,于是,赵老师找到了园长,想与其理论。

赵老师:园长,我想说说评优的事。

园长:你有什么想法吗?

赵老师:我这一年勤勤恳恳地工作,班级还评了优,我早来晚走,连自己家孩子有时都顾不上,大家都看着呢,为什么评优没有我?

园长:你别急,慢慢说。

赵老师:××老师,她有什么实质的工作成绩和能力,为什么她能评优? 不就因为她能说会道吗?

园长:赵老师,你话不能这么说,评优是大家一起选出来的。

赵老师:就是因为这样,你们才选她! 这样下去,没人会为你好好工作了!

园长:赵老师,你话说得太过分了,工作不是为我做的!

分析: 这是与领导沟通中的一个典型的反面案例。赵老师没有评上优秀,心里有情绪,可以理解。但是,她与领导沟通时,依然带着火气,说话特别不得体,一味指责领导不公,最终把领导的火气也点燃了,剩下的只有争吵。这样的沟通,除了发泄情绪,没有任何效果。

(四) 态度不卑不亢

幼儿教师在与领导沟通时,既不要因过于自我而忽略了领导的位置和感受,也不要因太在意领导的感受而失去了自我。教师要尊重领导,维护领导的权威,不当众顶撞。如果领导有处理不合理或不公平的地方,可以私下与其沟通。

> **小示例**
>
> ### 有分寸的表达
>
> 幼儿园组织老师编写教材,在编写协调会上,大家一起讨论了园长设想的编写方案。会后,大一班的许老师来到园长办公室,想单独与园长谈一谈自己的建议。
>
> 许老师:园长,您有时间吗? 我想找您谈一谈教材的事情。
>
> 园长:来吧,我没什么事。
>
> 许老师:园长,我想谈一谈关于编写教材的思路问题。
>
> 园长:好啊,你有什么不同的意见吗?
>
> 许老师:您的编写思路很清晰,我特别认同。只是有一些小细节,我有一点别的看法,也许会让我们的教材编得更好。
>
> 园长:年轻人有自己的想法是好事,你大胆地说吧。
>
> **分析:** 许老师面对园长,既尊重她、维护她,又能把自己的想法说出来,让领导接受。许老师对这件事情的处理方式恰当,达到了自己的目的。

(五) 说话简要清晰

在与领导交流时,教师要言简意赅、条理清晰,让领导一听就能够明白,切忌说话没重点、啰唆等。

> **小示例**
>
> ### 如何拒绝
>
> 新学期开始了,又要有新的小朋友入园了,这是幼儿园每年的一件大事。接小班的人员名单还在园办公会上酝酿,暂时没有公布。李老师觉得带小班太累,所以当她听说名单中有自己时,便去找园长沟通。
>
> 李老师:园长,我想和您聊聊。
>
> 园长:我这里有点事,你快点说。
>
> 李老师:这学期我家孩子初三,我得多陪陪她。
>
> 园长:孩子都初三了? 时间真快呀。
>
> 李老师:我老公经常出差,家里没人照顾孩子。我现在身体也不太好,总是吃药。
>
> 园长:你到底想说什么?
>
> 李老师:我听说要让我接小班,我有困难。
>
> 园长:你倒是直说呀,弄得我云里雾里的。我会和其他老师商量这件事的,现在名单都还没最终决定呢。
>
> **分析:** 李老师在与园长沟通时,想暗示园长,可是园长因为很忙,没怎么在意,所以起初没明白李老师的意思。直到最后,园长让李老师直说,才明白她的用意。其实,李老师应该直接、明白地说出自己的想法,然后再说明理由,以得到领导的谅解。

二、 与同事的沟通技巧

(一) 相互理解，相互包容

同事间在共事的过程中难免会产生摩擦,出现想法不同、意见不一的情况。在遇到类似的情况时,教师要多换位思考,体谅对方的不容易,这样才能相互包容、友好相处。同事之间的相互理解、包容多了,沟通起来也就更为顺畅了。

小示例

一对好搭档

王老师与李老师是一组搭档,她们共同管理中一班。近段时间,王老师家的孩子身体不好,不时地需要去看医生,有时候班级工作就难免顾不上。王老师对李老师说:"李老师,近段时间我家孩子因为生病,我经常分身乏术,亏得有你在,不然我都不知道该怎么办了。你辛苦啦,我得好好谢谢你!"李老师说:"你太客气了! 谁家难免有些事呀,我们是搭档,本就应该互相帮忙呀。你现在有事,我多管班里的事,等我有事时,你不是也得多操心嘛。"王老师与李老师合作得非常愉快,中一班多次被评为优秀班级。

分析: 王老师与李老师之所以能成为一组好搭档,能把中一班带得那么好,关键因素就是两位老师能够相互理解各自的处境,能够设身处地地为对方着想,不斤斤计较,最终一起获得了好的工作成绩。

(二) 取长补短，平等协作

俗话说,尺有所短,寸有所长,幼儿教师也一样。每位教师都有自己的优点,也都有自己的缺点。在与同事相处时,要多看对方的优点,多向对方学习。在一起工作时,可以各自发挥所长,互相弥补短处,平等地看待对方,一起更好地完成工作。

小示例

相互合作的主配班老师

赵老师是小一班的主班老师,性格开朗、直率,是个乐观的人。吴老师是小一班的配班老师,与赵老师不同,她性格较内向、温和,是个细心周到的人。这两个性格差异如此之大的老师搭档管理班级,不知会怎么样。工作正式开始前,赵老师主动找到吴老师,说:"吴老师,真高兴能和你搭班,我知道,你是一个特别细心、考虑问题特别周到的人。而我呢,大大咧咧的,有些事情可能没你那么细致。虽然说起来我是主班,你是配班,但工作一样,没有什么主次,我们都是一样的。在以后的工作中,我有考虑不周到的地方,你一定要提醒我。"吴老师说:"你太客气了。你工作经验比我丰富,我得向你学习。你大胆工作,我查漏补缺,我们相互配合把班级带好。""好呀,咱们这叫取长补短,一起把班级管理好!"赵老师高兴地说。她们都很庆幸,自己有一个能够相互协作的好伙伴。

分析： 在这个案例中，赵老师没有因为自己是主班老师而高高在上，而是主动找配班老师交流，并赞赏对方，希望能友好协作，发挥各自的长处。同时，吴老师也很支持赵老师，两人达成一致的愿望。

（三）适当赞美，客观批评

同事之间需要相互欣赏，对对方做得好的地方进行赞美。但是，赞美要恰当，夸大其词不但不会取悦对方，反而会让对方认为你是在有意讨好或虚情假意。同事之间也需要善意的批评，针对对方工作中的错误，可以委婉而客观地指出来，以便对方改进，从而更好地开展工作。

小示例

好姐妹是如何炼成的

在幼儿园，郑老师和邢老师是一对好姐妹。这两个人可是一路吵吵闹闹过来才慢慢成为好朋友的。当初两人一起带班时，经常为了某一节课的教学设计、某个孩子的问题如何处理等争来吵去，但两位老师都是为了工作，没半点私心。后来，两人商量，互相找出对方做得好的地方给予认可，结果两人发现，原来在对方眼中，自己还有这么多让人欣赏的地方。为此，两人达成一致意见：以后如果发现对方在工作中有做得好的地方，要互相表扬；如果有做得不足的地方，要互相批评，共同改进。这样，她们之间的争吵少了，两位老师在教学上也取得了骄人的成绩。

分析： 赞美别人，不是为了取悦对方，而是为了表达自己的认可或激励对方，同时让自己明确能从他人身上学习的地方；批评别人，不是为了显示自己的高明，而是为了让对方明确前进的方向。

（四）主动交流，不说闲话

人是社会人，需要交流。不论性格外向开朗，还是内向孤傲，幼儿教师都需要主动与同事协作，不能单打独斗。因此，教师要与同事主动进行交流，顺利地融入集体。教师之间有时也会闲聊，可能会产生闲话甚至谣言。因此，教师要注意，增进情意的闲聊是可以有的，但那些嘲笑别人、揭别人短处甚至无中生有的闲聊是禁止的。这些闲言碎语不利于同事间的团结，也不利于工作的推进。

小示例

矛盾

幼儿园大一班的周老师与杨老师因为工作产生了小矛盾。一次，周老师在和同事聊天，说起了杨老师，周老师说："杨老师这人不怎么好相处，太个性。而且上次公开课，在领导面前，她表现得多卖力，可是平时和我一起带班时，怎么不见她那么卖力呀。我就是看不上这种人！"

分析: 这是一则典型的负面案例。相互配合的教师之间出现矛盾或冲突是很正常的现象,因为教师之间难免会在意见、看法上有所不同。矛盾出现、意见不一,如果处理好了,实际上可以相互促进。就如案例"好姐妹是如何炼成的",两位老师虽有观点不一的地方,但仍然能成为好姐妹。相反,如果处理不好,矛盾就会越积越多,成为一道鸿沟。周老师处理矛盾的方式就存在问题,在她与杨老师产生小矛盾时,她并没有当面与杨老师沟通,主动化解矛盾,而是采用背后说人坏话的方式发泄不满,甚至诋毁对方,给人"贴标签"。这样的做法,对杨老师的影响不好,对周老师自己也不好。

三、 教研活动中的沟通技巧

教研活动是幼儿园的常态活动。在教研活动中,教师间的沟通也需要一些技巧。

(一) 积极倾听,明确活动主题

在教研活动中,教师首先要明确教研活动的主题,然后针对主题提出自己的看法。此外,还需要积极、认真地倾听其他教师的发言,拓展自己的思路,这也是一个向别人学习的过程。在听取其他教师意见的时候,当对方的意见与自己的观点不同时,要做好记录,待整理好思路再谈自己的看法。另外,需要注意自己的发言要聚焦主题,不跑题。

小示例

跑题

中班的老师们在一起举办教研活动,这次活动的主题是对一个淘气的孩子进行教育的案例分析。活动中,这个孩子的主班老师黄老师对孩子各方面的情况进行了较为详细的介绍,同时也介绍了她对这个孩子的教育方法与思路。之后,教学园长要求围绕这个孩子的教育方法、教育思路等问题展开讨论。小班时曾经教过这个孩子的郑老师抢着发言,说道:"这孩子我知道,他可不是一般地淘气,园里没有他摸不着的地方,碰不着的人,一刻也不安分,总有闯不完的祸,这孩子太难带了。另外,他的爸妈在外面打工管不着,他跟着爷爷奶奶。爷爷奶奶岁数大了也管不了,哎,这孩子没法管了。"郑老师感慨了一阵,没话说了。

分析: 教研活动一般都是围绕一个主题展开的。教师在参加教研活动时,一定要关注主题,尤其是在发言的时候。案例中,教研的主题是对淘气孩子的教育方法与教育思路。郑老师的话题虽围绕着这个孩子,但只是对这孩子情况的慨叹,没有实质性的关于教育方法与思路的内容,偏离了主题。

(二) 立论鲜明,条理清晰

在教研活动上进行发言时,教师的观点要鲜明,让其他教师一听就知道你对这一问题的看法。此外,阐述观点的时候,条理要清晰,要讲究逻辑,这样才有说服力。

> ### 小示例
>
> #### 务实的张老师
>
> 以上的教研活动继续进行。一向严谨务实的张老师说："我认为要先从发现这个孩子的优点做起,将他的优点加以强化,帮助他树立信心,然后基于他的优点,引导他一点点地进步,利用优点带动其他方面,逐渐让他做出改变。他的家庭情况我们不能改变,所以只能做我们老师能做的。我觉得从这点突破最好。"
>
> **分析：** 在教研活动中,张老师紧扣主题,一上来就提出了自己的观点——从孩子的优点切入。之后,她将教育思路及理由做了简明扼要的说明。总的来说,张老师的发言观点鲜明、条理清晰、用语简洁、语气平实。

（三）简明扼要,不拖沓

在教研活动中,需要发言的教师较多,所以每个发言的人不能占用太多时间。教师的发言要简明扼要,不要拖泥带水,以免让人反感。

> ### 小示例
>
> #### 不言放弃的蒋老师
>
> 在教研活动的进程中,蒋老师继续说："我也同意张老师的教育方法,但是家庭是孩子成长的根本,我主张教育孩子的同时应尽可能地做好家长的沟通工作,让他们明白家庭对孩子成长起着至关重要的作用,毕竟这是解决孩子问题的根本所在。虽然这有点难,但我想还是应该尽我们的力量做出努力,不能轻易放弃。"
>
> **分析：** 针对幼儿的教育问题,蒋老师从另外一个角度提出了自己的观点。她先承接、认可张老师的意见,接着提出了自己的观点,思路清晰,言简意赅。

（四）多用征询的语气

在教研活动中,如果对所讨论的问题有自己不同的意见,可采用温和的征询语气提出,避免用语苛刻,恶化教师间的关系。

> ### 小示例
>
> #### 质疑的声音
>
> 听了蒋老师的观点,马老师有些不同的意见,她说："蒋老师,您是一个有着教育情怀的人,我很敬重您。我对您的观点有些想法,您看看是不是有道理。这孩子家长的现实情况是人不在家中,根本不能陪伴孩子,也管不了了孩子,即使沟通完了,能产生多少效果,还不可知。而与爷爷奶奶沟通的话,因为他们年纪大了,有些话根本听不懂。这样会不会劳而无功,没有多大的效果?"
>
> **分析：** 在教研活动中,马老师发表了不同于蒋老师的看法。她先表达了对蒋老师的

尊重,然后用征询的语气让蒋老师听听是不是有道理。这样语气缓和的交流,双方都能接受,不会因见解不同而针锋相对。

(五) 谦虚聆听,一同商讨

当他人对自己的观点有不同的意见时,要虚心倾听,认真、耐心、完整地听取别人的意见,不能急于辩驳。在对方发言完毕后,再针对他的意见进行发言,说出自己的看法。

小示例

众人拾柴火焰高

蒋老师认真地听完马老师的发言,笑着说:"谢谢马老师提出的看法。正是马老师的看法让我又进一步地去思考。我想,如何让我的教育情怀落到实处。一方面,我们可以按照张老师的方法、思路来落实对孩子在园里的教育,这也许是最能见到效果的做法,也是我们老师很有掌控力的做法。另一方面,我还是不想放弃与孩子家长的沟通,可不可以利用网络沟通平台,多联系孩子的父母,对他们进行家庭教育知识的渗透,希望他们即使不能陪伴在孩子的身边,也可以多通过视频与孩子交流,多关注孩子。在家庭中,当爷爷奶奶碰到教育孩子的问题时,也可以及时联系园里,老师及时跟进,帮忙解决。这样家园互动,形成合力,才能更好地让孩子成长。"通过老师们你一言我一语的讨论,最终形成了一份帮助孩子成长的较为完整的方案,真是众人拾柴火焰高呀,教研活动圆满成功。

分析: 蒋老师认真听取了马老师所提出的不同意见,这推动了她的进一步思考:如何让教育方法更具操作性、有效性。最终,基于几位老师的意见,形成了较为完整的方案。

练一练 8-3

根据以下情境回答问题。

(1) 小王是小一班的主班老师,新来的小宋是配班老师,这是两位老师第一次见面。如果你是小王老师,你会与小宋老师说些什么呢?

(2) 有幼儿家长去园长那告了你的状,说你对孩子照顾不周。园长找你谈话,你该如何与园长沟通此事?

知识岛

新入职教师与同事相处的方法

1. 保持活泼、热情

在刚进入新集体时，大家会特别关注你，这时难免会让人感到有点紧张。你要表现得热情、活泼，保持微笑，让人有亲近感。

2. 细心观察，尽快熟悉一日流程，主动做事

新教师要能够尽快熟悉园内的一日流程，知道什么时候该做什么事情，而不是一味地要别人提醒。

3. 切忌抱怨

所有有经验的教师都是从没有经验一步一步地锻炼出来的，所以在工作中不要抱怨，要多做事、勤做事。

4. 积极融入集体

幼儿园有时会举办团建活动，如周末野炊、集体歌会等。这是让自己更好融入集体的机会，可以从不同角度了解每一位同事。